Alle können

3D-Häkeln

20 entzückende Projekte für Einsteiger und Fortgeschrittene

Kristi Simpson

AF547057

Leopold Stocker Verlag
Graz – Stuttgart

Umschlaggestaltung: Werbeagentur Rypka GmbH, 8143 Dobl/Graz, www.rypka.at

Bildnachweise:
Titelbild: Mike Mihalo, Shutterstock.com/Ground Picture (Hintergrund Lama), Shutterstock.com/New Africa (Hintergund Schmusedecke)
Innenteil: Mike Mihalo; mit Ausnahme von: Bild von www.Freepik.com: master1305 (S. 2 links); Bilder von www.Shutterstock.com: Followtheflow (Hintergründe: S. 39, 147), Kolpakova Daria (S. 5), Binh Thanh Bui (S. 6 oben rechts), Raffaella Soddu (S. 6 oben Mitte), Melica (S. 8), Africa Studio (Hintergründe: S. 23, 33, 117), Ground Picture (Hintergründe: S. 27, 51, 63, 69, 75, S.87, 93, 105, 111, 135), triocean (S. 45 Hintergrund), united photo studio (Hintergründe: S. 57, 129), avtk (S. 81 Hintergrund), vanitjan (S. 99 Hintergrund), Nelia L (S. 123 Hintergrund), Veja (Hintergründe: S. 143, 151, 155, 157), New Africa (S. 145 Hintergrund), KPG-Ivary (S. 149 Hintergrund), mirtya (S. 151 Model), PhotoJuli86 (S. 153 Hintergrund).

Titel der englischen Originalausgabe: Kristi Simpson: Anyone can 3D Crochet. 20 Fun Animal Designs and 8 Adorable Projects. Copyright © 2023 by Kristi Simpson and Fox Chapel Publishing Company, Inc., 903 Square Street, Mount Joy, PA 17552.

Aus dem Englischen ins Deutsche übertragen von Mag. Nina Schön.

Der Inhalt dieses Buches wurde von der Autorin und dem Verlag nach bestem Wissen überprüft; eine Garantie kann jedoch nicht übernommen werden. Die juristische Haftung ist daher ausgeschlossen.

Bibliografische Information der Deutschen Nationalbibliothek
Die Deutsche Nationalbibliothek verzeichnet diese Publikation in der Deutschen Nationalbibliografie; detaillierte bibliografische Daten sind im Internet über http://dnb.d-nb.de abrufbar.

Hinweis:
Dieses Buch wurde auf chlorfrei gebleichtem Papier gedruckt. Die zum Schutz vor Verschmutzung verwendete Einschweißfolie ist aus Polyethylen chlor- und schwefelfrei hergestellt. Diese umweltfreundliche Folie verhält sich grundwasserneutral, ist voll recyclingfähig und verbrennt in Müllverbrennungsanlagen völlig ungiftig.

Auf Wunsch senden wir Ihnen gerne kostenlos unser Verlagsverzeichnis zu:
Leopold Stocker Verlag GmbH
Hofgasse 5/Postfach 438
A-8011 Graz
Tel.: +43 (0)316/82 16 36
Fax: +43 (0)316/83 56 12
E-Mail: stocker-verlag@stocker-verlag.com
www.stocker-verlag.com

ISBN 978-3-7020-2110-8
Alle Rechte der Verbreitung, auch durch Film, Funk und Fernsehen, fotomechanische Wiedergabe, Tonträger jeder Art, auszugsweisen Nachdruck oder Einspeicherung und Rückgewinnung in Datenverarbeitungsanlagen aller Art, sind vorbehalten.

© Copyright der deutschen Erstausgabe: Leopold Stocker Verlag, Graz 2024

Layout und Repro: Werbeagentur Rypka GmbH, 8143 Dobl/Graz, www.rypka.at

INHALT

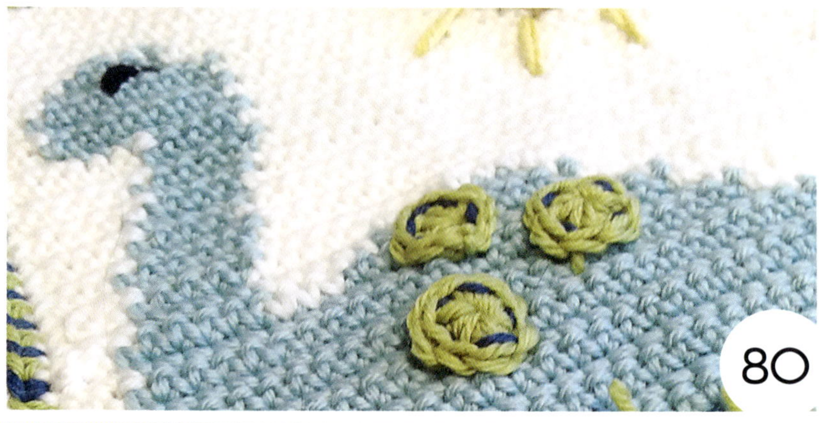
80

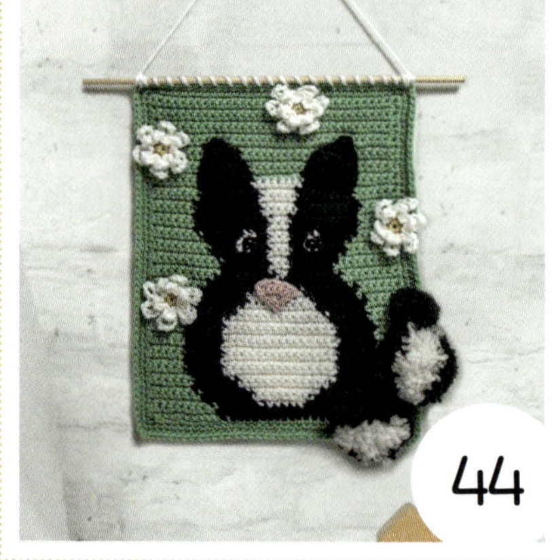
44

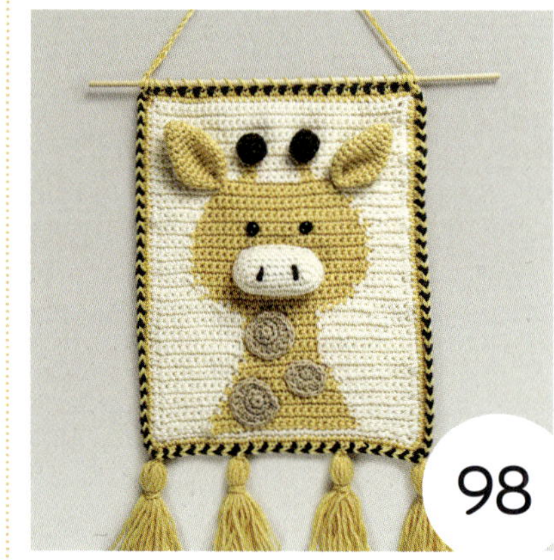
98

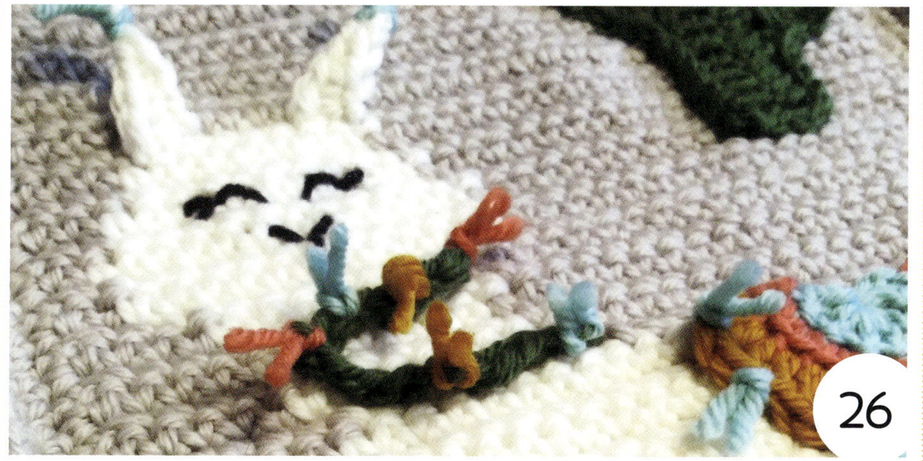
26

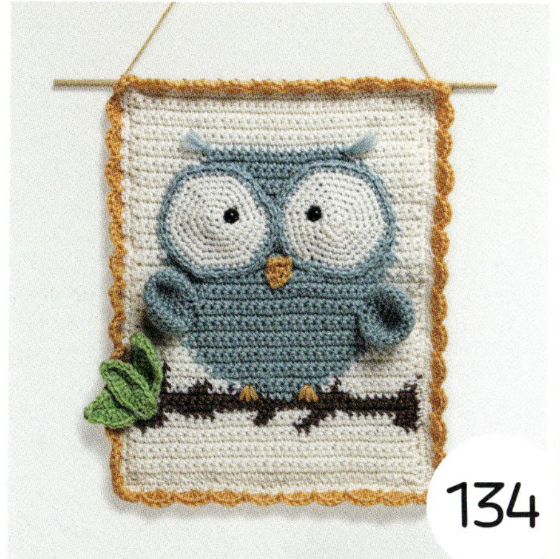
134

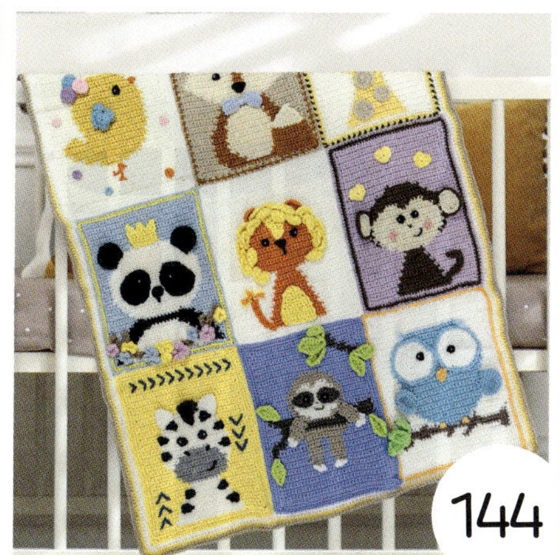
144

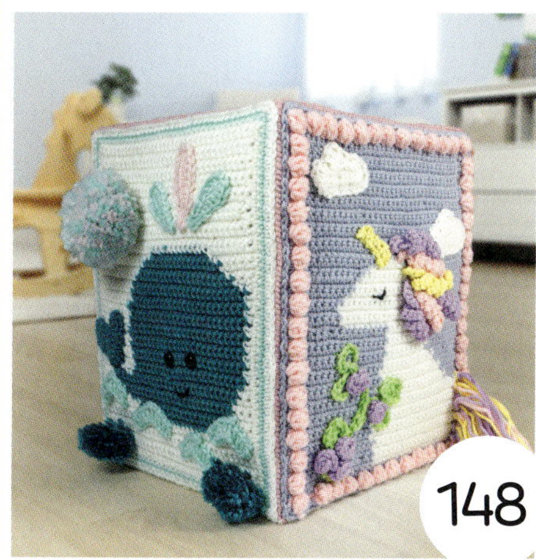
148

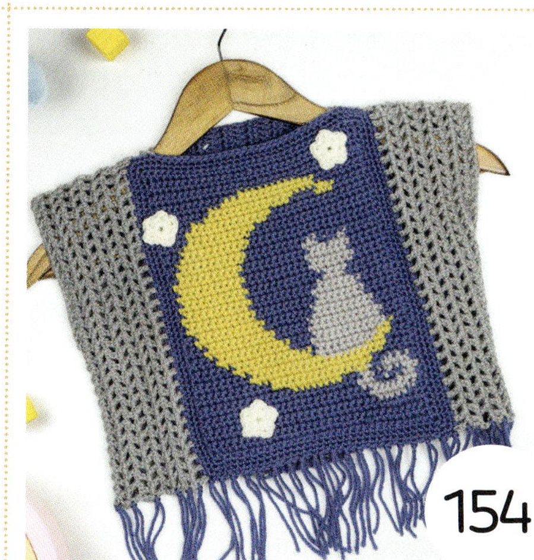
154

EINLEITUNG

Kinder-, Spiel- und Malzimmer sollten erfüllt von Freude sein! Es ist toll, sich ein Deko-Thema herauszupicken: Tiere des Waldes, Dinos, Meerestiere oder eben alles, was süß und flauschig ist! Die 3D-Häkelprojekte in diesem Buch vervollständigen Zimmer, Kleidung und Spiele – mit insgesamt 28 einzigartigen und bezaubernden Tieren, darunter Zebra, Katze, Flamingo, Fuchs, Giraffe und noch mehr – jedes versehen mit Pop-up-Details.

Die Muster aus Grundmaschen sind anfängertauglich; zum Lernen oder zur Auffrischung hilft die vollständige **Anleitung der Häkelmaschen** (*S. 10*) mit allen in diesem Buch verwendeten Maschenarten. Erweitern Sie Ihr Können mit den leicht gehäkelten Wandbehängen und wagen Sie sich dann an eines der bezaubernden Häkelprojekte. Sie müssen sich nicht auf die Tiere beschränken, die ich gewählt habe – picken Sie sich für jedes Projekt einfach Ihre Lieblinge heraus! Finden Sie **Herrn Fuchs** (*S. 92*) am besten, verewigen Sie ihn einfach auf der Tasche. Suchen Sie sich neun verschiedene Muster für die **Schmusedecke** (*S. 144*) aus und machen Sie sich ans Werk! Der Aufwand lohnt sich – diese Decke ist ein Schatz!

Dieses Buch ist großartig, um neu erlernte Fähigkeiten einzusetzen, um damit ein kuscheliges Kleidungsstück oder Geschenk zu gestalten. Verschenken Sie die Schmusedecke, das Kissen oder auch den Pullunder bei einer Babyparty oder einer Geburtstagsfeier. Sorgen Sie bei Ihrer Deko mit einem tierischen Wandbehang für Abwechslung oder kombinieren Sie die Projekte. Ich hoffe, Sie haben Inspiration gefunden, um die Nadel zur Hand zu nehmen und loszulegen!

Kristi Simpson

WAS IST 3D-HÄKELN?

Die Begriffe „Pop-up“ und „3D“ scheinen ihre Wurzeln bei Freunden der Granny-Quadrate zu haben. Findige Häklerinnen, denen die platten, herkömmlichen Quadrate nicht mehr reichten, begannen, mit einfachen Überlagerungen („Pops“) plastische Muster zu gestalten. Sie wurden sogar noch kreativer, häkelten Elemente, wie Blumen, und feinere Details, wie Beine, Ohren, Augen usw., um Tiere, Gesichter und allerlei andere Motive hinzuzufügen. Für diese detailreichen Designs werden die Elemente manchmal separat gehäkelt und dann auf den Hintergrund aufgebracht. Meine Pop-up-Projekte beginnen nicht als Granny-Quadrate, sondern als rechteckige Banner (28 x 23 cm), denen Details wie Rahmen und Fransen hinzugefügt werden. Gleich wie Granny-Quadrate kann man sie für größere Projekte wie Kissen, Decken und Taschen miteinander verbinden.

ERSTE SCHRITTE

Falls Sie noch nie gehäkelt haben, sind hier die Basics. Wir beginnen mit einem Blick auf die wichtigsten Materialien und Werkzeuge. Dann erkläre ich, wie Häkelmuster zu verstehen sind. Ich habe auch eine Anleitung für die Maschen, die in diesem Buch verwendet werden, angehängt. Damit häkeln Sie im Nullkommanix! Die **Häkelabkürzungen** auf Seite 158 dienen als gute Quelle für jedes Projekt, durch das Sie sich arbeiten.

Materialien

Jedes Muster in diesem Buch hat eine Einleitung mit einer Liste der wichtigsten Materialien für jedes Projekt. Packen Sie alle unten aufgelisteten Gegenstände in eine hübsche Häkeltasche oder einen Beutel mit Reißverschluss!

Garn

Die Muster beginnen mit einer Auflistung der für sie verwendeten Garne, Mengen und Farben. Ebenso angegeben ist das „Garngewicht". Diese Information finden Sie auf der Banderole von jedem Garnknäuel. Es reicht von Qualität für Spitzenhäkelei bis superdick (0 bis 7). Wenn Sie das aufgelistete Garn nicht finden, oder ein anderes verwenden möchten, ersetzen Sie es einfach durch eines mit demselben Garngewicht.

Garntype/ Garnstärke	Fäden-anzahl	Lauflänge auf 50 g	Empfohlene Nadelstärke
Fingering, 10-count-Häkelgarn/0	1–2	300–400 m	1,5–2,5 mm
Socken, Fingering, Baby/1	3–4	200–240 m	2–3 mm
Sport, Baby/2	5	150–200 m	3–4 mm
DK, light worsted/3	8	120–150 m	4–4,5 mm
Worsted, Aran, Afghan/4	10–12	60–120 m	4,5–5,5 mm
Craft, Rug, Chunky/5	14	50–75 m	5,5–8 mm
Chunky/6	16	< 50 m	< 8 mm
Roving/7	16 & mehr	< 50 m	< 8 mm

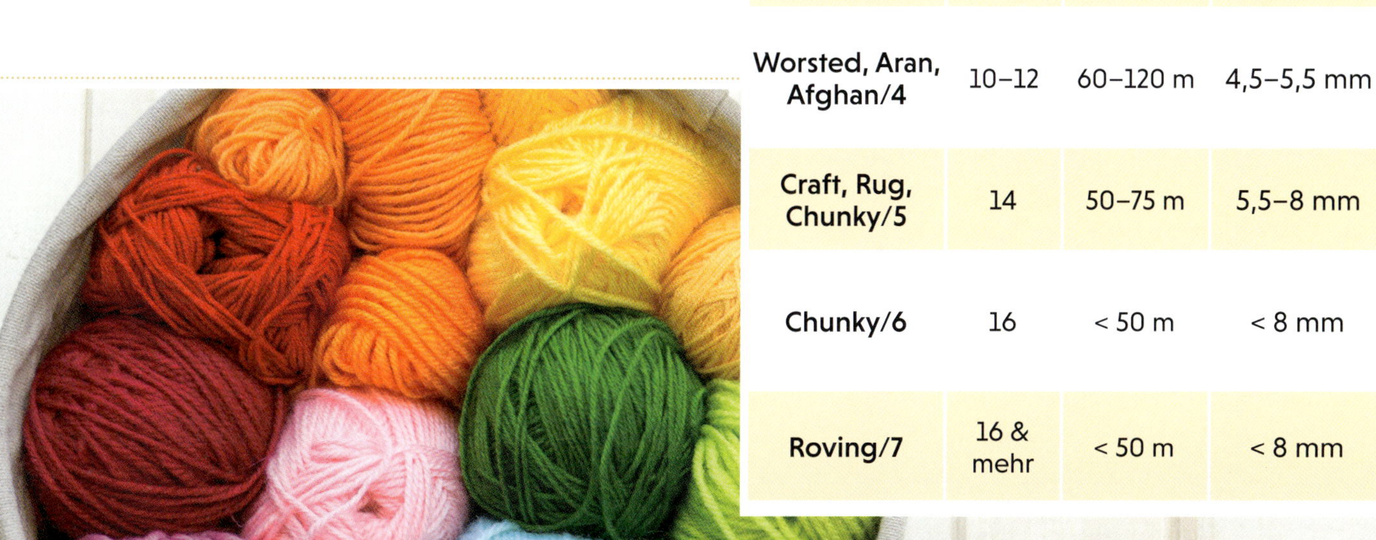

Garn in verschiedenen Farben ist perfekt für diesen gehäkelten Tiergarten!

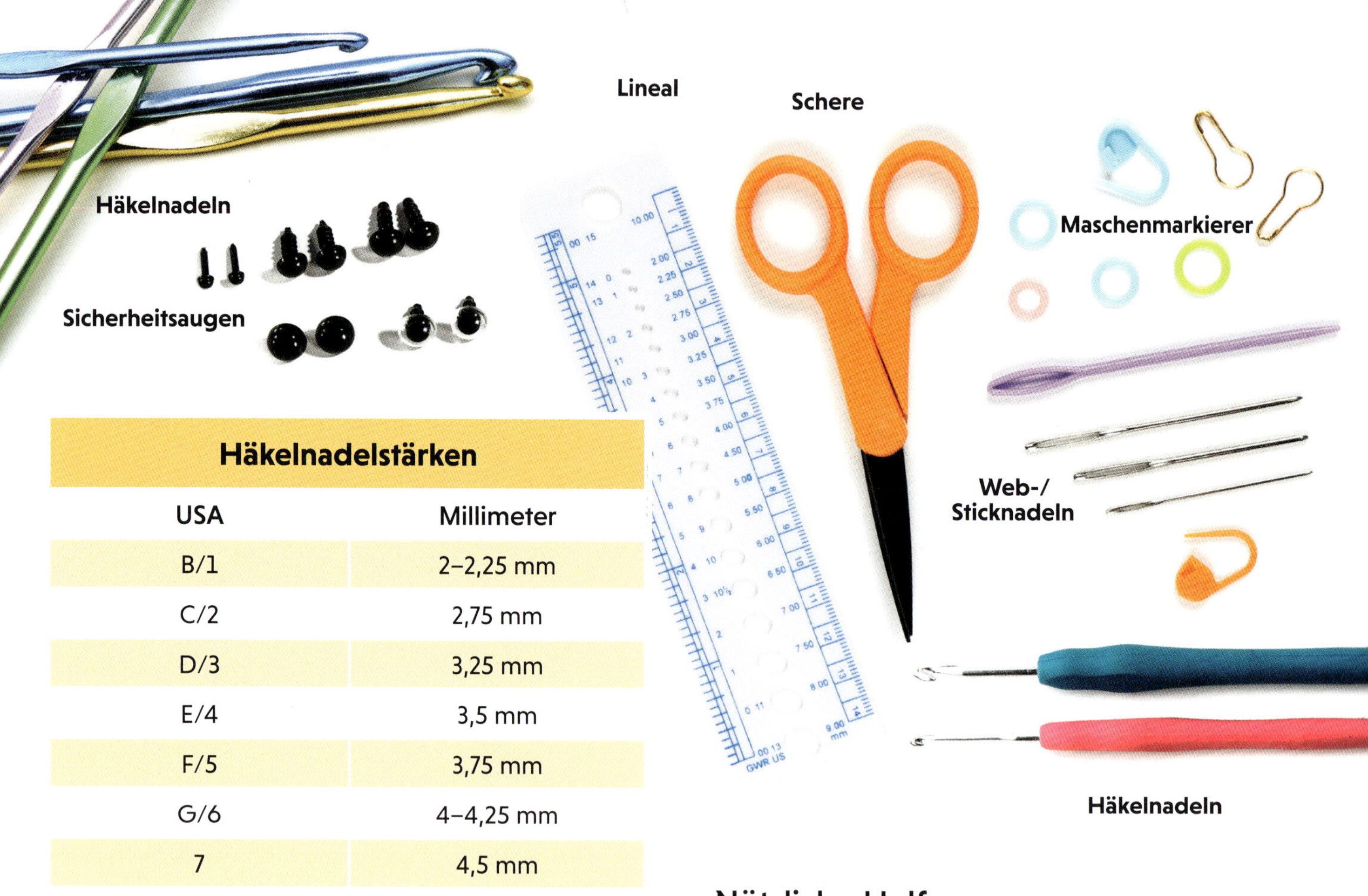

Häkelnadelstärken	
USA	Millimeter
B/1	2–2,25 mm
C/2	2,75 mm
D/3	3,25 mm
E/4	3,5 mm
F/5	3,75 mm
G/6	4–4,25 mm
7	4,5 mm
H/8	5 mm
I/9	5,5 mm
J/10	6 mm
K/10½	6,5 mm
L/11	8 mm
M/13	9 mm
N/15	10 mm
P/16	12 mm
Q	15 mm
S	20 mm

Häkelnadeln

Bei jedem Muster wird die für das Projekt benötigte Häkelnadel angegeben. Sie sind in Millimetergrößen versehen. Immer die angegebene Nadel verwenden und die Spannung (S. 7) vor Projektbeginn prüfen. Gegebenenfalls die Nadelstärke wechseln, um die richtige Maschenprobe und somit das Werk in der richtigen Größe zu erhalten.

Nützliche Helfer

Diese zusätzlichen Werkzeuge und Helfer sollten Sie für die Häkelprojekte zur Hand haben.

1. **Maschenmarkierer** werden verwendet, um spezielle Maschen im Muster zu markieren. Haben Sie keine handelsüblichen zur Hand, tun es auch Garnreste oder sogar eine Haarklammer.
2. Eine gute, scharfe **Schere** wird zum Zuschneiden von Enden und Garnen bei Farbwechseln oder zur Fertigstellung eines Werks benötigt.
3. Mit einem **Lineal** können Sie die Maschenprobe bzw. die Maße im Muster überprüfen.
4. **Sicherheitsaugen** hauchen Ihren Tieren Leben ein und lassen sich leicht anbringen, aber schwer entfernen. Im Handarbeitsladen gibt es sie in verschiedenen Farben, Formen und Größen. Der Augendurchmesser wird in Millimeter angegeben.
5. Sie brauchen eine **Web-/Sticknadel** aus Metall oder Plastik zum Zusammennähen der Einzelteile und zum Vernähen der Enden. Ich nehme lieber stumpfe Metallnadeln.

Häkelmuster lesen

Wenn einem das Lesen von Mustern neu ist, kann es sich anfühlen, als seien sie in einer völlig fremden Sprache verfasst. Sie werden jedoch die verwendeten Abkürzungen mit der Zeit wiedererkennen (siehe vollständige Liste auf S. 158). Hier einige Hinweise zum Lesen von Häkelmustern:

- Wenn eine **Zahl vor dem Maschennamen** steht, wie etwa „3 Stb", häkeln Sie diese Maschenanzahl in dieselbe Masche (z. B. „3 Stb in die nächste M").
- Wird immer nur **je eine Masche** in eine gewisse Maschenanzahl gehäkelt, kann dies so geschrieben stehen: „je 1 fM in jd der nächsten 3 M".
- Wird eine **Zahl bei Luftmaschen** angegeben, häkeln Sie diese Menge an Luftmaschen. Bei „10 Lm" häkeln Sie 10 Luftmaschen.
- Einige Muster beinhalten Anleitungen für Maschen, die Sie unter „spezielle Maschen" finden. Meistens sind sie diesem speziellen Muster zu eigen.
- Lesen Sie die **Anmerkungen**, bevor Sie ein Projekt starten. Hier finden Sie hilfreiche Tipps, die oft alle Unklarheiten beseitigen.
- Denken Sie daran, **Ihre Maschen zu zählen**!

MASCHEN ZÄHLEN

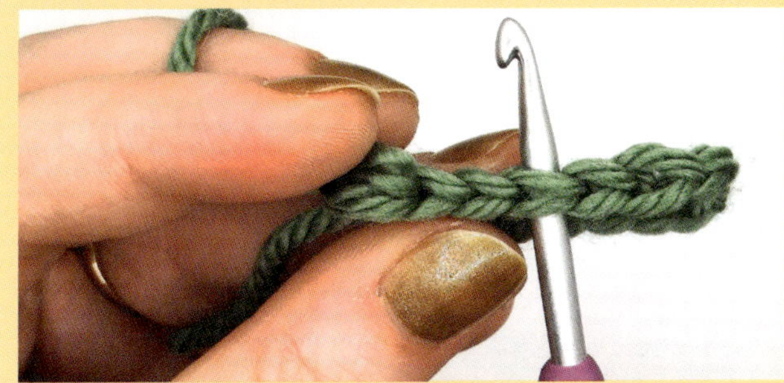

Zum Maschenzählen von oben auf die Reihe schauen. Die fertigen Maschen in Form horizontaler Vs sehen aus wie miteinander verbundene Tränen. Jede zählt als eine Masche. Verwenden Sie Maschenmarkierer zum Markieren der ersten und letzten Masche jeder Reihe.

Symbole und Begriffe

Neben dem Erlernen der Abkürzungen und ihrer Bedeutungen werden bestimmte Symbole beim Häkeln verwendet. Hier jene, die in diesem Buch verwendet werden:

- * **Sterne** markieren einen bestimmten Anleitungsteil, der wiederholt wird. Häkeln Sie die Anleitungen nach einem * so oft, wie zusätzlich zum ersten Mal angegeben.
  - z. B. „* 2 fM in die nächste M, 1 Stb in die nächste M, wdh ab * bis zum Ende der Reihe" bedeutet, die Maschen ab dem Stern bis zur nächsten Anweisung zu wiederholen.
- **Klammern:** Sie bedeuten eines dieser beiden Dinge:
  - Alle Anweisungen in Klammern in die angegebene Masche bzw. den angegebenen Zwischenraum häkeln. Z. B. „(2 Stb, 1 Lm, 2 Stb) in die nächste M" bedeutet, 2 Stäbchen häkeln, 1 Lm häkeln und 2 weitere Stäbchen in dieselbe Masche häkeln.
  - Alle Maschen in Klammern so oft häkeln, wie direkt danach als Zahl angegeben. Z. B. „[2 fM in die nächste M, je 1 fM in die nächsten 3 M] 3-mal" bedeutet, 2 feste Maschen in die nächste Masche und dann je 1 feste Masche in die nächsten 3 Maschen zu häkeln – insgesamt 3-mal.

Spannung/Maschenprobe

Häkeln mit korrekter Spannung ist wichtig für die richtige Größe. Für plastische Elemente müssen die Maschen fest genug sein, damit die Füllung nicht herausschaut; sind sie zu fest, wird das Projekt zu steif. Die richtige Spannung ist auch wichtig, damit das Werk die im Muster angegebene Größe erhält. Häkeln Sie daher vor Beginn die in der Anleitung angegebene Maschenprobe im angegebenen Garn mit der entsprechenden Nadel.

Zum Überprüfen der Spannung eine Maschenprobe mit Garn, Nadel und Maschen wie angegeben häkeln. Dabei mindestens 2,5 cm größer als nötig häkeln, um die Maschen und Reihen zählen und die richtige Spannung bestimmen zu können. Wird etwa in der Anleitung für die Maschenprobe ein 5 cm großes Quadrat aus fM gefordert, häkeln Sie es mindestens 7,5 cm groß. Legen Sie ein Maßband auf die Probe und zählen Sie, wie viele Maschen Sie in 5 cm vorfinden. Nun von oben nach unten messen und zählen, wie viele Reihen Sie in 5 cm vorfinden.

Haben Sie mehr Maschen und Reihen als angegeben, ist die Spannung zu stark und die Maschen sind zu klein. Versuchen Sie es mit einer um eine Größe größeren Nadel und häkeln Sie eine neue Maschenprobe. Bei weniger Maschen und Reihen, als angegeben, ist die Spannung zu gering und die Maschen werden zu groß. Versuchen Sie es mit einer kleineren Nadel und häkeln Sie eine neue Maschenprobe. Machen Sie dies, bis die Probe der Spannung des Musters entspricht.

Schwierigkeitsgrad

Schwierigkeitsgrade sind hilfreiche Indikatoren dafür, wie einfach oder schwierig ein Projekt ist. Falls dies Ihr erstes Häkelprojekt ist, beginnen Sie lieber mit einem der Muster, die für Einsteigerinnen bzw. als leicht gekennzeichnet sind, und arbeiten sich von hier nach oben.

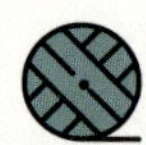  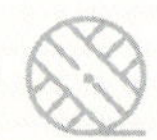 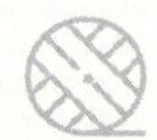

NEULING: Projekte für Ersthäklerinnen mit Grundmaschen. Minimale Formgebung.

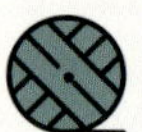 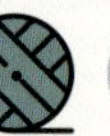 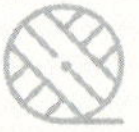 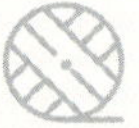

LEICHT: Projekte mit Grundmaschen, sich wiederholenden Mustern, einfachen Farbwechseln und einfacher Formgebung und Fertigstellung.

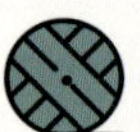 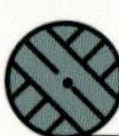 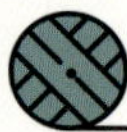 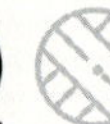

MITTELSCHWER: Projekte, die sich mehrerer Techniken bedienen, z. B. einfache Spitzenhäkelei oder mehrfarbiges Häkeln sowie mittelschwer in Formgebung und Fertigstellung.

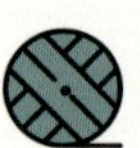 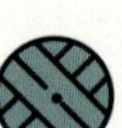 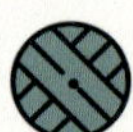 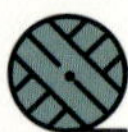

ERFAHRENE: Projekte mit komplexen Häkelmustern, Techniken und plastischen Arbeiten, z. B. sich nicht wiederholende Muster, viele Farben, feine Garne, kleine Häkelnadeln, detaillierte Formgebung und ausgeklügelte Fertigstellung.

Maschenprobe häkeln, um bei Bedarf die Nadelstärke anzupassen.

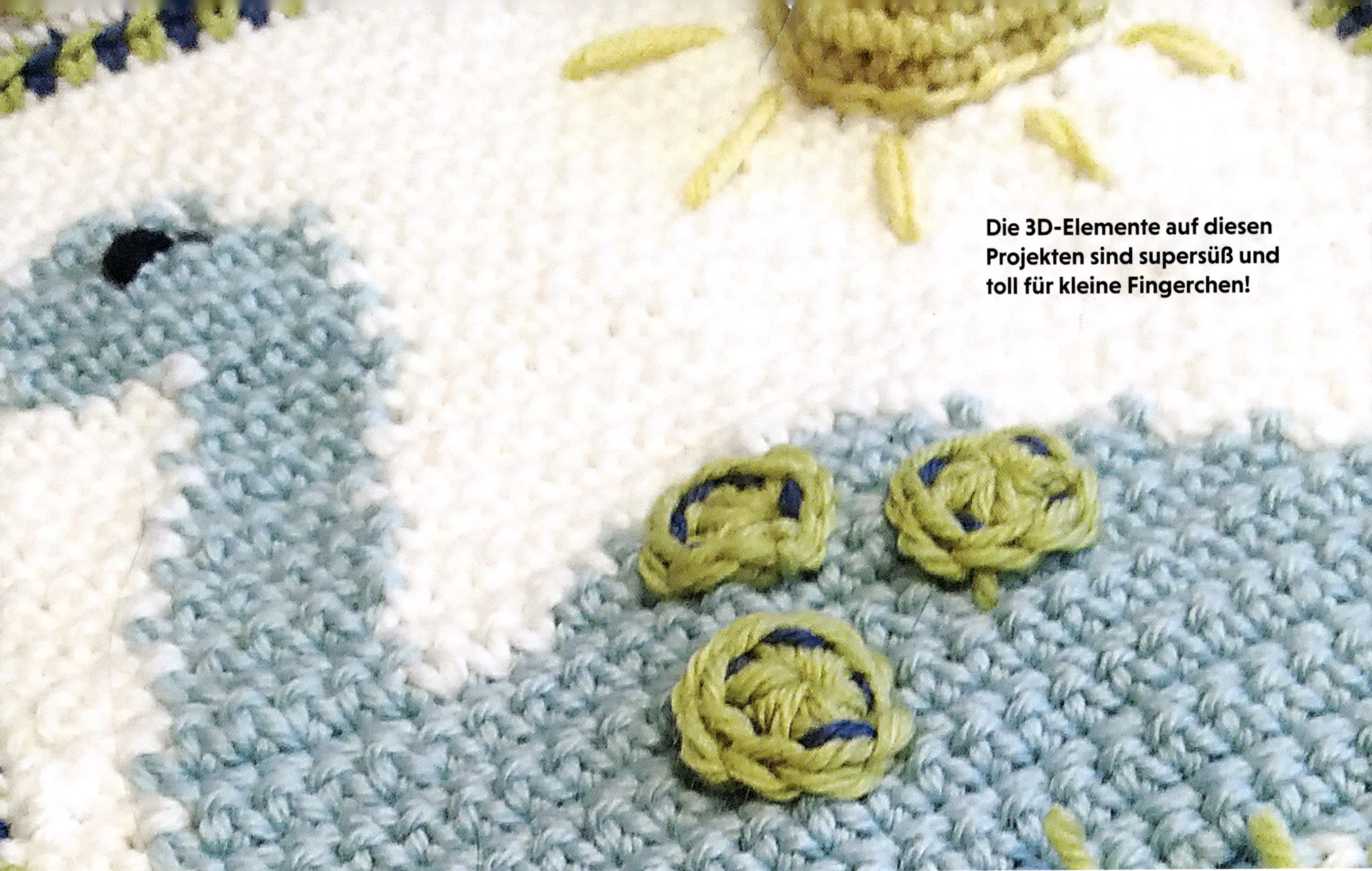

Die 3D-Elemente auf diesen Projekten sind supersüß und toll für kleine Fingerchen!

Tipps und Tricks

Häkeln kann eine Menge Spaß bedeuten. Hier sind ein paar Punkte, die Sie vielleicht noch nicht bedacht haben, mit denen Ihr Häkelerlebnis und das fertige Produkt noch besser werden. Über die Jahre habe ich gemerkt, was mir die Arbeit erleichtert, und für dieses Buch habe ich außerdem meine Testhäklerinnen und anderen Häkelfreunde befragt, um DIE ULTIMATIVE LISTE für Sie zu haben. Viele dieser Tipps lassen sich bestimmt in Ihre Projekte einbauen.

- **ZUERST die Anleitung durchlesen!** Das hilft Ihnen, in den Flow zu kommen, und Sie sind vertraut damit, wie das Tier zusammengebaut wird.
- **Stumpfe statt spitzen Nadeln** zum Zusammennähen verwenden.
- Wenn möglich, zwei Teile mit **unsichtbaren festen Maschen** zusammenhäkeln.
- Mit der **unsichtbaren Verbindung** die Ränder für einen sauberen „fertigen" Saum versehen.
- **Das erhabene Element füllen** und dann etwas nachstopfen. Fest, aber nicht zu sehr füllen, damit die Maschen sich nicht zu stark dehnen.
- Wenn Ihre Projekte für kleine Kinder bestimmt sind, **die Augen aufsticken**, statt Sicherheitsaugen zu verwenden.
- **Einen langen Faden** am Anfang und am Ende der Werkstücke stehenlassen. Diesen zum Nähen und Füllen nutzen.
- **Alle Teile einzeln herstellen** und am Ende zusammenfügen, sodass Sie jedes Stück vor dem Zusammensetzen sehen können.
- Zum Füllen kleinerer Teile **die Rückseite der Häkelnadel verwenden**.
- **Gönnen Sie sich und Ihren Händen Pausen!**
- **ZÄHLEN SIE DIE MASCHEN!**
- **Die Garnenden** nach dem Befestigen im Werkinneren verstecken und **nicht zu nah am Knoten abschneiden**.
- **Und vor allem: Haben Sie Spaß!**

Die Häkelmaschen

Beim Häkeln stoßen Sie vielleicht auf eine noch unbekannte Masche. Dieser Überblick dient Ihnen zum Auffrischen und Erlernen der einzelnen Schritte, um die Masche fertigzustellen.

Die Häkelnadel richtig halten

Man kann die Häkelnadel auf verschiedene Arten halten, aber ich zeige Ihnen hier die zwei geläufigsten. Probieren Sie beide aus und bleiben Sie bei der, die sich angenehmer anfühlt. Ein wenig Übung und Muskelerinnerung sind notwendig, damit es sich „genau richtig" anfühlt, doch mit der Zeit finden Sie die für Sie passende Art, die Nadel zu halten.

Messerhaltung

Die Häkelnadel wie ein Messer halten: Die Hand über die Nadel legen und mit Daumen und Mittelfinger kontrollieren, während der Zeigefinger oben liegt und das Garn führt. Ich halte die Nadel so, was Sie auch auf allen Fotos sehen werden. Ich finde es hilfreich, das Garn und die Nadel mit dem Zeigefinger zu führen und zu halten.

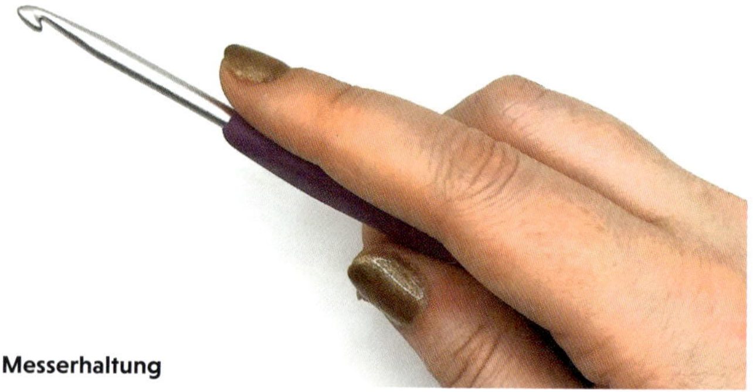

Messerhaltung

Bleistifthaltung

Die Häkelnadel wie einen Bleistift halten. Die Nadel ist in die Hand gebettet und liegt auf dem Mittelfinger. Dies ist für einige Menschen eine bequeme Haltung, die jedoch mehr Bewegung aus dem Handgelenk erfordert als die Messerhaltung.

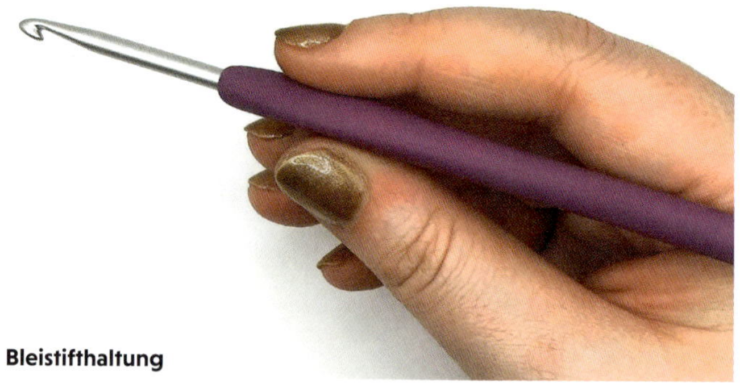

Bleistifthaltung

Das Garn richtig halten

Es gibt mehrere Arten, das Garn zu halten, aber am leichtesten beginnt man mit einer einfachen Schlaufe um den Finger. Dafür das Garn vom Knäuel über Zeige- oder Mittelfinger wickeln (mit beiden probieren, um zu sehen, was angenehmer ist). Hinter der Hand hervorziehen, das Garn auf die Nadel führen und das Werkstück vorn halten. Den Arbeitsfaden mit Ringfinger und Daumen halten.

Ich wickle das Garn gern 2–3-mal um meinen Mittelfinger, je nachdem, wie fest meine Maschen werden müssen. Um zu lernen, wie Garn und Nadel gehalten werden und miteinander interagieren, ist Wiederholung notwendig, also bleiben Sie dran!

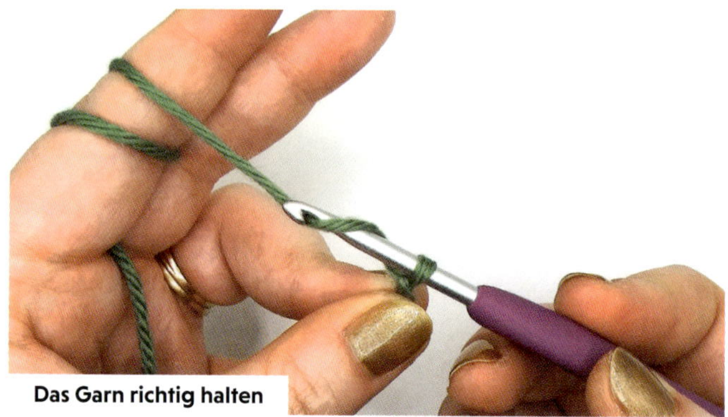

Das Garn richtig halten

Knoten

Anfangsschlinge

Dieser anpassbare Knoten ist der Anfang von jedem Häkelprojekt, das mit Luftmaschen beginnt, z. B. „Mit Farbe A 2 Lm häkeln." Beim Häkeln ist immer nur eine Masche auf der Nadel und die Anfangsschlinge ist der Ursprung aller Maschen bis zur fertigen. Das Garn in einer Schlinge über zwei Finger legen. Die Häkelnadel oder den Finger darunter führen, das vom Knäuel kommende Garn fassen und durch die Schlinge durchziehen (Anfangsschlinge 1). Zum Festziehen am Garn ziehen (Anfangsschlinge 2). Dies ist Ihre erste Masche. Die Schlinge lässt sich so anpassen, dass sie zur Nadelstärke passt.

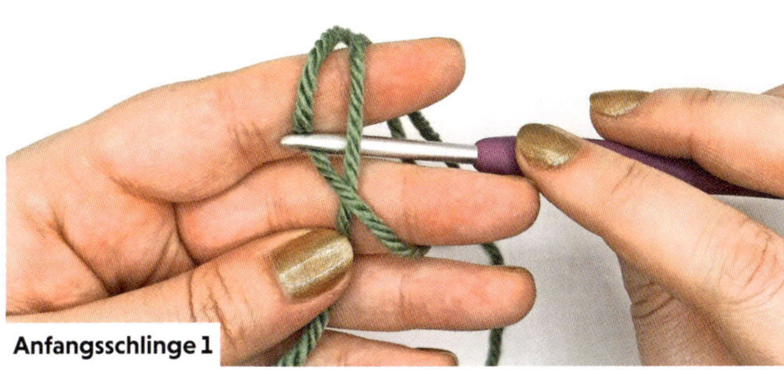
Anfangsschlinge 1

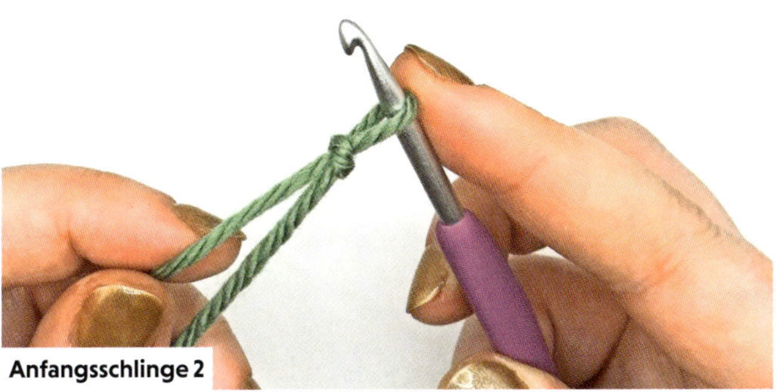
Anfangsschlinge 2

Fadenring (FR)

Mit dieser einfachen Technik erzeugen Sie eine anpassbare Schlinge für rundgehäkelte Projekte ohne großes Loch in der Mitte. Das Ende des Arbeitsfadens unter kleinem Finger und Ringfinger halten. Das Garn um die ersten beiden Finger schlingen und die Nadel darunter führen (FR 1). Das Garn mit der Nadel aufnehmen und durchziehen (FR 2). Umschlag, dann das Garn durchziehen, um 1 Lm zu häkeln (FR 3). Die Schlinge von den Fingern nehmen: Sie sehen die Lm rechts auf der Nadel und ein verdrehtes, knotenartiges Ende in der Schlinge. Dies muss so bleiben, während Sie gemeinsam in die Schlinge und über die beiden Garnabschnitte arbeiten. (FR 4). Die Nadel in die Schlinge stechen, Umschlag und das Garn wieder durchziehen (FR 5). Die angegebenen Maschen weiter in die Schlinge über beide Fäden häkeln; hier: feste Maschen (FR 6). Nach Fertigstellung des Häkelmusters am Faden ziehen, bis sich die Mitte schließt und die Öffnung nicht mehr zu sehen ist (FR 7). Zum Befestigen dieses Ende vernähen.

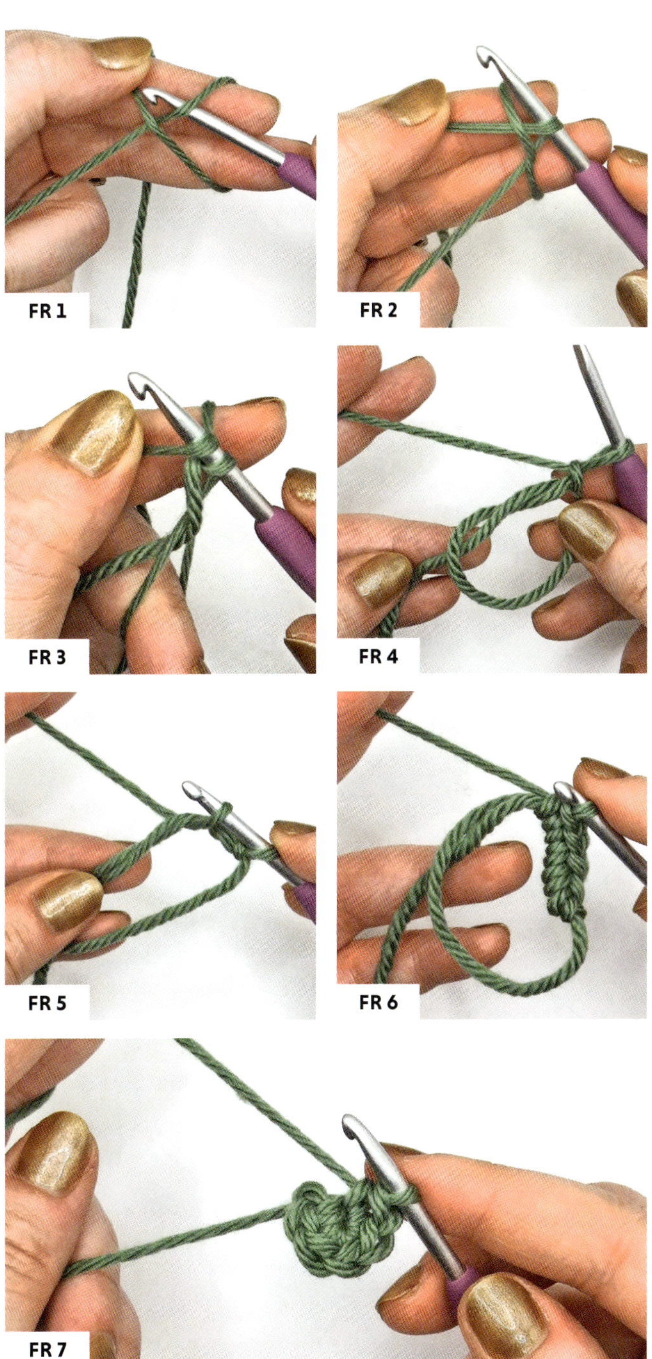
FR 1 FR 2 FR 3 FR 4 FR 5 FR 6 FR 7

Häkelmaschen

Maschenanatomie

Wenn nicht anders angegeben, die Nadel unter beide Schlingen schieben und die Masche häkeln. Man kann sie an der Werksoberseite sehen. Man häkelt unter beide Schlingen. Dabei erkennt man miteinander verwobene Tränen oder Vs, deren beide Teile genutzt werden.

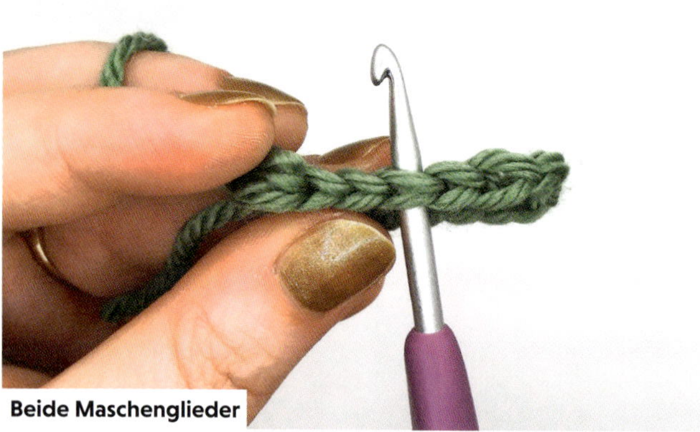
Beide Maschenglieder

Vorderes und hinteres Maschenglied (vMg und hMg)

Manchmal steht in der Anleitung, man solle nur ins vordere bzw. hintere Maschenglied (vMg bzw. hMg) einer Masche häkeln. So entsteht eine unverwechselbare Textur im Muster.

Um nur durch das **vordere Maschenglied** zu häkeln, die Nadel von vorn nach hinten ausschließlich in die vordere Hälfte der Masche (vorderes Maschenglied) stechen. Egal, ob Sie auf der Vorder- oder der Rückseite (VS oder RS) arbeiten, die Ihnen näherliegende Schlinge ist das vordere Maschenglied.

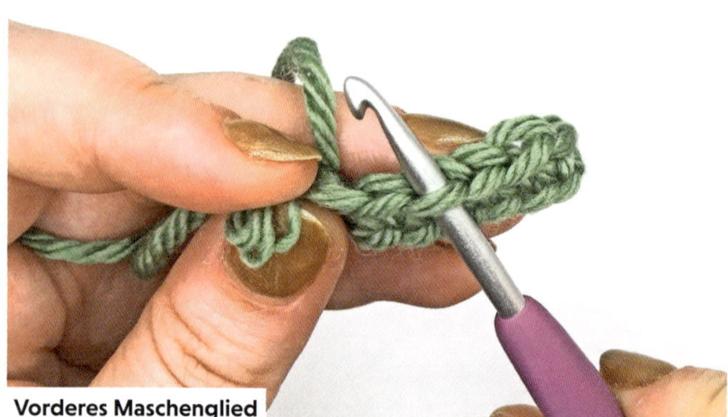
Vorderes Maschenglied

Um nur durch das **hintere Maschenglied** zu häkeln, die Nadel von vorn nach hinten ausschließlich in die hintere Hälfte der Masche (hinteres Maschenglied) stechen. Egal, ob Sie auf der Vorder- oder Rückseite arbeiten, die Ihnen entfernter liegende Schlinge ist das hintere Maschenglied.

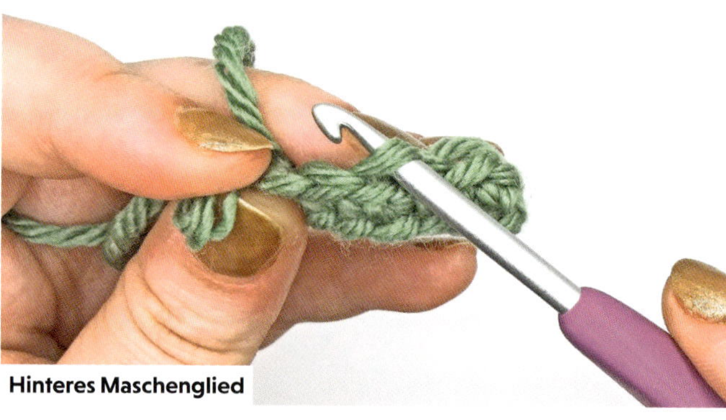
Hinteres Maschenglied

Umschlag (U)

Der Umschlag wird beim Erzeugen der Masche angewendet. Das Garn von hinten nach vorne für einen „Umschlag" holen.

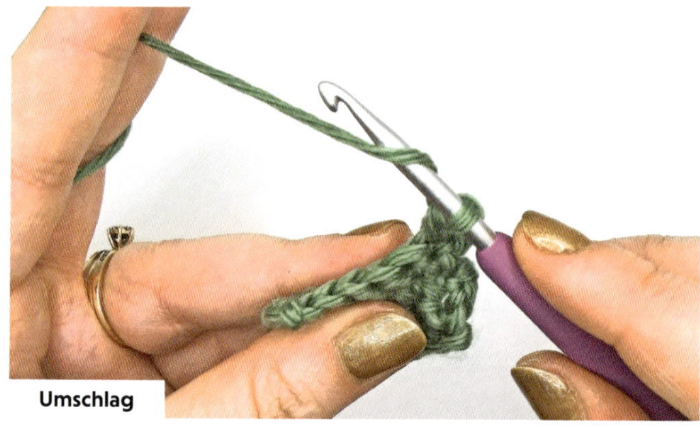
Umschlag

Luftmasche (Lm)

Die Luftmasche ist die Grundlage der Maschen am Beginn des Musters. Sie dient auch als Masche im Muster, um eine Öffnung, z. B. Spitze oder ein Knopfloch, zu gestalten. Die Nadel durch die Anfangsschlinge stechen und einen Umschlag machen, also die Nadel vor das Garn führen (Lm 1). Das Garn stramm (aber nicht zu fest) halten, die Nadel mit dem Garn zurück durch die Schlinge durchziehen (Lm 2). Eine Luftmasche ist fertiggestellt. Diese Schritte für weitere Luftmaschen wiederholen. Zum Zählen der Lm jede Träne als eine Lm zählen. In Lm 3 werden 7 Luftmaschen gezeigt. Es gibt Höcker oder Rippen auf der Maschenrückseite, in die Sie zum Beginnen Ihres Projekts häkeln können. (Lm 4).

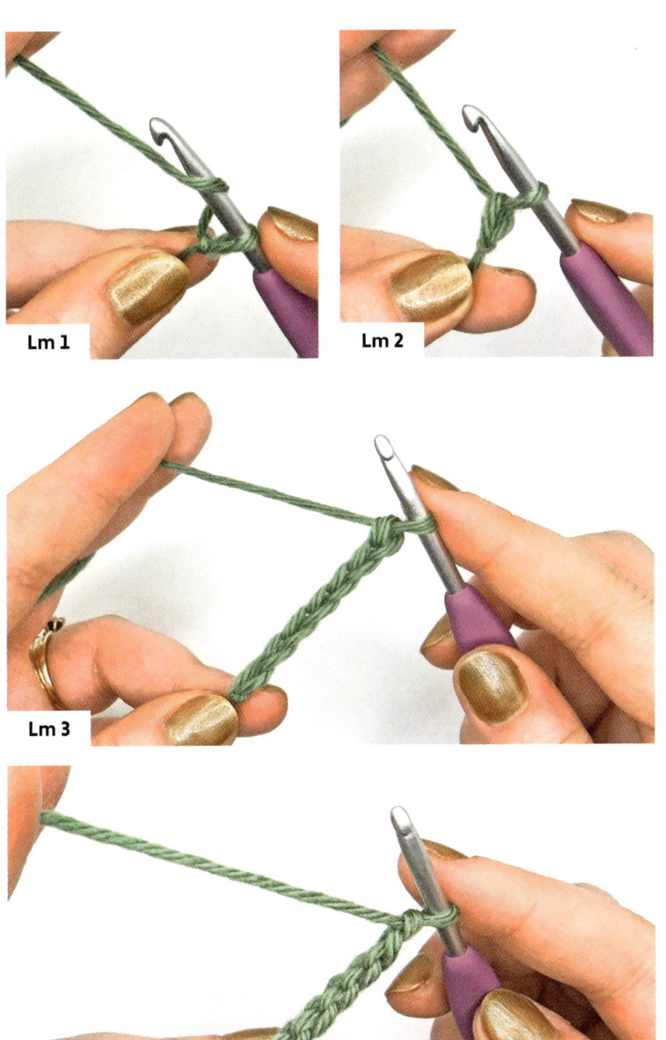
Lm 1

Lm 2

Lm 3

Lm 4

Kettmasche (Km)

Mit der Kettmasche wird eine Masche am Reihen- oder Rundenende mit einer anderen Masche bzw. einer anderen Stelle der Arbeit verbunden. Sie kann auch innerhalb des Musters als Masche ohne Höhe verwendet werden. Die Nadel von der Maschenvorderseite auf die Rückseite führen, Umschlag (Km 1). Das Garn wieder durch die Masche durchziehen: 2 Schlingen auf der Nadel (Km 2). Zum Fertigstellen die Schlinge weiter durch die erste Schlinge auf der Nadel durchziehen.

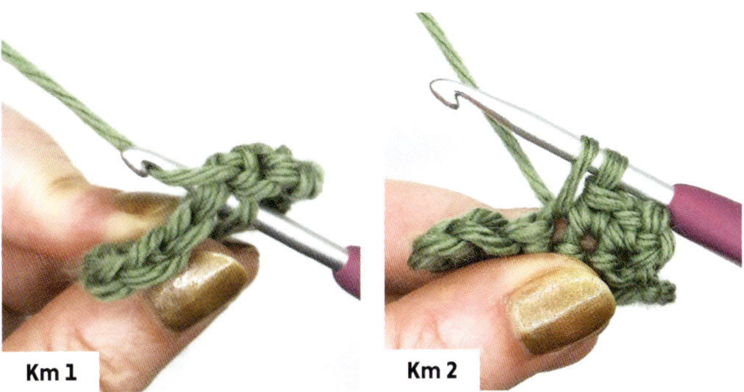
Km 1

Km 2

Feste Masche (fM)

Die feste Masche ist eine der häufigsten Maschen, die man in Mustern zu häkeln hat; sie wird durchgehend in diesem Buch verwendet. Die Nadel von der Maschenvorderseite in die Rückseite stechen. Umschlag und das Garn zurück durch die Masche durchziehen: 2 Schlingen auf der Nadel (fM 1). Umschlag und zum Fertigstellen das Garn durch beide Schlingen auf der Nadel durchziehen (fM 2).

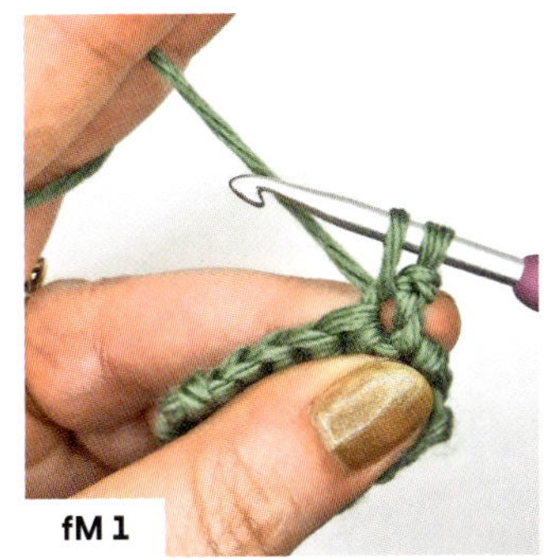
fM 1

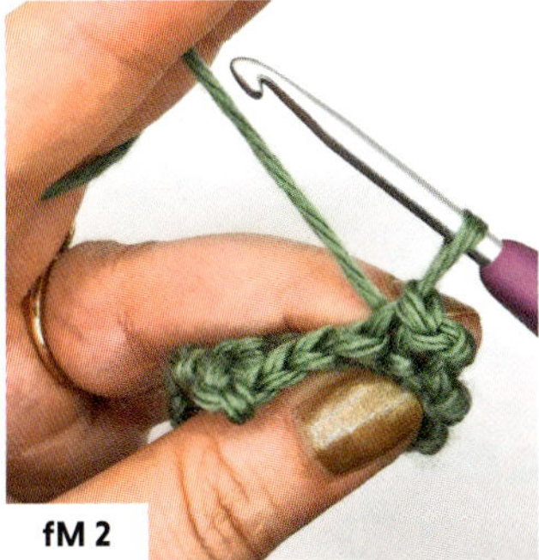
fM 2

Stäbchen (Stb)

Diese etwas höhere Masche als die fM wird regelmäßig für Säume verwendet und ist eine der bekanntesten Maschenarten. Umschlag und die Nadel von vorne nach hinten in die Masche stechen. Umschlag und das Garn zurück durch die Masche durchziehen: 3 Schlingen auf der Nadel (Stb 1). Umschlag und durch die ersten 2 Schlingen durchziehen: 2 Schlingen auf der Nadel (Stb 2). Zum Fertigstellen Umschlag und durch die letzten 2 Schlingen auf der Nadel durchziehen. Stb 3 zeigt eine fertige Reihe aus Stäbchen.

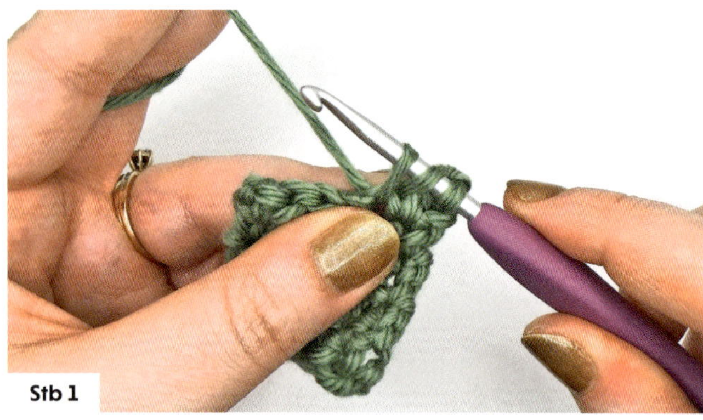

Stb 1

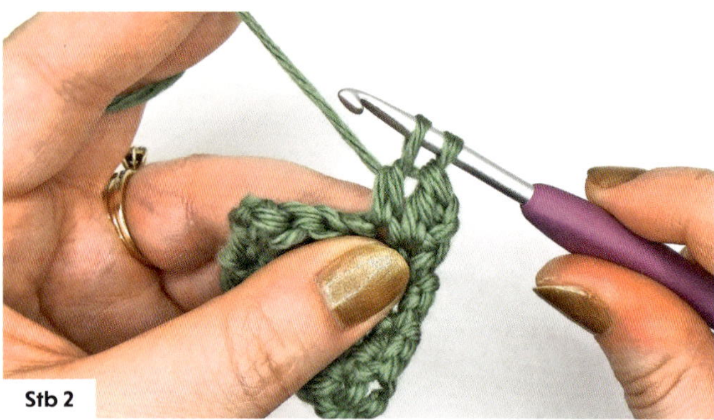

Stb 2

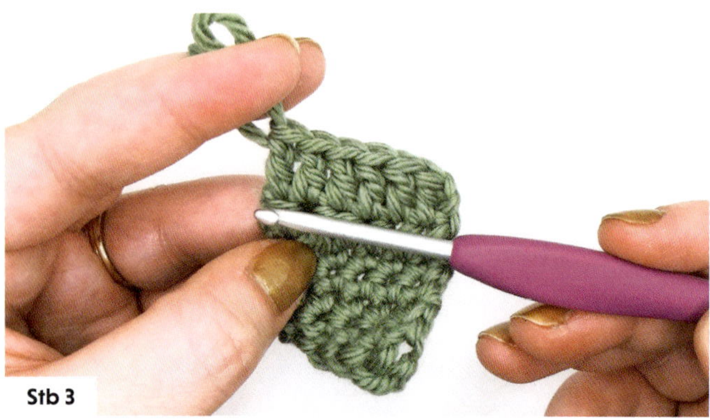

Stb 3

Halbes Stäbchen (hStb)

Wie der Name schon sagt, liegt diese Masche von der Höhe her zwischen fM und Stb. Sie erzeugt ein recht festes Gewebe, ähnlich wie die feste Masche. Umschlag mit der Nadel hinter dem Garn (hStb 1). Die Nadel von der Vorderseite der Masche nach hinten stechen, Umschlag (hStb 2). Das Garn wieder durch die Masche durchziehen: 3 Schlingen auf der Nadel (hStb 3). Umschlag und zum Fertigstellen das Garn durch alle 3 Schlingen auf der Nadel durchziehen.

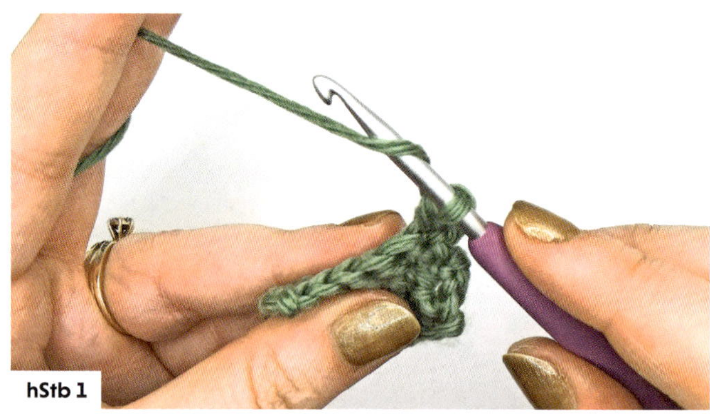

hStb 1

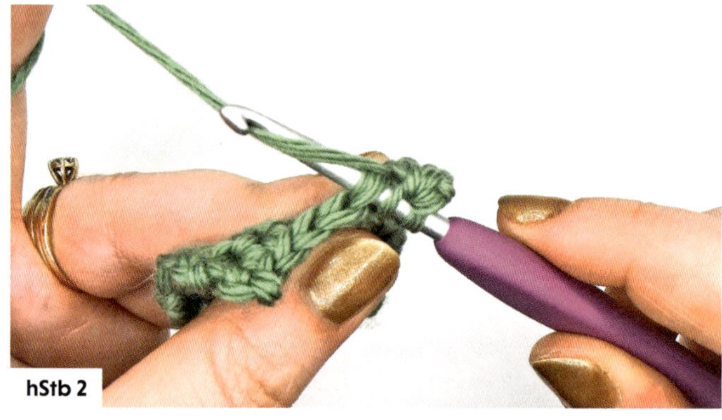

hStb 2

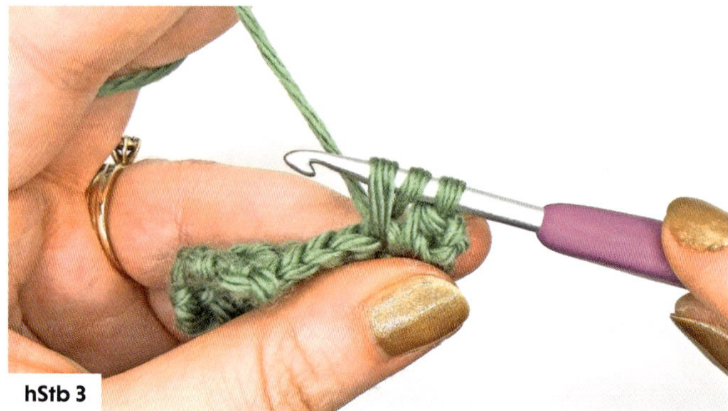

hStb 3

Halbes Stäbchen in das 3. Maschenglied

Alle Standardmaschen haben je ein vMg und ein hMg – bis auf das halbe Stäbchen. Es ist einzigartig, da es ein zusätzliches (drittes) Mg hat. Für ein einzigartiges Gewebe kann man dort hineinhäkeln: Die oberen Maschenglieder, in die Sie normalerweise häkeln, suchen. Auf der RS (Rückseite) des hStb verläuft ein horizontaler Querfaden, der weder Teil des vMg noch des hMg ist. Dies ist das 3. Mg. Um ins 3. Mg des hStb zu häkeln, diesen Querfaden als Masche betrachten (hStb 4). 1 hStb wie normal ins 3. Mg häkeln. Auf der anderen Seite erscheinen horizontale Fäden unter der Masche. (hStb 5).

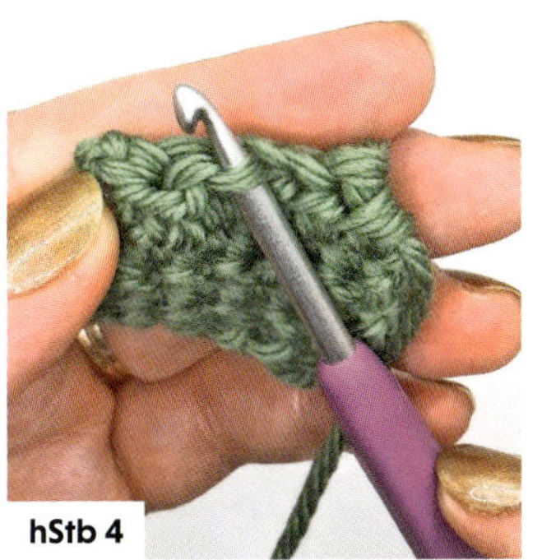
hStb 4

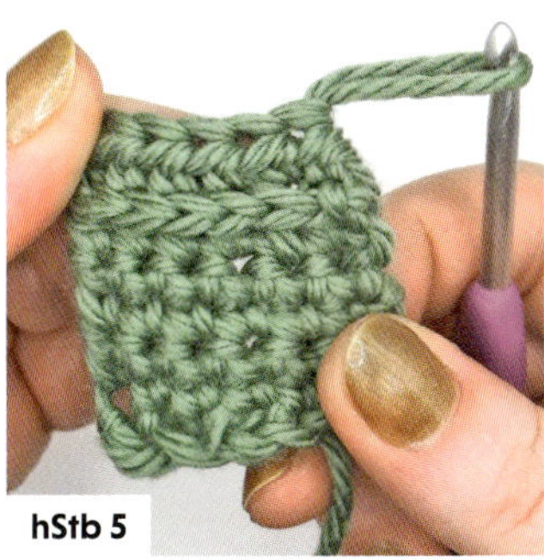
hStb 5

Doppelstäbchen (DStb)

Doppelstäbchen finden bei einfachen und komplizierten Häkelmustern Anwendung, wenn mehr Höhe als bei Stäbchen verlangt wird. 2-mal Umschlag (DStb 1). Es scheint, als wären drei 3 Schlingen auf der Nadel (1 Schlinge und 2 U). Die Nadel von der Maschenvorderseite nach hinten einstechen. Umschlag und das Garn zurück durch die Masche durchziehen: 4 Schlingen auf der Nadel (DStb 2). Zum Fertigstellen: (Umschlag und Garn durch die ersten 2 Schlingen auf der Nadel durchziehen) 3-mal. DStb 3 zeigt eine ganze Reihe Doppelstäbchen.

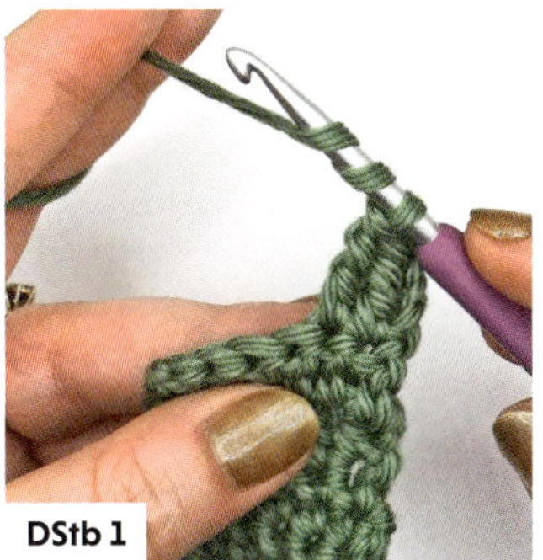
DStb 1

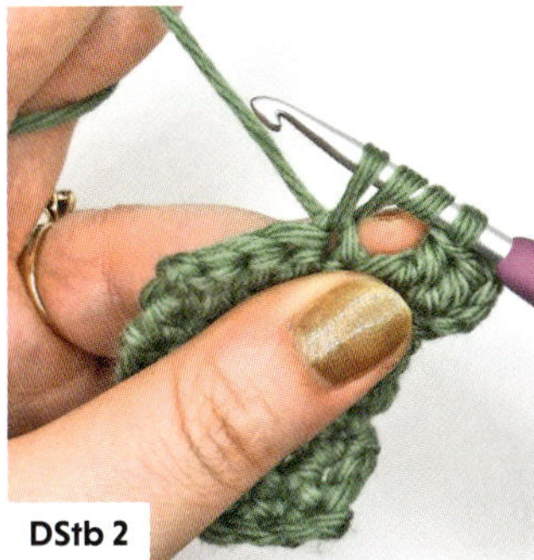
DStb 2

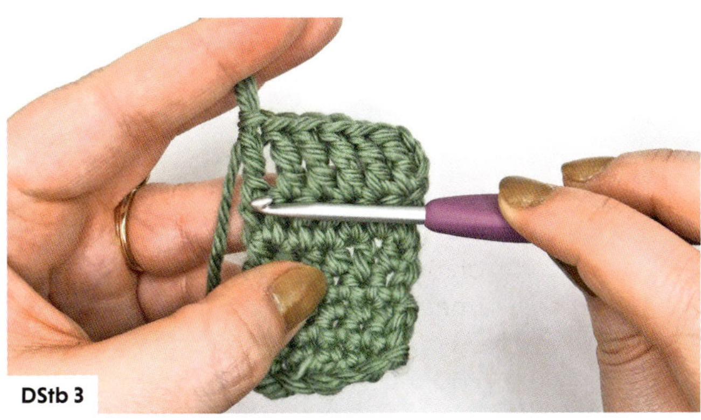
DStb 3

2 feste Maschen zusammenhäkeln (2 fM zus häkeln)

Beim Zusammenhäkeln von zwei festen Maschen (auch als Abnahme bekannt) nimmt man zwei Maschen und macht aus ihnen eine feste Masche. Die Nadel von der Maschenvorderseite nach hinten einstechen, Umschlag. Das Garn zurück durch die Masche durchziehen: zwei Schlingen auf der Nadel (2 fM zus 1). Die Schlingen auf der Nadel lassen, die Nadel von vorne nach hinten in die nächste Masche einstechen. Umschlag und Garn wieder durch die Masche durchziehen: 3 Schlingen auf der Nadel (2 fM zus 2). Zum Fertigstellen Umschlag und Garn durch alle 3 Schlingen auf der Nadel durchziehen (2 fM zus 3).

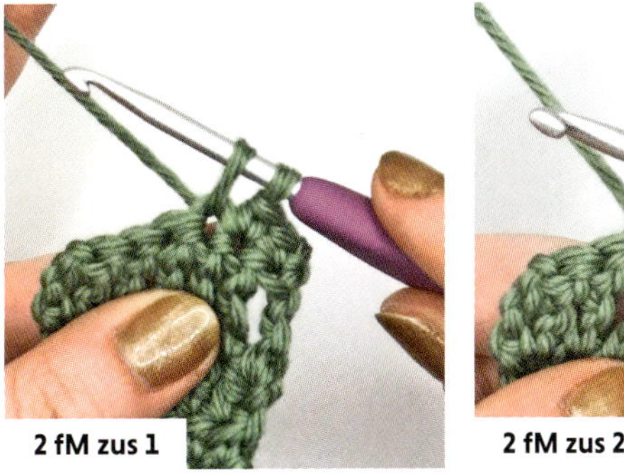
2 fM zus 1

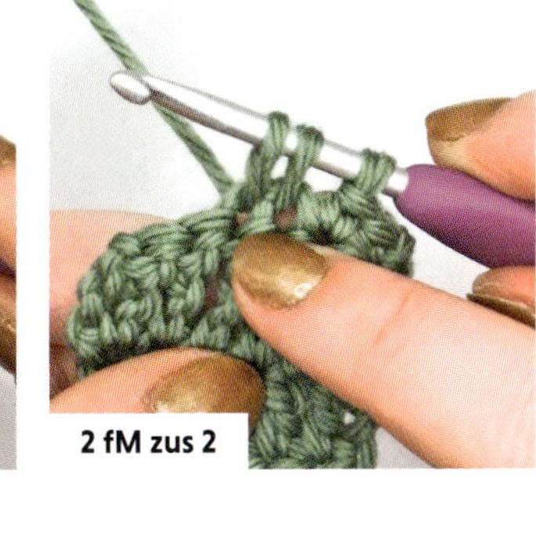
2 fM zus 2

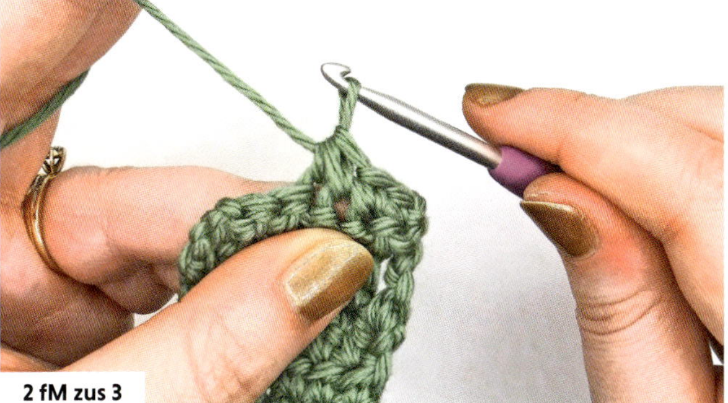
2 fM zus 3

2 feste Maschen unsichtbar zusammenhäkeln

Dies ist eine saumlose Alternative zur traditionellen Abnahme durch 2 fM zus häkeln. Verwenden Sie sie, um eine wellige Abnahme zu vermeiden. Die Nadel von vorne nach hinten direkt unter dem vMg der Masche einstechen (2 fM zus 4). Keinen Umschlag machen und eine Schlinge aufziehen. Die Nadel von vorne nach hinten ins vMg der nächsten M stechen (2 fM zus 5). Umschlag und durch die 2 Schlingen und die Schlinge auf der Nadel zum Fertigstellen der Abnahme durchziehen (2 fM zus 6).

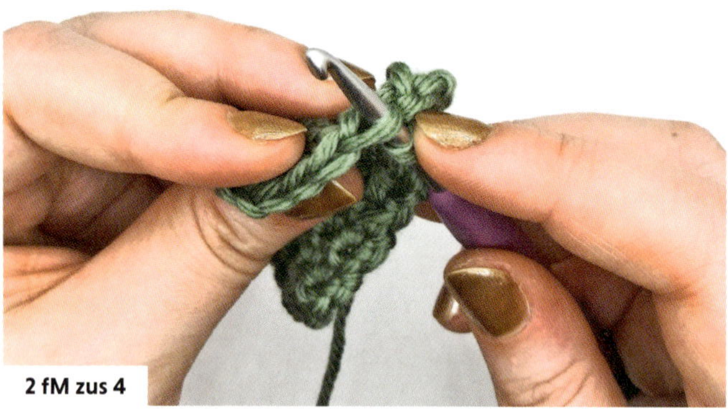
2 fM zus 4

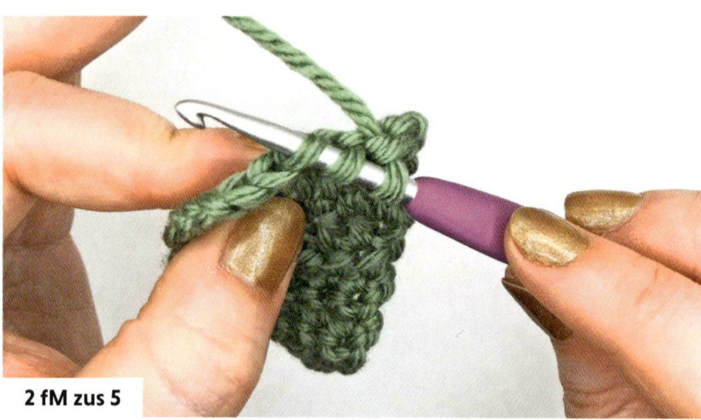
2 fM zus 5

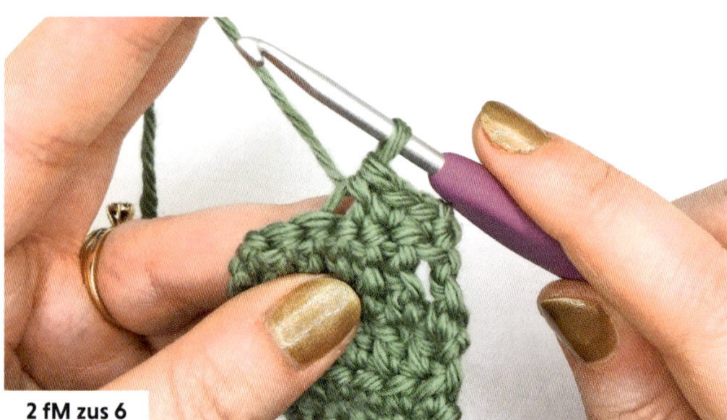
2 fM zus 6

2 Stäbchen zusammenhäkeln (2 Stb zus häkeln)

2 Stb zus häkeln ist eine Abnahme, die aus 2 M ein Stb macht. Umschlag und die Nadel von der VS der Masche nach hinten einstechen. U und das Garn zurück durch die M durchziehen: 3 Schlingen auf der Nadel (2 Stb zus 1). U und das Garn durch die ersten 2 Schlingen durchziehen: 2 Schlingen auf der Nadel (2 Stb zus 2). Die Schlingen auf der Nadel lassen, U, dann die Nadel von vorn nach hinten in die nächste M stechen. U und das Garn wieder durch die M durchziehen: 4 Schlingen auf der Nadel (2 Stb zus 3). U und das Garn durch die ersten 2 Schlingen auf der Nadel durchziehen: 3 Schlingen auf der Nadel. Umschlag und zum Fertigstellen das Garn durch alle 3 Schlingen auf der Nadel durchziehen (2 Stb zus 4).

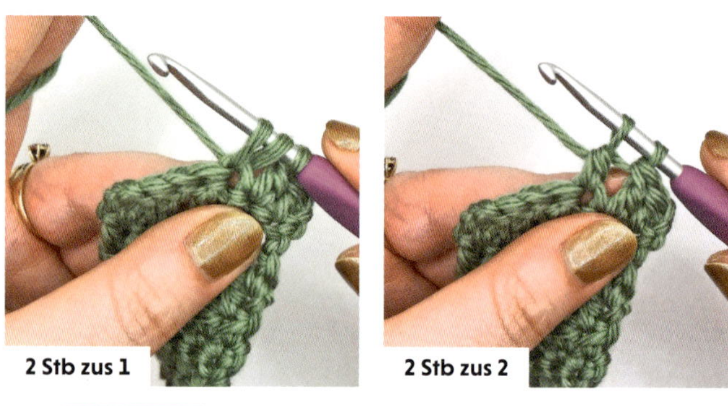
2 Stb zus 1

2 Stb zus 2

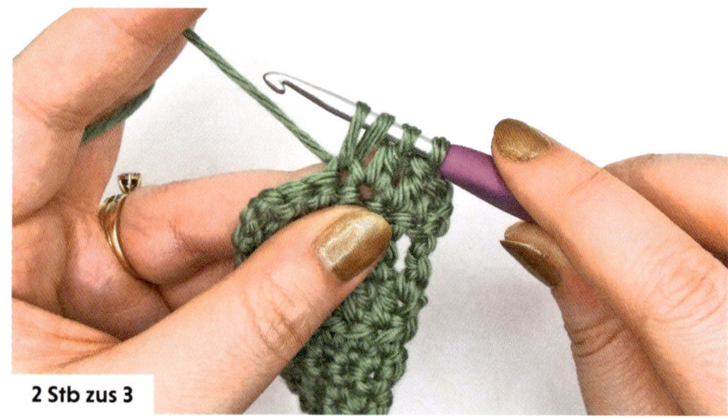
2 Stb zus 3

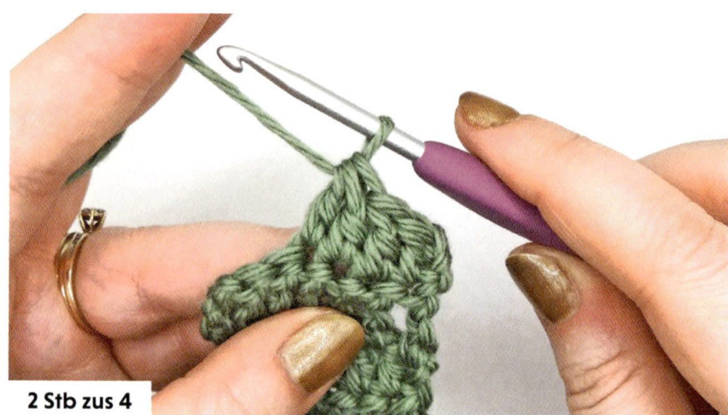
2 Stb zus 4

Reliefmaschen häkeln

Jede M hat einen Maschenkörper (MK). Für Reliefmaschen wird der MK unter der Oberseite der M verwendet. Die unteren Stb als Referenzpunkte nutzen.

Reliefstäbchen vorne (vRStb)

Umschlag. Die Nadel von der VS auf die RS und um den Maschenkörper wieder nach vorn führen (vRStb 1). Umschlag und das Garn wieder um den Maschenkörper ziehen: 3 Schlingen auf der Nadel (vRStb 2). Die Masche wie ein normales Stäbchen fertigstellen (vRStb 3). Die RS des vRStb hat eine horizontale „Rippe" (vRStb 4).

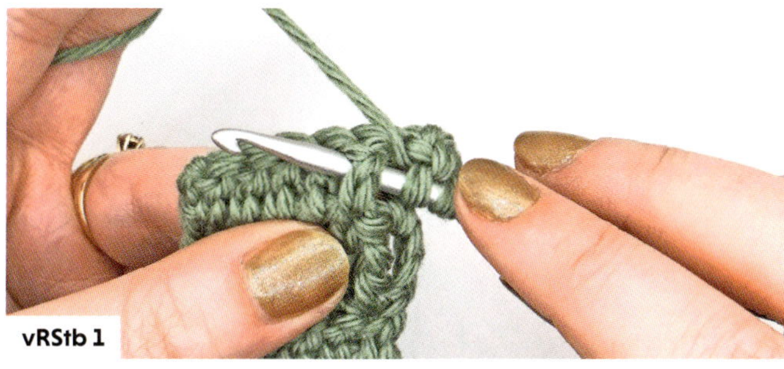

vRStb 1

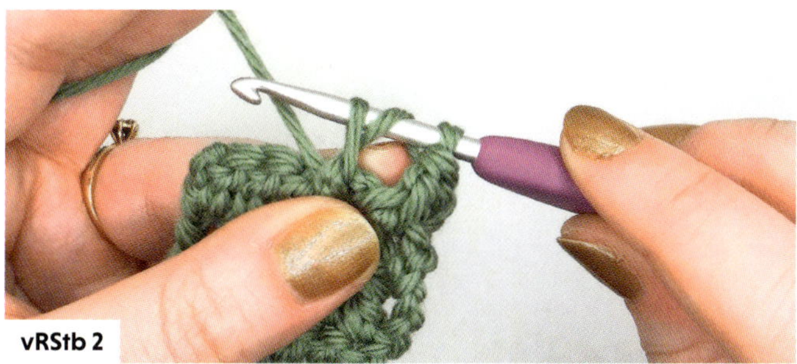

vRStb 2

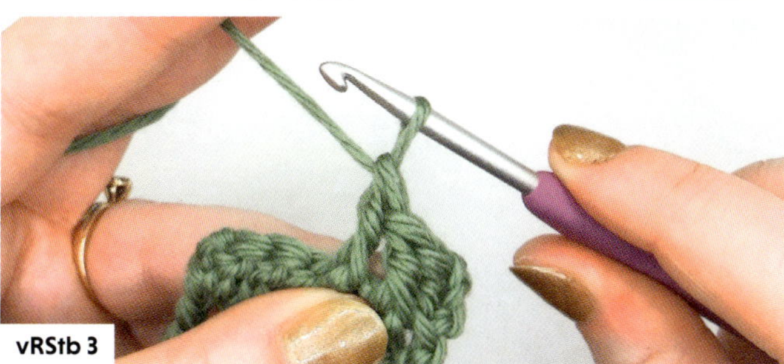

vRStb 3

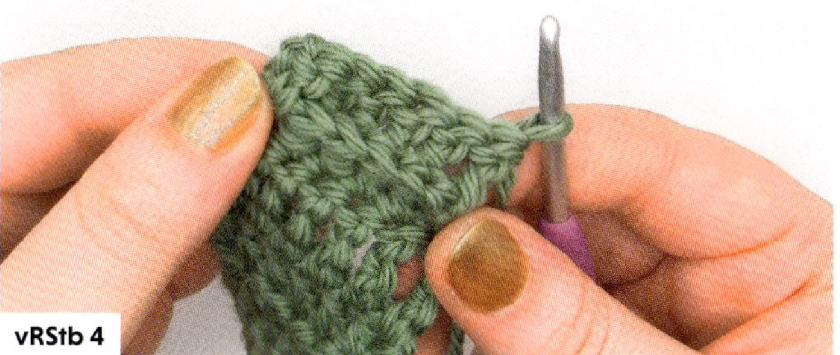

vRStb 4

Reliefstäbchen hinten (hRStb)

Um ein hRStb zu häkeln, von hinten nach vorne und vorn um den MK wieder nach hinten arbeiten. (hRStb 1). Umschlag und das Garn um den Maschenkörper ziehen. Die Masche wie ein gewöhnliches Stb fertigstellen. (hRStb 2).

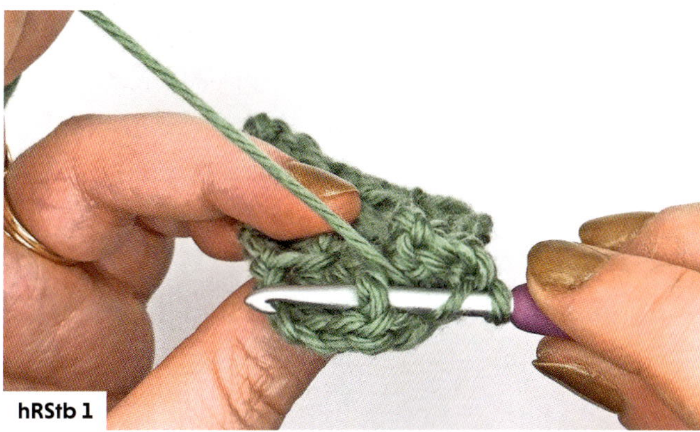

hRStb 1

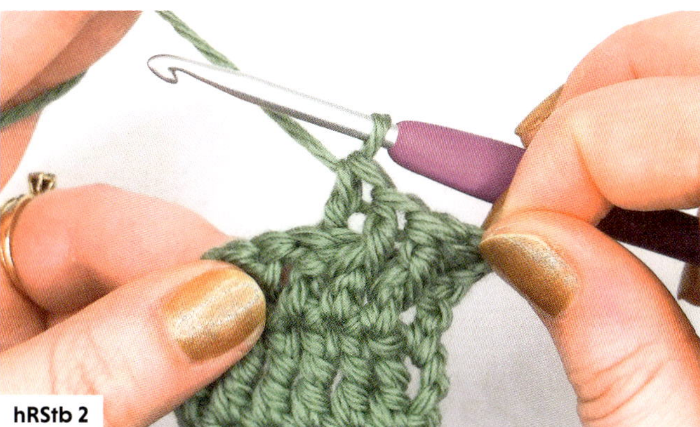

hRStb 2

Techniken

Mit festen Maschen in das Projekt arbeiten

Wenn Sie zu Projektbeginn in Lm häkeln, folgen Sie der Anleitung in Bezug darauf, in welche Lm gearbeitet wird. Bei „1 fM in die 2. Lm von der Nadel" arbeiten Sie in die 2. Lm (fM 3). Sie können die Nadel auf mehrere Arten einstechen; ich empfehle für ein saubereres Gesamtbild die hintere Erhöhung der Lm zu verwenden. U und das Garn durchziehen. Sie haben nun 2 Schlingen auf Ihrer Nadel (fM 4). U und das Garn durch beide Schlingen auf der Nadel durchziehen. Dies vervollständigt die M und Sie haben eine Schlinge auf der Nadel (fM 5). Sie haben nun eine Reihe fM in die Anfangsluftmaschenkette fertiggestellt (fM 6).

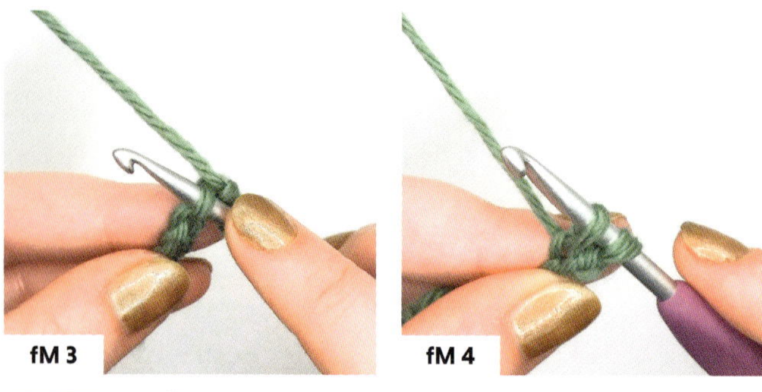

fM 3

fM 4

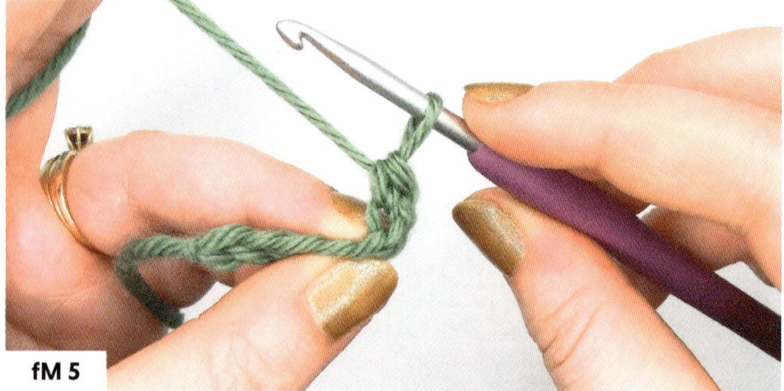

fM 5

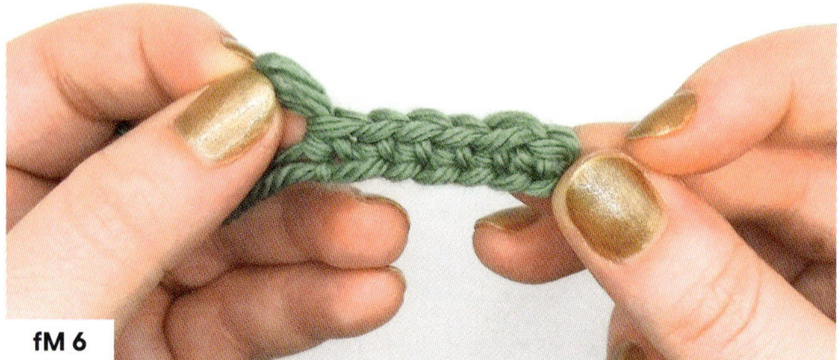

fM 6

Farbwechsel

Manchmal verlangen Muster danach, die Farbe zu wechseln, etwa wenn dort steht „zu Farbe B wechseln, Garn A abschneiden", um den Farbwechsel von Farbe A zu Farbe B anzuzeigen. Stellen Sie die angegebene Masche bis zum letzten Umschlag in der alten Farbe fertig. Die Maschenart ist dabei egal. Umschlag in der neuen Farbe und dieses Garn durchziehen, um die Masche und den Farbwechsel fertigzustellen (FW 1). Das Garn der alten Farbe abschneiden oder fallenlassen. Sie können auch über die alte Farbe drüberhäkeln. Mit der neuen Farbe weiterarbeiten. Für einen erneuten Farbwechsel die Arbeitsschritte wiederholen. Achten Sie darauf, dass die Maschenoberseiten beim Farbwechsel gleichmäßig und eben bleiben (FW 2).

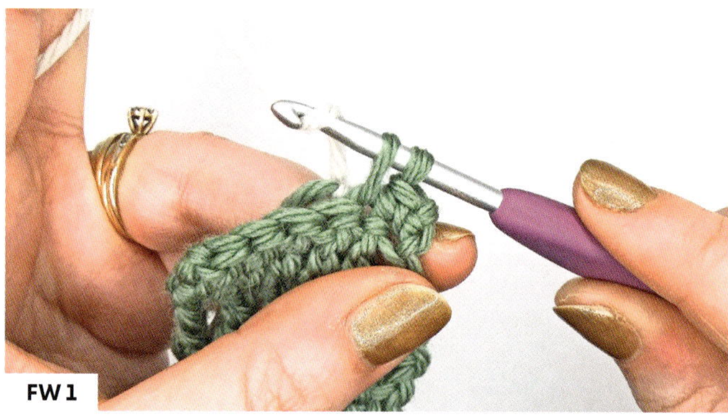

FW 1

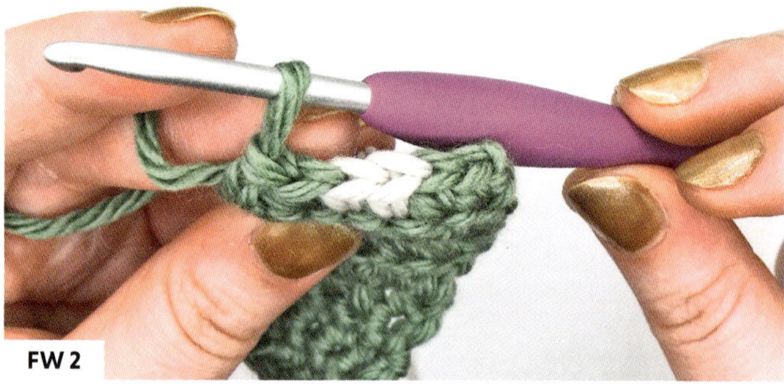

FW 2

Mit Km verbinden
Beim Rundhäkeln müssen Sie vielleicht mit einer Km eine Luftmaschenkette schließen – als Alternative zum Fadenring. Dies ist ideal für Muster, bei denen unten in der Arbeit ein Loch bleiben soll, etwa bei Ärmeln oder Hosen. Die angegebene Maschenanzahl häkeln, dann die Nadel von vorne nach hinten in die erste gehäkelte M stechen (Km 3). Dabei darauf achten, dass die Lm nicht verdreht ist. U und das Garn durch die Lm und die Schlinge auf der Nadel durchziehen (Km 4). So werden die Lm verbunden und ein Ring entsteht.

Zum Fertigstellen einer gehäkelten Rd die Nadel von vorne nach hinten in die zu verbindende M stechen (Km 5). U und das Garn durch die M durchziehen. Zum Verbinden die Schlinge durch die 1. Schlinge auf der Nadel durchziehen (Km 6).

Unsichtbar verbinden
Eine unsichtbare Verbindung erlaubt Ihnen, die letzte Runde eines Projekts randlos fertigzustellen und zu befestigen. Zusätzlich zum Befestigen Ihrer Arbeit versteckt sie auch das Garnende. Die letzte M des Projekts fertigstellen. Das Garn abschneiden und einen langen Faden stehenlassen. Das Garn befestigen, indem es vollständig durch die M gezogen wird. (VERB 1) Das Garn in eine Nähnadel einfädeln und sie zum Verbinden von vorne nach hinten in die 1. M stechen (VERB 2). Das Garn durchziehen. Die Nähnadel von vorn nach hinten unter dem hMg der letzten M hindurchführen (VERB 3). Das Garn auf der RS verknoten und die Enden vernähen. (VERB 4). Ihre Verbindung sollte wie die anderen M ohne Knoten in der Km aussehen.

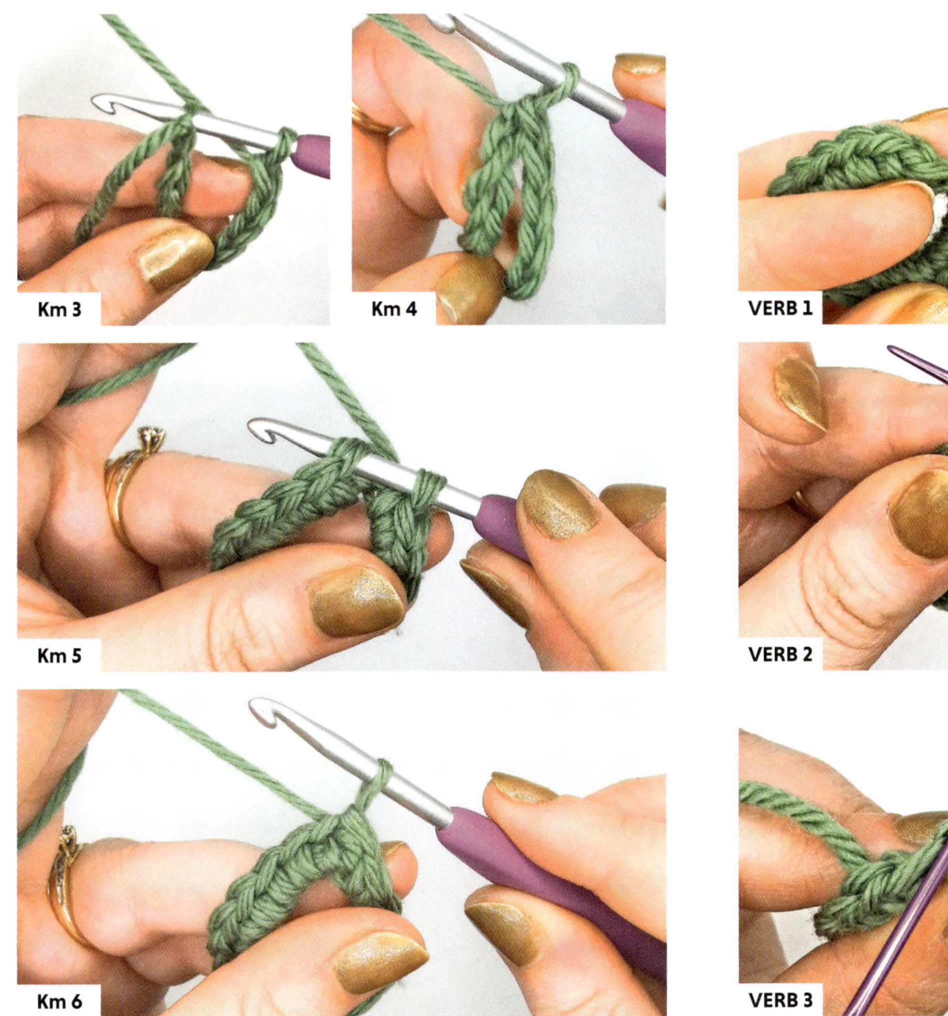
Km 3
Km 4
Km 5
Km 6

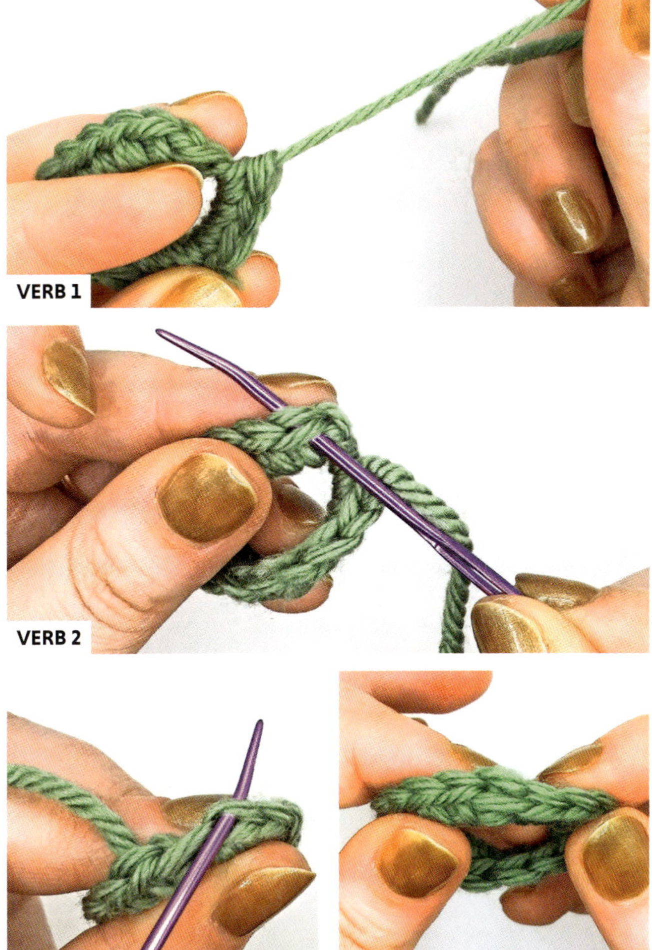
VERB 1
VERB 2
VERB 3
VERB 4

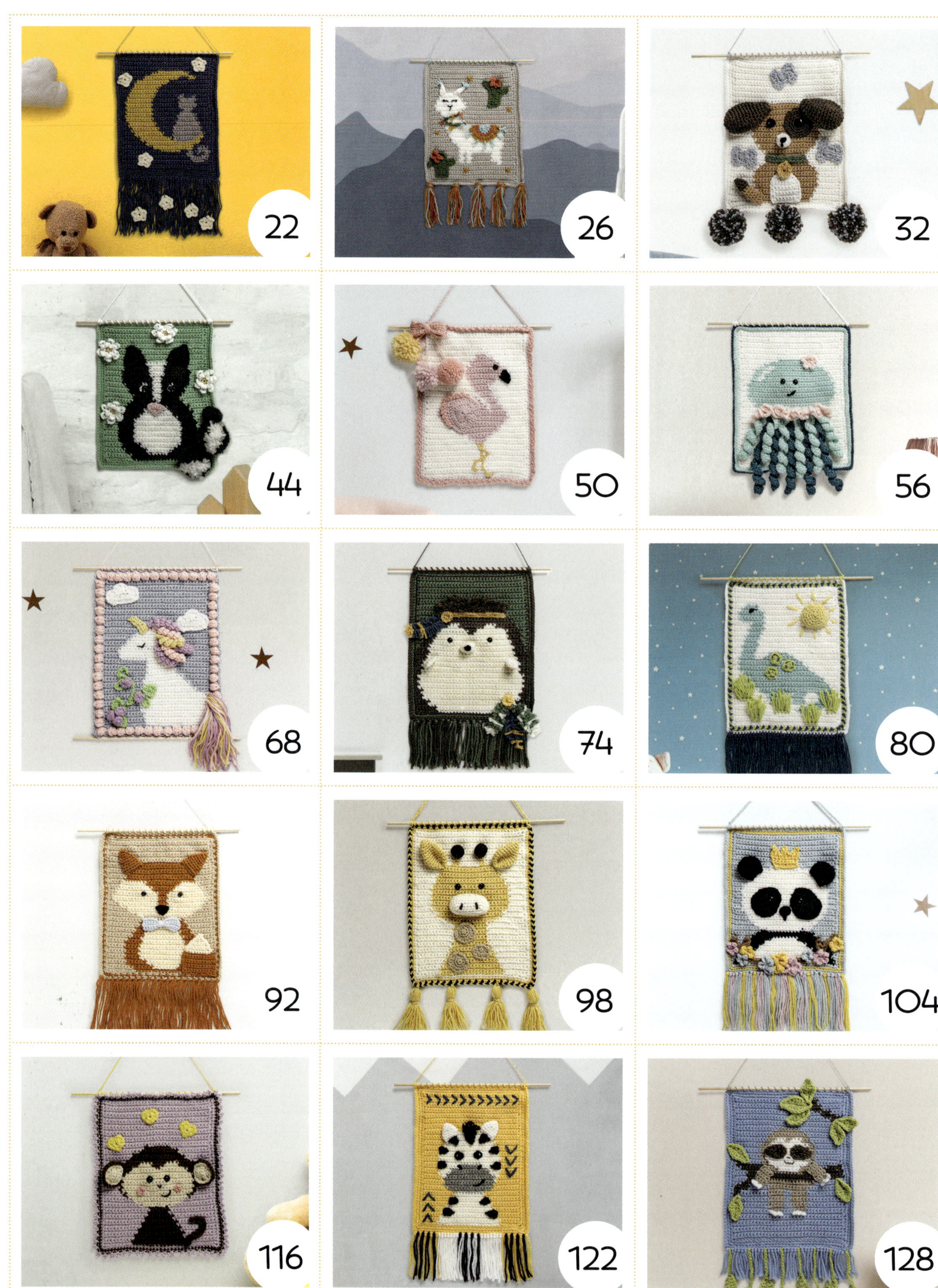
22
26
32
44
50
56
68
74
80
92
98
104
116
122
128

WANDBEHÄNGE MIT TIERMUSTERN

Diese 20 entzückenden Häkelfliesen machen Eindruck bei Jung und Alt und sind für Häkelneulinge und alte Hasen gleichermaßen geeignet. Häkeln Sie einen Wandbehang oder verwenden Sie das Design als Grundlage für die hinten angeführten Projekte. Viele der Pop-up-Elemente werden separat gehäkelt und dann der fertigen Häkelfliese hinzugefügt. Werfen Sie einen Blick auf die **Maschenanleitung** (S. 10) für eine Auffrischung, falls notwendig. Die **Häkelabkürzungen** finden Sie auf Seite 158.

38

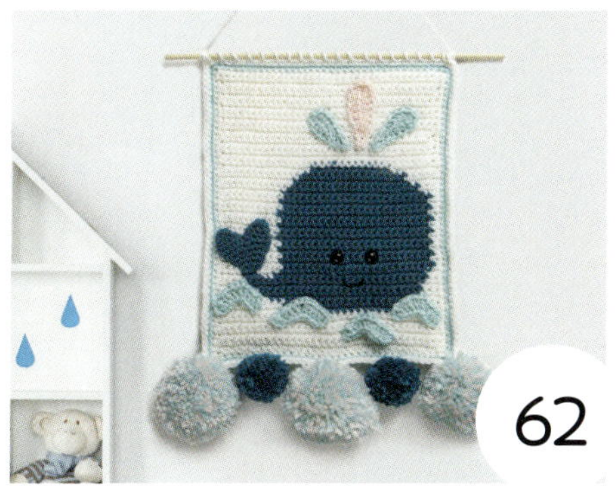

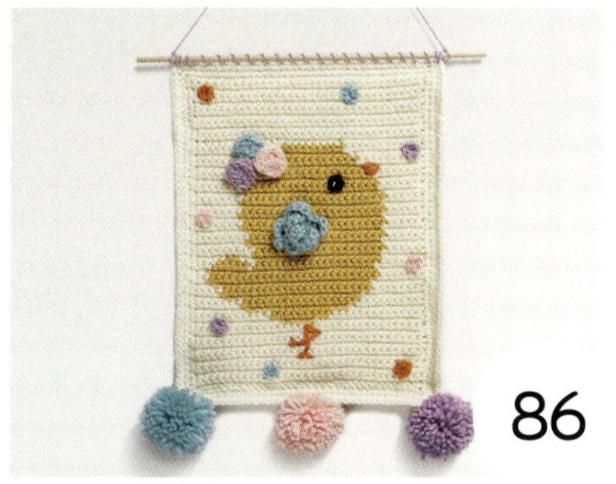

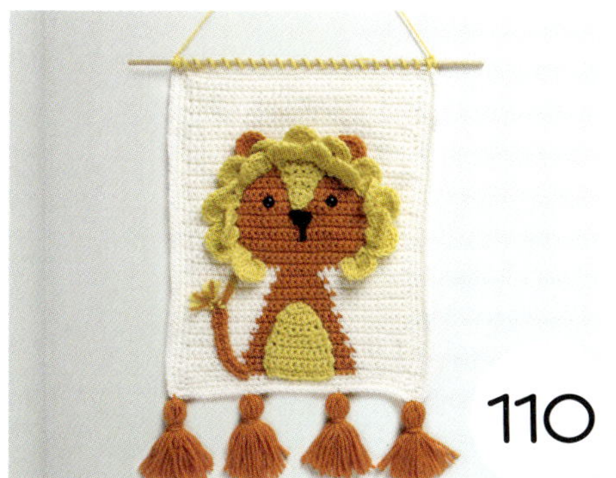

CARA, DIE KATZE

Ein zunehmender Mond dient als perfekte Ruhestätte für unsere nächtliche Katze. Mit nur wenigen, im Hintergrund verteilten 3D-Blumen ist diese Häkelfliese ein guter Startpunkt für Ihre Pop-up-Häkelreise.

  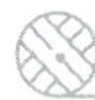 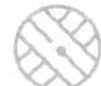 SCHWIERIGKEITSGRAD: NEULING

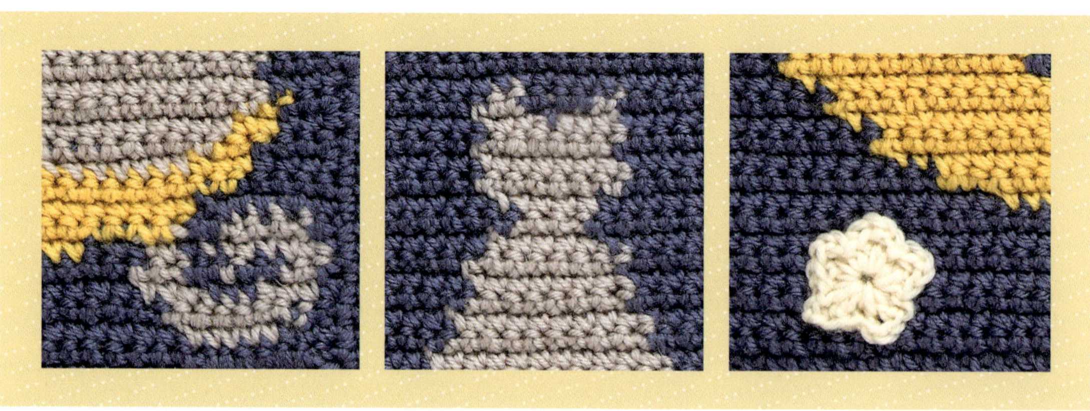

GARN
Worsted-Garn (#4 mittel)

Hier gezeigt: Universal Garn Deluxe Worsted Superwash (100 % Superwash-Wolle; Lauflänge: 200 m/100 g): 760 Indigo (A), 732 Icy Grey (B), 707 Ginseng (C), 728 Pulp (D), je 1 Knäuel

HÄKELNADEL
Nadelstärke 4 mm

Die Nadelstärke nötigenfalls für die korrekte Spannung anpassen.

BENÖTIGTE MATERIALIEN
Nähnadel
Rundholz (30 cm)

MASSE
28 x 23 cm

SPANNUNG
18 fM und 20 Reihen = 10 cm

ANMERKUNGEN
Der Hintergrund wird in Reihen auf der VS und der RS gearbeitet, wobei die Farben dem Muster entsprechend wechseln (*Abb. 1*). Die Reihen auf der VS des Musters von rechts nach links, die auf der RS von links nach rechts lesen.

Um die Farbe zu wechseln, die letzte M der alten Farbe bis zum letzten U häkeln. Zum Fertigstellen der M Umschlag mit der neuen Farbe und das Garn durch alle Schlingen auf der Nadel durchziehen. Mit der neuen Farbe fortfahren. Die alte Farbe nicht befestigen. Beim Häkeln der M in der neuen Farbe über den Faden der alten Farbe häkeln.

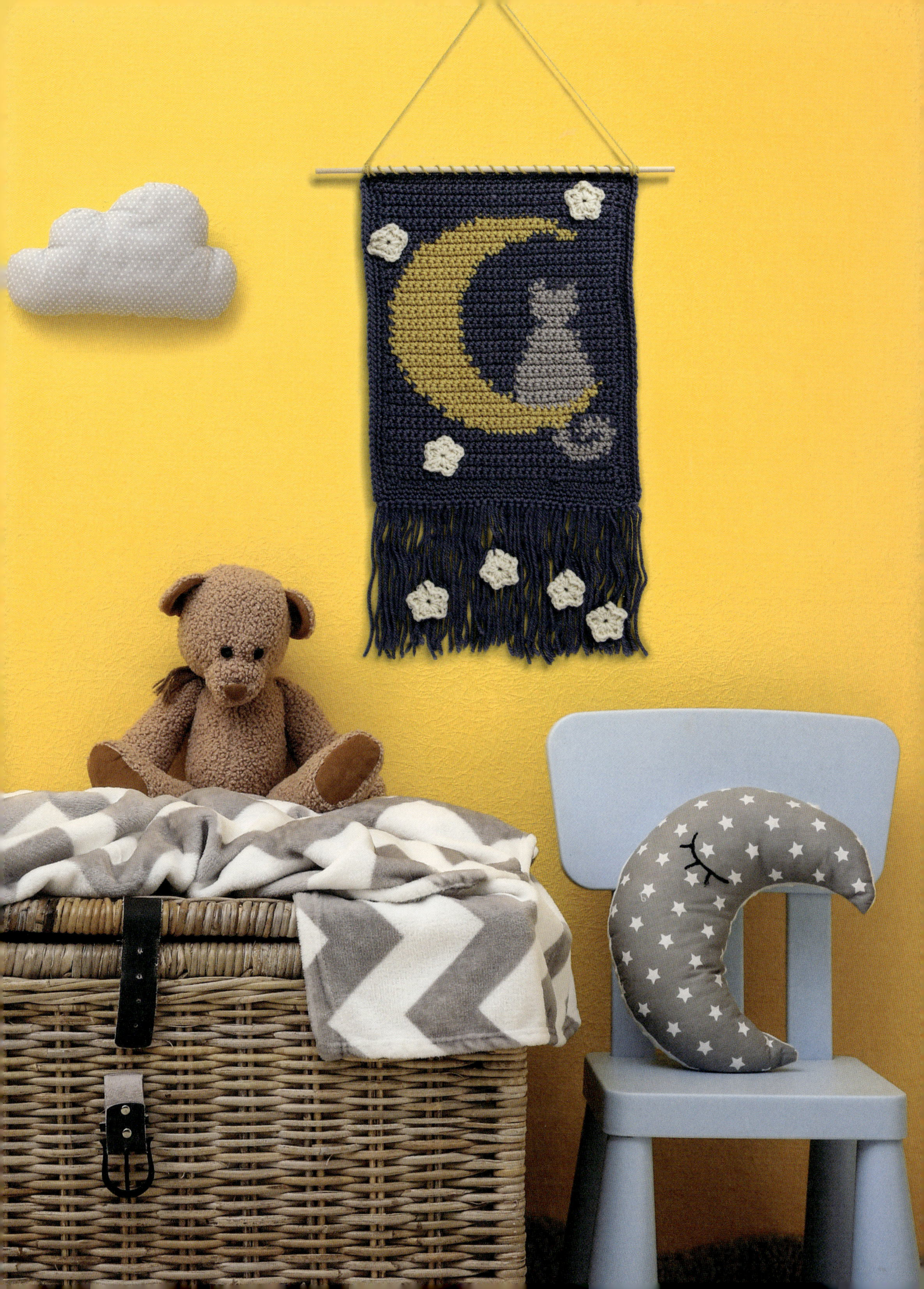

Abb. 1: Häkeldiagramm

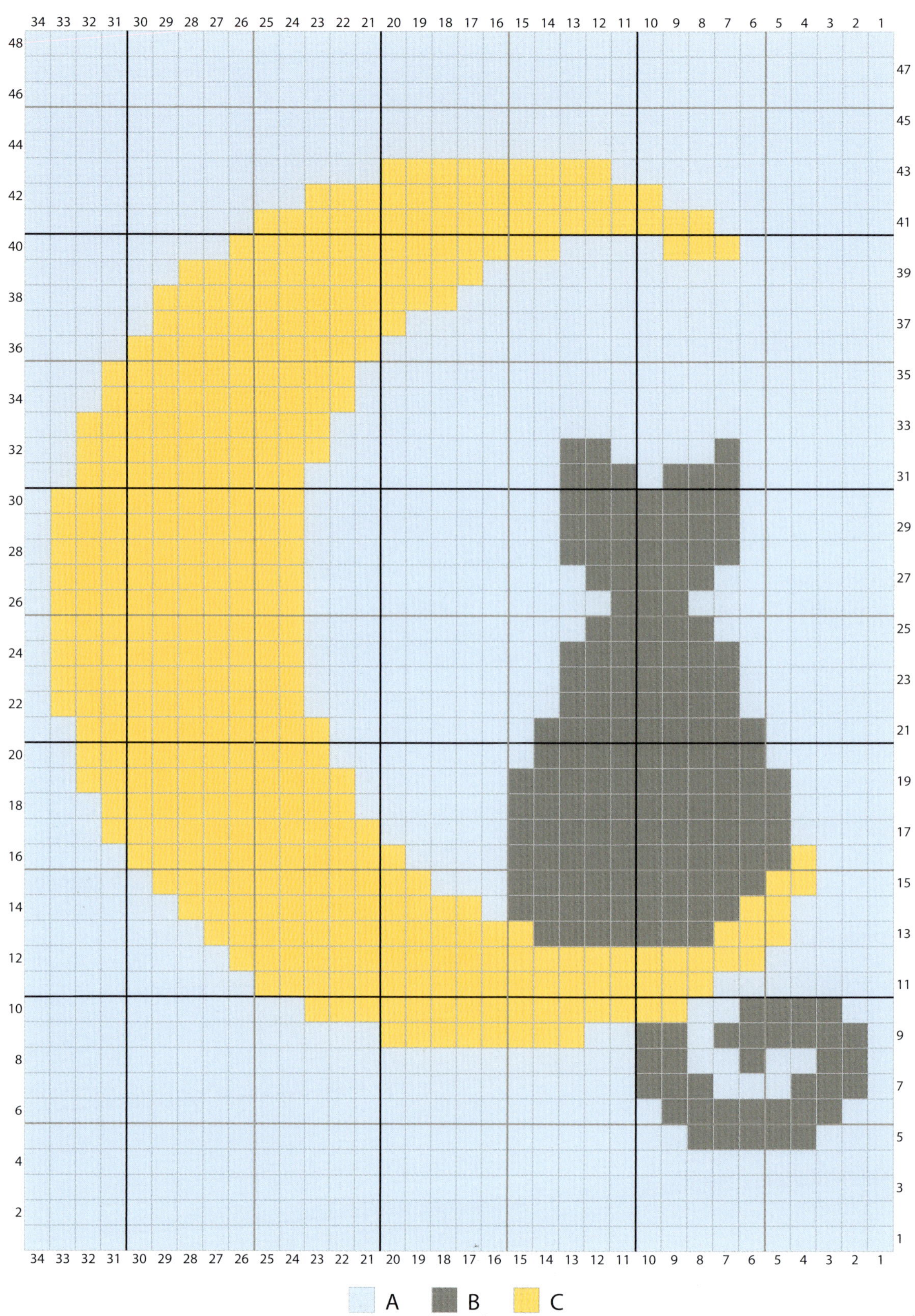

HINTERGRUND

Mit Garn in Farbe A 35 Lm häkeln.

Reihe 1 (VS): Je 1 fM in die 2. Lm von der Nadel und in jd Lm bis zum Ende der R (34 fM in dieser Reihe).

Reihe 2–48: 1 Lm, wenden, je 1 fM in jd M bis zum Ende der R und die Farbe dem Häkeldiagramm folgend wechseln.

Das Garn nicht befestigen.

BORTE

Runde 1 (VS): Mit Garn A weiterarbeiten, 1 Lm, wenden, 2 fM in die 1. M, je 1 fM in jd M bis zur letzten M, 3 fM in die letzte M, 48 fM gleichmäßig entlang des seitlichen Randes häkeln, auf der anderen Seite der Aufbaureihe arb, 3 fM in die Lm unten an der 1. fM von R 1 häkeln, je 1 fM in jd Lm bis zur Lm unten an der letzten fM, 3 fM in die letzte Lm; 48 fM gleichmäßig entlang des nächsten seitlichen Randes häkeln, 1 fM in die 1. M; die Rd mit 1 Km in die 1. fM beenden (170 fM).

Runde 2–3: 1 Lm, 2 fM in dieselbe M wie die Verbindungs-Km, je 1 fM in jd M rundherum mit je 3 fM in jd Ecke, 1 fM in die 1. M; die Rd mit 1 Km in die 1. fM beenden (184 fM). Das Garn befestigen.

Auf die richtigen Maße spannen.

STERNE (6-mal häkeln)

Mit Garn in Farbe D einen Fadenring machen.

Runde 1: (1 fM, 1 Stb, 2 Lm, 1 Stb) 5-mal in den Fadenring; die Rd mit 1 Km in die 1. fM beenden (5 Spitzen).

Das Garn befestigen und einen langen Faden zum Annähen stehenlassen.

FERTIGSTELLUNG

FRANSEN ANFERTIGEN

Für jede Franse 30 cm lange Fäden in Farbe A zuschneiden. Die Fäden zusammenhalten und in der Mitte falten. Die gefaltete Seite durch das untere Ende des Hintergrunds durchziehen, sodass sich eine Schlinge bildet. Die Fransenenden durch diese Schlinge durchziehen und festziehen. Die Fransen gerade schneiden. 4 Sterne in die Fransen binden, 3 Sterne an den Hintergrund annähen (Abb. 2). Die Enden vernähen.

Abb. 2

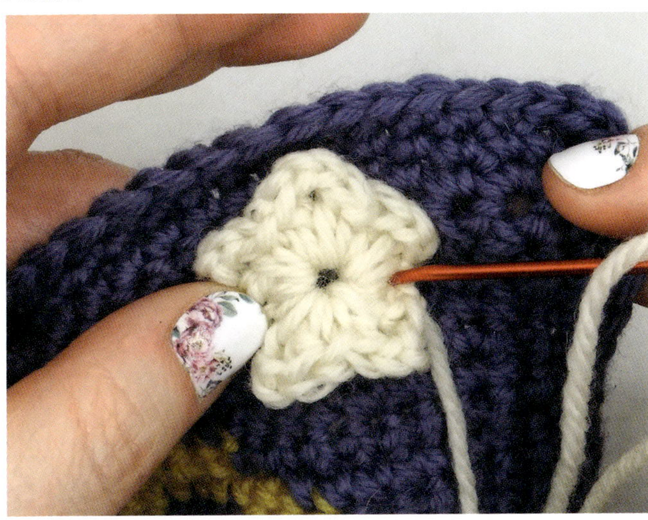

AM RUNDHOLZ BEFESTIGEN

Ein langes Garnstück in einer beliebigen Farbe zuschneiden. Ein Fadenende an eine obere Ecke des Wandbehangs binden. Das andere Ende in die stumpfe Nadel einfädeln. Den Stab oben an den Wandbehang halten. * Das Garn um den Stab schlingen, 1 M am oberen Rand des Wandbehangs ausl, die Nadel durch die nächste M stechen, das Garn durchziehen; wdh ab * bis zum Ende der Reihe. Das Fadenende an die obere Ecke des Wandbehangs knoten.

AUFHÄNGER

Ein langes Garnstück in einer beliebigen Farbe zuschneiden. Die Garnenden um die Enden des Rundholzes binden.

LUCY, DAS LAMA

Lamas liegen in der DIY-Community gerade voll im Trend und diese Wandbehang-sammlung wäre ohne nicht komplett. Unser Lama ist mit Fransendetails und einer farbenfrohen Decke ausgestattet und folgt somit einer jahrtausendealten Tradition. Blühende 3D-Kakteen verleihen dem Hintergrund ein gewisses Extra.

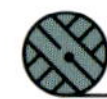 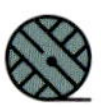 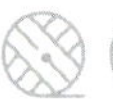 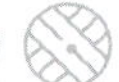 SCHWIERIGKEITSGRAD: LEICHT

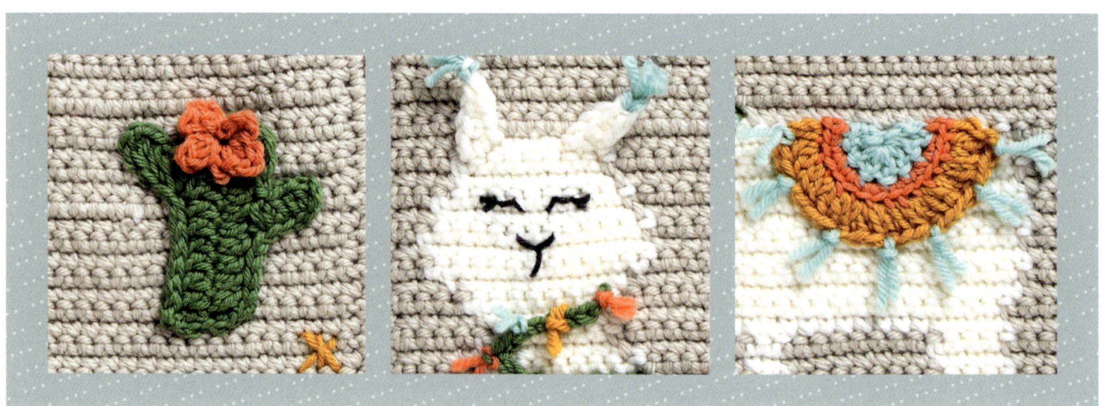

GARN
Worsted-Garn (#4 mittel)

Hier gezeigt: Valley Yarns Valley Superwash (100 % Superwash-Merinowolle; 87 m Lauflänge/50 g): 301 Whisper (A), 2 Knäuel; 260 White (B), 612 Grass (C), 303 Daquiri Ice (D), 300 Golden Girl (E), 307 Coral (F), 220 Black (G), je 1 Knäuel

HÄKELNADEL
Nadelstärke 4 mm

Die Nadelstärke nötigenfalls für die korrekte Spannung anpassen.

BENÖTIGTE MATERIALIEN
Nähnadel
Rundholz (30 cm)

MASSE
28 x 23 cm

SPANNUNG
18 fM und 20 Reihen = 10 cm

ANMERKUNGEN
Der Hintergrund wird in Reihen hin- und her-gehäkelt, die Farben dabei dem Diagramm entsprechend gewechselt (*Abb. 1*). Reihen auf der VS im Muster von rechts nach links lesen und Reihen auf der RS von links nach rechts.

Um die Farbe zu wechseln, die letzte M der alten Farbe bis zum letzten U häkeln. Zum Fertigstellen der M Umschlag mit der neuen Farbe und das Garn durch alle Schlingen auf der Nadel durchziehen. Mit der neuen Farbe fortfahren. Die alte Farbe nicht befestigen. Beim Häkeln der M in der neuen Farbe über den Faden der alten Farbe häkeln.

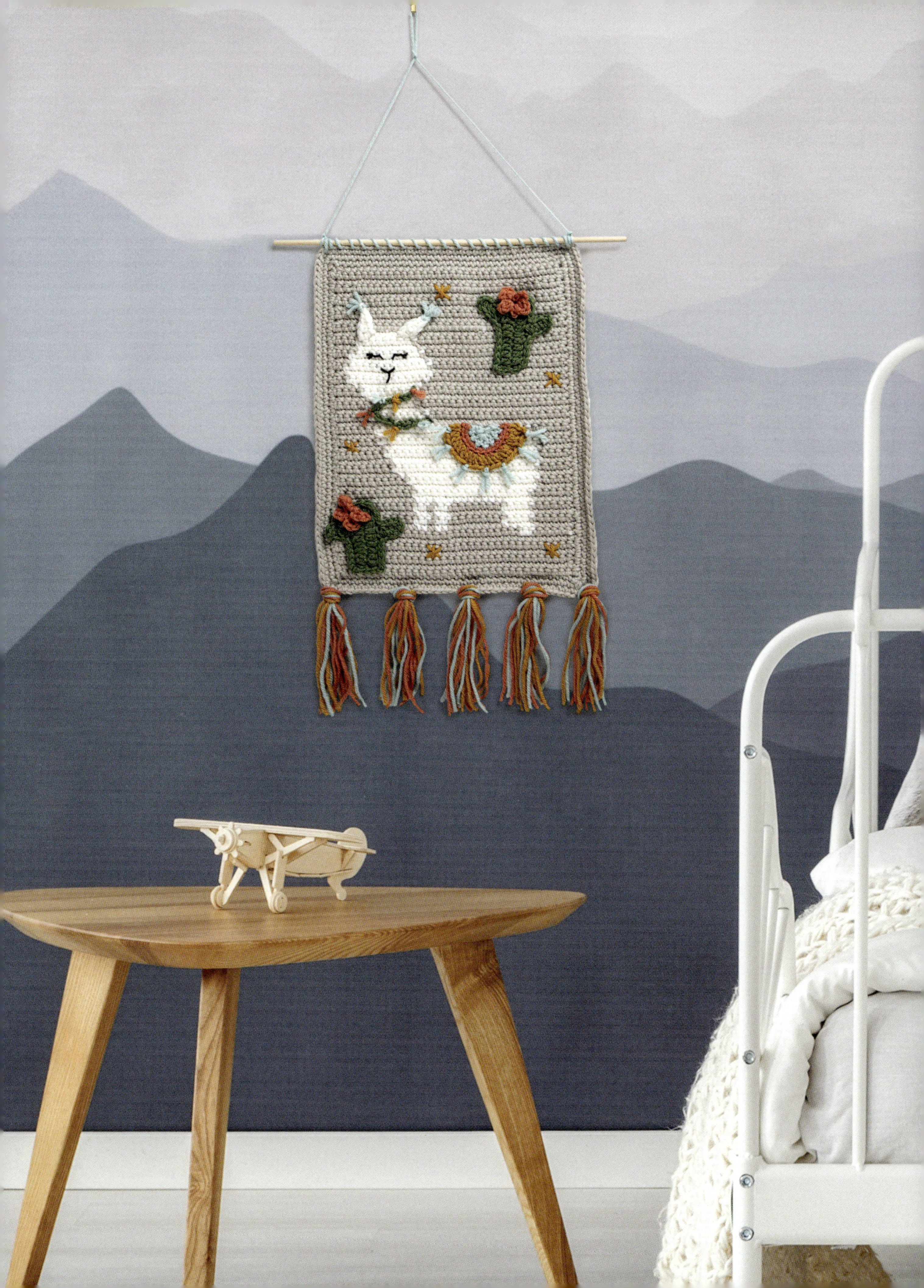

Abb. 1: Häkeldiagramm

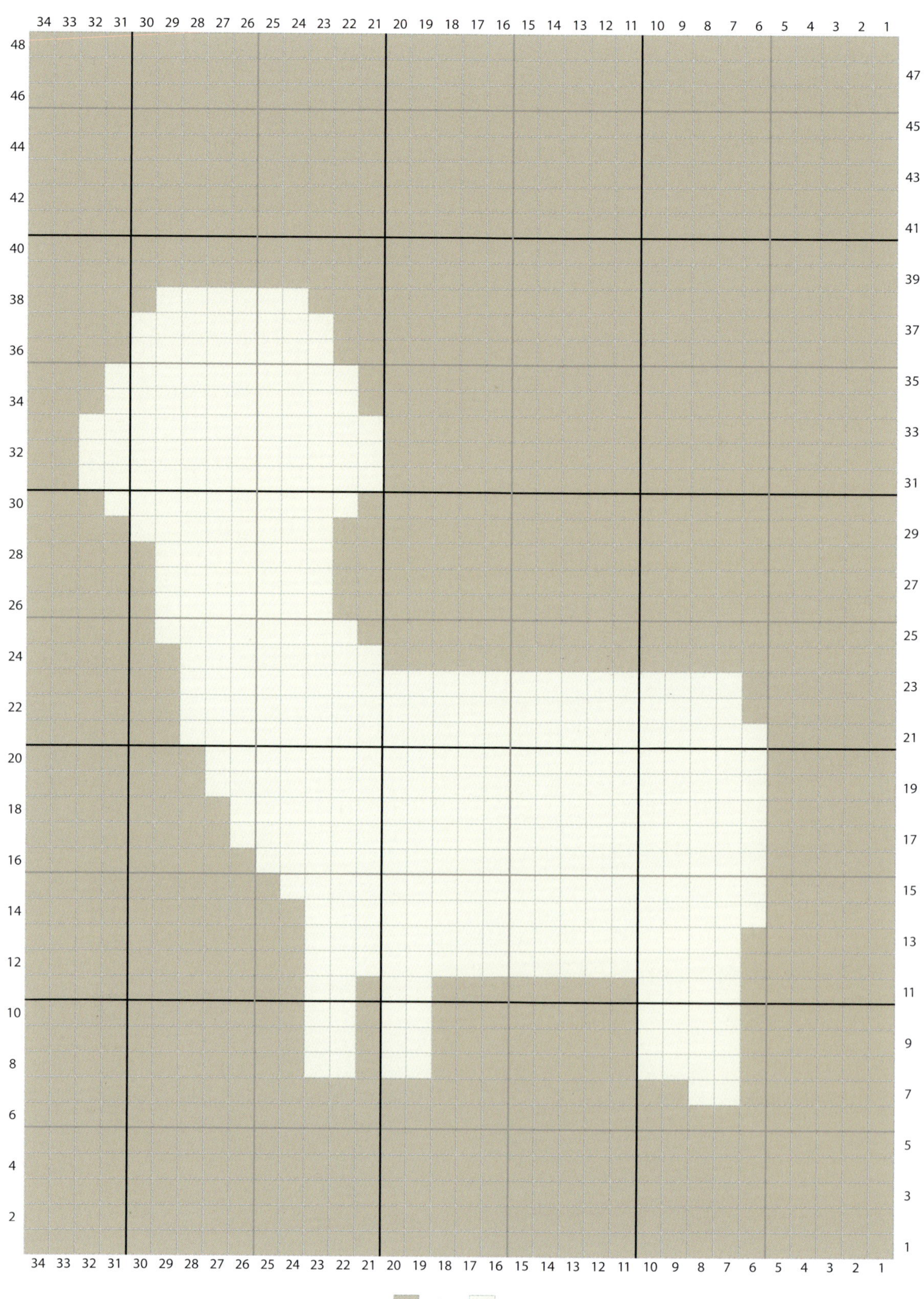

HINTERGRUND

Mit Garn in Farbe A 35 Lm häkeln.

Reihe 1 (VS): 1 fM in die 2. Lm von der Nadel und in jd Lm bis zum Ende der R (34 fM).

Reihe 2–48: 1 Lm, wenden, je 1 fM in jd M bis zum Ende der R und die Farbe dem Häkeldiagramm folgend wechseln. Das Garn nicht befestigen.

BORTE

Runde 1 (VS): Mit Garn A weiterarbeiten, 1 Lm, wenden, 2 fM in die 1. M, je 1 fM in jd M bis zur letzten M, 3 fM in die letzte M, 48 fM gleichmäßig entlang des seitlichen Randes häkeln, auf der anderen Seite der Aufbaureihe arb, 3 fM in die Lm unten an der 1. fM von R 1 häkeln, je 1 fM in jd Lm bis zur Lm unten an der letzten fM, 3 fM in die letzte Lm; 48 fM gleichmäßig entlang des nächsten seitlichen Randes häkeln, 1 fM in die 1. M; die Rd mit 1 Km in die 1. fM beenden (170 fM).

Runde 2–3: 1 Lm, 2 fM in dieselbe M wie die Verbindungs-Km, je 1 fM in jd M rundherum mit je 3 fM in jd Ecke, 1 fM in die 1. M; die Rd mit 1 Km in die 1. fM beenden (184 fM).
Das Garn befestigen.

Auf die richtigen Maße spannen.

KAKTUS (2-mal häkeln)

Mit Garn in Farbe C 11 Lm häkeln.

Runde 1: 1 Stb in die 4. Lm von der Nd und in die nächsten 6 Lm, 6 Stb in die letzte Lm, auf der anderen Seite der Aufbaureihe arb, je 1 Stb in die nächsten 8 Lm; die Rd nicht verbinden.

Runde 2: 1 Lm, je 1 Km in die nächsten 4 M entlang der Unterseite, 1 Lm, je 1 Km in die nächsten 5 M, 6 Lm, 1 Stb in die 3. Lm von der Nd, 1 Stb in die nächste Lm, 2 Stb zus häkeln, 1 M in Rd 1 ausl, je 1 Km in die nächsten 9 M, 6 Lm, 1 Stb in die 3. Lm von der Nd, 1 Stb in die nächste Lm, 2 Stb zus häkeln, 1 M in Rd 1 ausl, je 1 Km in die nächsten 6 M; die Rd mit 1 Km in die 1. Km beenden.

Das Garn befestigen und einen langen Faden zum Annähen stehenlassen.

KAKTUSBLÜTE (2-mal häkeln)

Mit Garn in Farbe F 2 Lm häkeln.

Runde 1: In die Lm-Kette arbeiten, 1 Km in die 2. Lm von der Nadel, * 2 Lm, 1 Stb in die Lm, 2 Lm, 1 Km; noch 3-mal wdh ab *.

Das Garn befestigen und einen langen Faden zum Annähen stehenlassen.

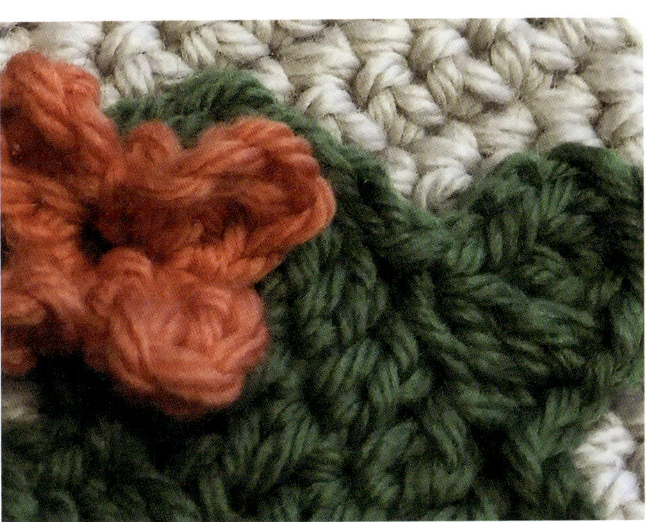

DECKE

Mit Garn in Farbe D 4 Lm häkeln.

Reihe 1: 7 Stb in die 4. Lm von der Nadel (8 Stb). Das Garn befestigen.

Reihe 2: Garn F in die 1. M von R 1 einhäkeln, 1 Lm, 1 fM in die 1. M, je 2 fM in die nächsten 6 M, 1 fM in die letzte M (14 fM).
Das Garn befestigen.

Reihe 3: Garn E im hMg der 1. M von R 1 einhäkeln und nur ins hMg arbeiten, 3 Lm (zählen als 1. Stb), 2 Stb in die nächste M, (1 Stb in die nächste M, 2 Stb in die nächste M) 2-mal, 2 Stb in die nächste M, (1 Stb in die nächste M, 2 Stb in die nächste M) 3-mal, 1 Stb in die letzte M.

Das Garn befestigen und einen langen Faden zum Annähen stehenlassen. Fransen in Garn D rund um den Rand der Decke anbringen.

OHREN (2-mal häkeln)

Mit Garn in Farbe B 5 Lm häkeln.

Reihe 1: 1 Km in die 2. Lm von der Nd, je 1 fM in die nächsten 3 Lm.

Das Garn befestigen, und einen langen Faden zum Annähen stehenlassen. Zwei Fransen in D am Ende eines jeden Ohrs anbringen.

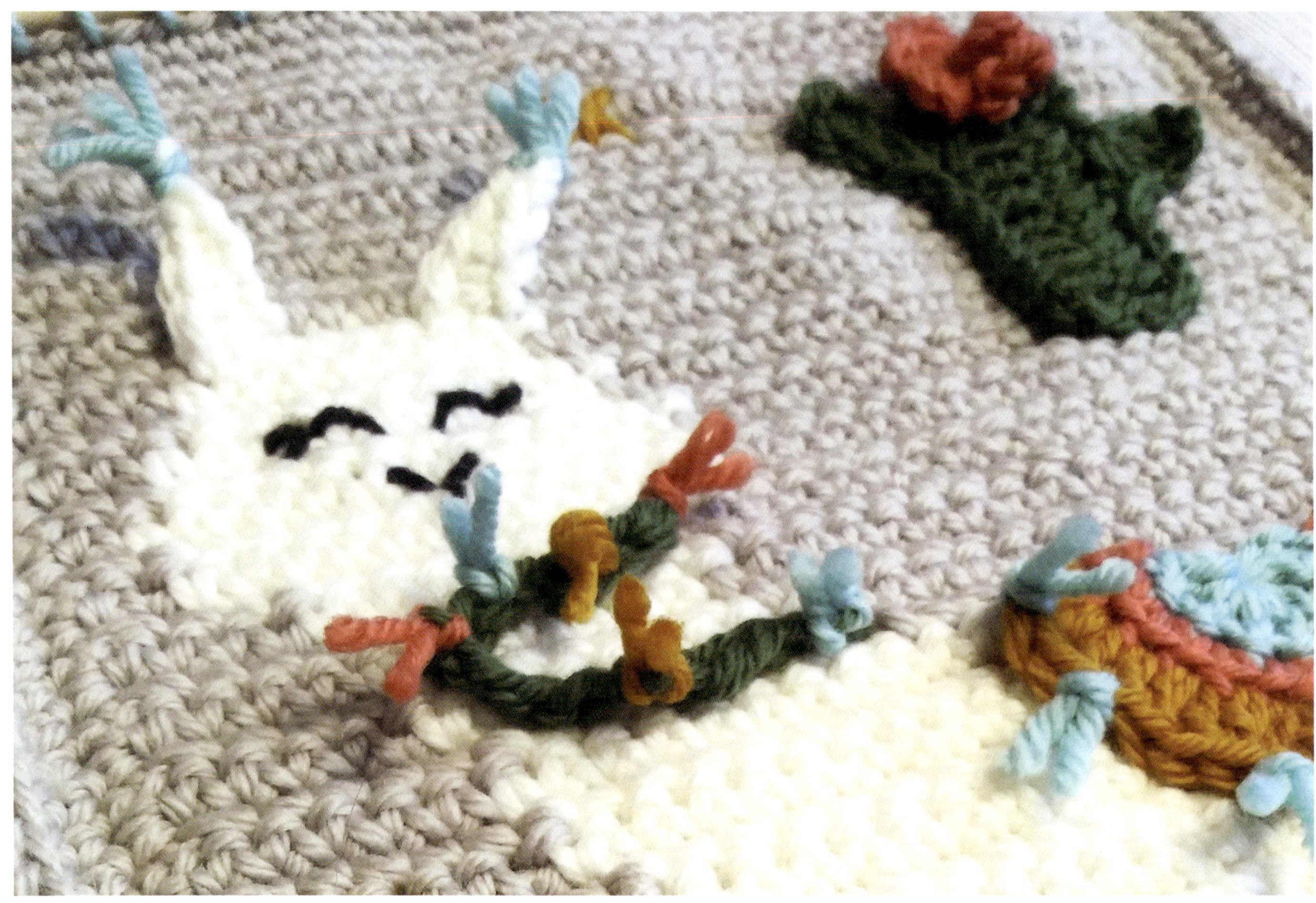

FERTIGSTELLUNG

Die Fotos des fertigen Projekts zur Orientierung verwenden und Ohren, Satteldecke, Kaktus und Blumen auf den Hintergrund aufnähen. Garn G in eine Nähnadel einfädeln und Augen und Nase aufsticken. Garn E in die Nähnadel einfädeln und 5 Sterne auf den Hintergrund aufsticken.

ZÜGEL

Mit Garn in Farbe C 11 Lm häkeln.

Das Garn befestigen und einen langen Faden zum Annähen stehenlassen. Garn auf eine Nähnadel einfädeln und die Zügel mit Hilfe des Fotos am Hals des Lamas annähen. Fransen in D, E und F entlang der Lm hinzufügen.

UNTERE FRANSEN

Für jede Franse drei 30 cm lange Fäden in D, E und F zuschneiden. Die Fäden zusammenlegen und in der Mitte falten. Das gefaltete Ende unten durch den Hintergrund stecken, damit sich eine Schlinge bildet. Die Fransenenden durch diese Schlinge durchschieben und festziehen. Die Fransen gerade zuschneiden. 5-mal auf der Unterkante des Hintergrunds verteilt wiederholen.

AM RUNDHOLZ BEFESTIGEN

Ein langes Garnstück in einer beliebigen Farbe zuschneiden. Ein Garnende an eine der oberen Ecken des Wandbehangs binden. Das andere Ende in die stumpfe Nadel einfädeln. Den Stab oben an den Wandbehang halten. * Das Garn um den Stab schlingen, 1 M an der Oberkante des Wandbehangs auslassen, die Nadel durch die nächste M stechen, das Garn durchziehen; wdh ab * bis zum Ende der Reihe. Das Fadenende an die obere Ecke des Wandbehangs knoten.

AUFHÄNGUNG

Ein langes Garnstück in einer beliebigen Farbe zuschneiden. Die Garnenden um die Enden des Rundholzes binden.

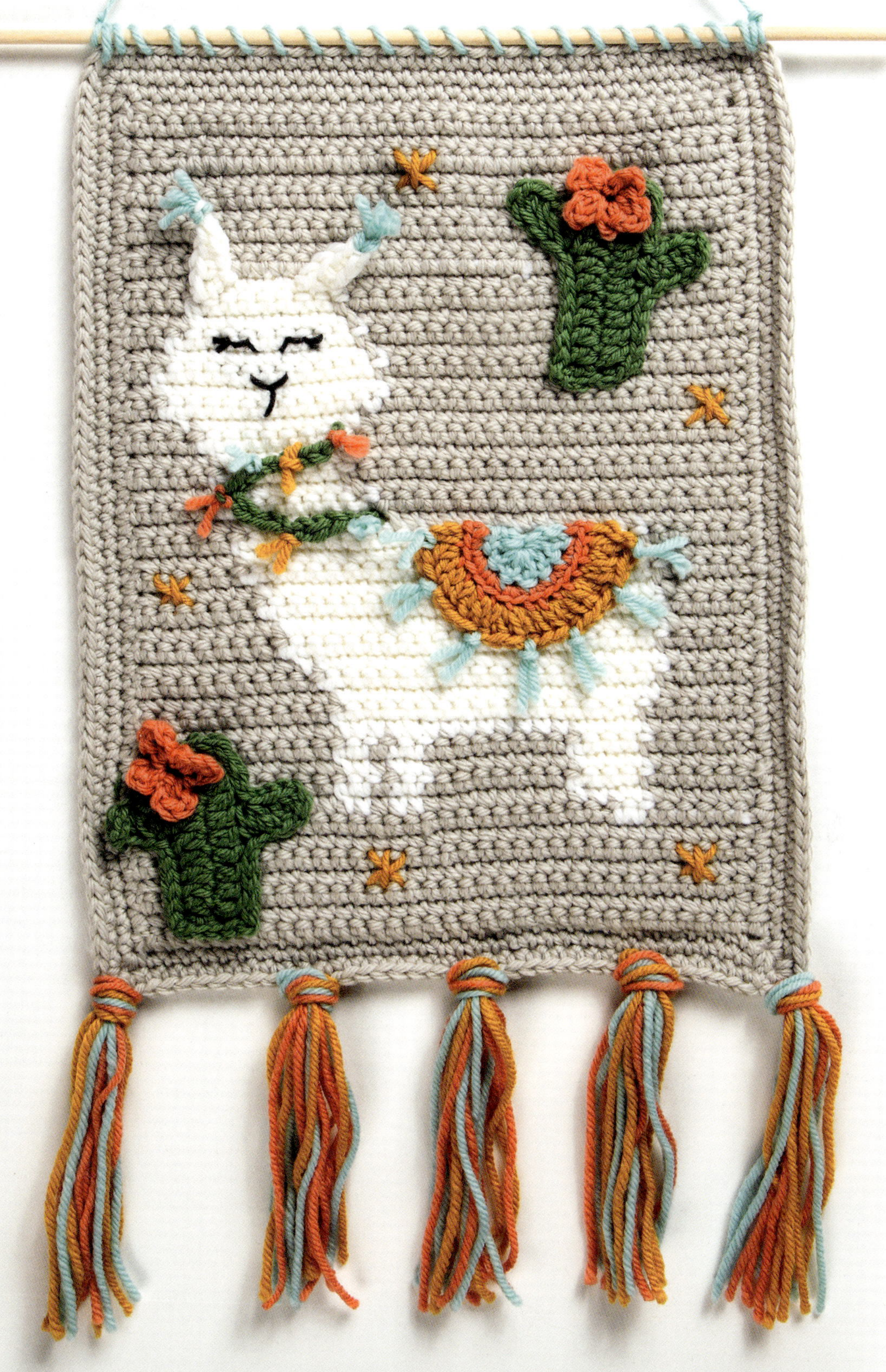

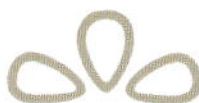

JAKE, DER KLEINE WELPE

Dieser unwiderstehlich süße Hundebaby-Wandbehang wird mit drei lebhaften Bommeln an der Unterkante verschönert, aber das sind noch nicht alle plastischen Elemente. Die Ohren, der Fleck am Auge, die Nase, das Halsband und der Schwanz wecken Interesse, gemeinsam mit ein paar Hundeknochen, die auf den Hintergrund aufgehäkelt werden.

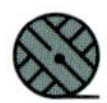 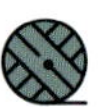 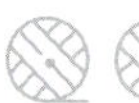 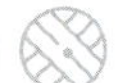 SCHWIERIGKEITSGRAD: LEICHT

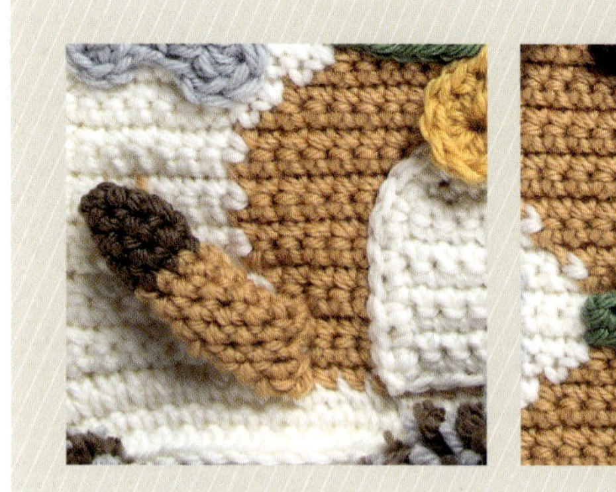

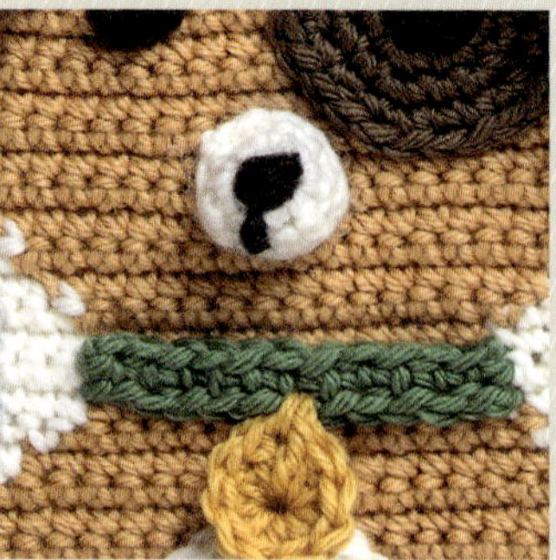

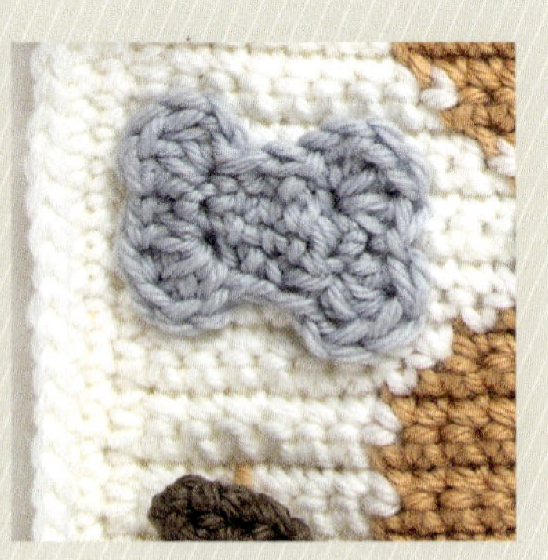

Garn
Aran-Garn (#4 mittel)

Hier gezeigt: Cascade Yarns 220 Superwash Aran (100 % Superwash-Merinowolle; 137,5 m/100 g): 871 White (A), 201 Sesame (B), 200 Cafe Au Lait (C), 335 Blue Whisper (D), 291 Dark Ivy (E), 821 Daffodil (F), 815 Black (G), je 1 Knäuel

Häkelnadel
Nadelstärke 4 mm

Die Nadelstärke nötigenfalls für die korrekte Spannung anpassen.

Benötigte Materialien
Nähnadel
Stofftierfüllung aus Polyester
Großer Bommelmacher
Rundholz (30 cm)

Maße
28 x 23 cm

Spannung
18 fM und 20 Reihen = 10 cm

Anmerkungen
Der Hintergrund wird in Reihen hin- und hergehäkelt, die Farben dabei dem Diagramm entsprechend gewechselt (*Abb. 1*). Reihen auf der VS im Muster von rechts nach links lesen und Reihen auf der RS von links nach rechts.

Um die Farbe zu wechseln, die letzte M der alten Farbe bis zum letzten U häkeln. Zum Fertigstellen der M Umschlag mit der neuen Farbe und das Garn durch alle Schlingen auf der Nadel durchziehen. Mit der neuen Farbe fortfahren. Die alte Farbe nicht befestigen. Beim Häkeln der M in der neuen Farbe über den Faden der alten Farbe häkeln.

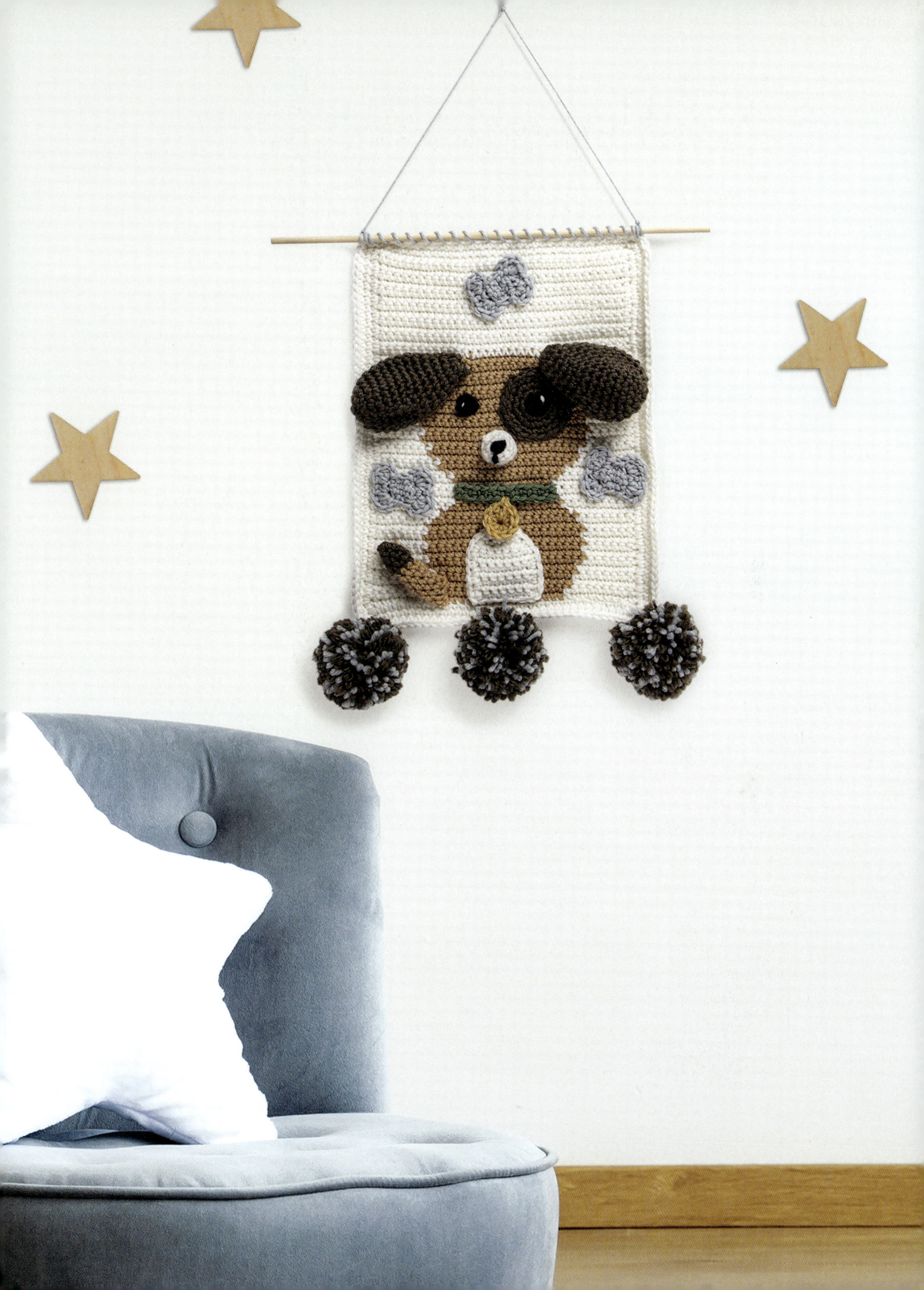

Abb. 1: Häkeldiagramm

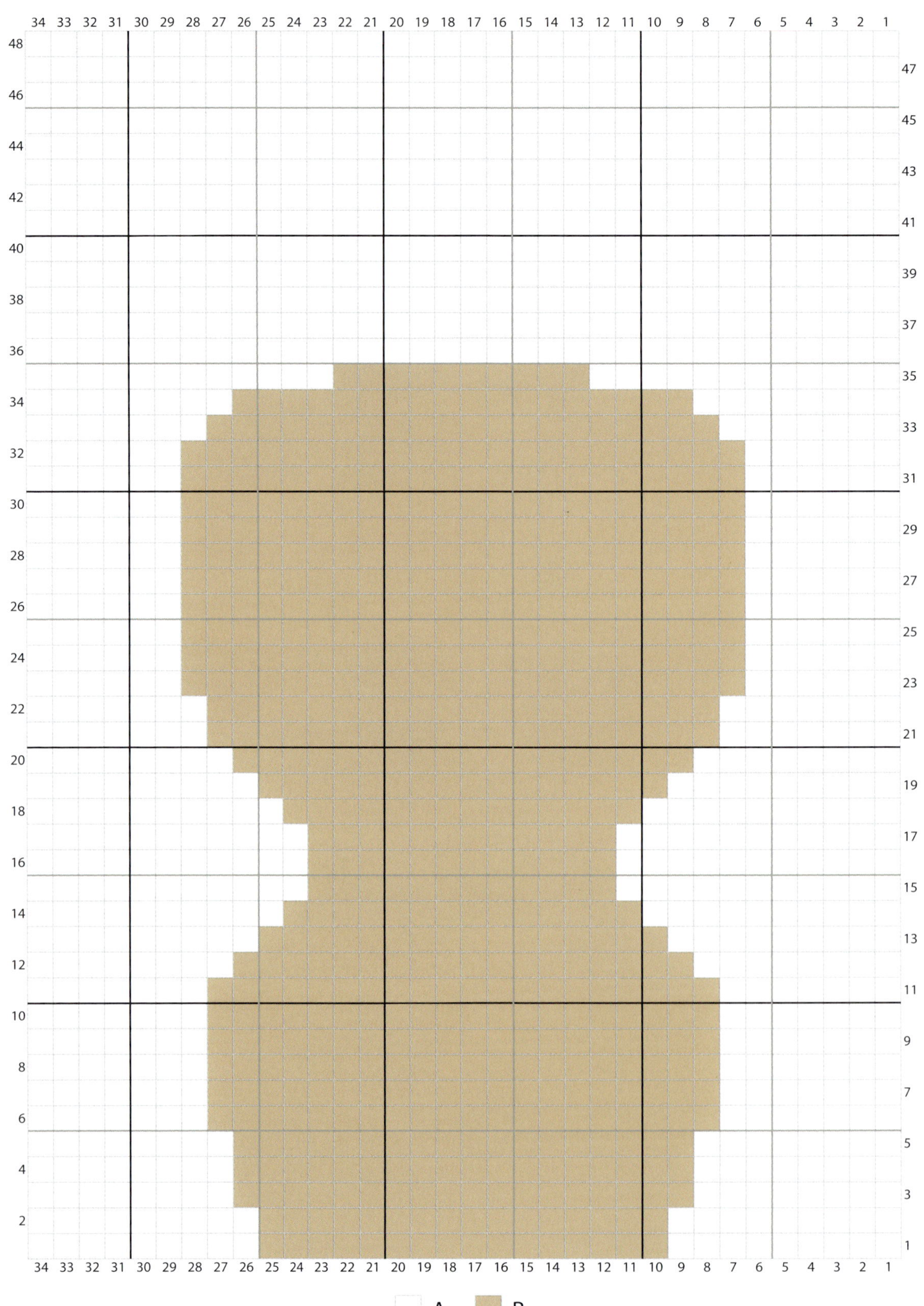

HINTERGRUND

Mit Garn in Farbe A 35 Lm häkeln.

Reihe 1 (VS): 1 fM in die 2. Lm von der Nadel und in jd Lm bis zum Ende der R und die Farbe entsprechend R 1 des Diagramms wechseln.

(34 fM in dieser Reihe)

Reihe 2–48: 1 Lm, wenden, je 1 fM in jd M bis zum Ende der R und die Farbe der nächsten R dem Muster folgend wechseln.

Das Garn nicht befestigen.

BORTE

Runde 1 (VS): Mit Garn A weiterarbeiten, 1 Lm, wenden, 2 fM in die 1. M, je 1 fM in jd M bis zur letzten M, 3 fM in die letzte M, 48 fM gleichmäßig entlang des seitlichen Randes häkeln, auf der anderen Seite der Aufbaureihe arb, 3 fM in die Lm unten an der 1. fM von R 1 häkeln, je 1 fM in jd Lm bis zur Lm unten an der letzten fM, 3 fM in die letzte Lm; 48 fM gleichmäßig entlang des nächsten seitlichen Randes häkeln, 1 fM in die 1. M; die Rd mit 1 Km in die 1. fM beenden. (170 fM)

Runde 2–3: 1 Lm, 2 fM in dieselbe M wie die Verbindungs-Km, je 1 fM in jd M rundherum mit je 3 fM in jd Ecke, 1 fM in die 1. M; die Rd mit 1 Km in die 1. fM beenden. (184 fM)

Das Garn befestigen. Auf die richtigen Maße spannen.

OHREN (2-mal häkeln)

Mit Garn in Farbe C 2 Lm häkeln.

Runde 1: 8 fM in die 2. Lm von der Nd häkeln; die Rd nicht verbinden, durchgehende Rd häkeln. (8 fM)

Runde 2: Je 2 fM in jd M rundherum. (16 fM)

Runde 3: Je 1 fM in jd M rundherum.

Runde 4: * 1 fM in die nächste M, 2 fM in die nächste M; rundherum wdh ab *. (24 fM)

Runde 5–6: Je 1 fM in jd M rundherum.

Runde 7: (Je 1 fM in die nächsten 10 M, 2 fM zus häkeln) 2-mal. (22 fM)

Runde 8: (Je 1 fM in die nächsten 9 M, 2 fM zus häkeln) 2-mal. (20 fM)

Runde 9: (Je 1 fM in die nächsten 8 M, 2 fM zus häkeln) 2-mal. (18 fM)

Runde 10: (Je 1 fM in die nächsten 7 M, 2 fM zus häkeln) 2-mal. (16 fM)

Runde 11: (Je 1 fM in die nächsten 6 M, 2 fM zus häkeln) 2-mal. (14 fM)

Runde 12: (Je 1 fM in die nächsten 5 M, 2 fM zus häkeln) 2-mal. (12 fM)

Runde 13: (Je 1 fM in die nächsten 4 M, 2 fM zus häkeln) 2-mal. (10 fM)

Runde 14: Je 1 fM in jd M rundherum.

Das Garn befestigen und einen langen Faden zum Annähen stehenlassen.

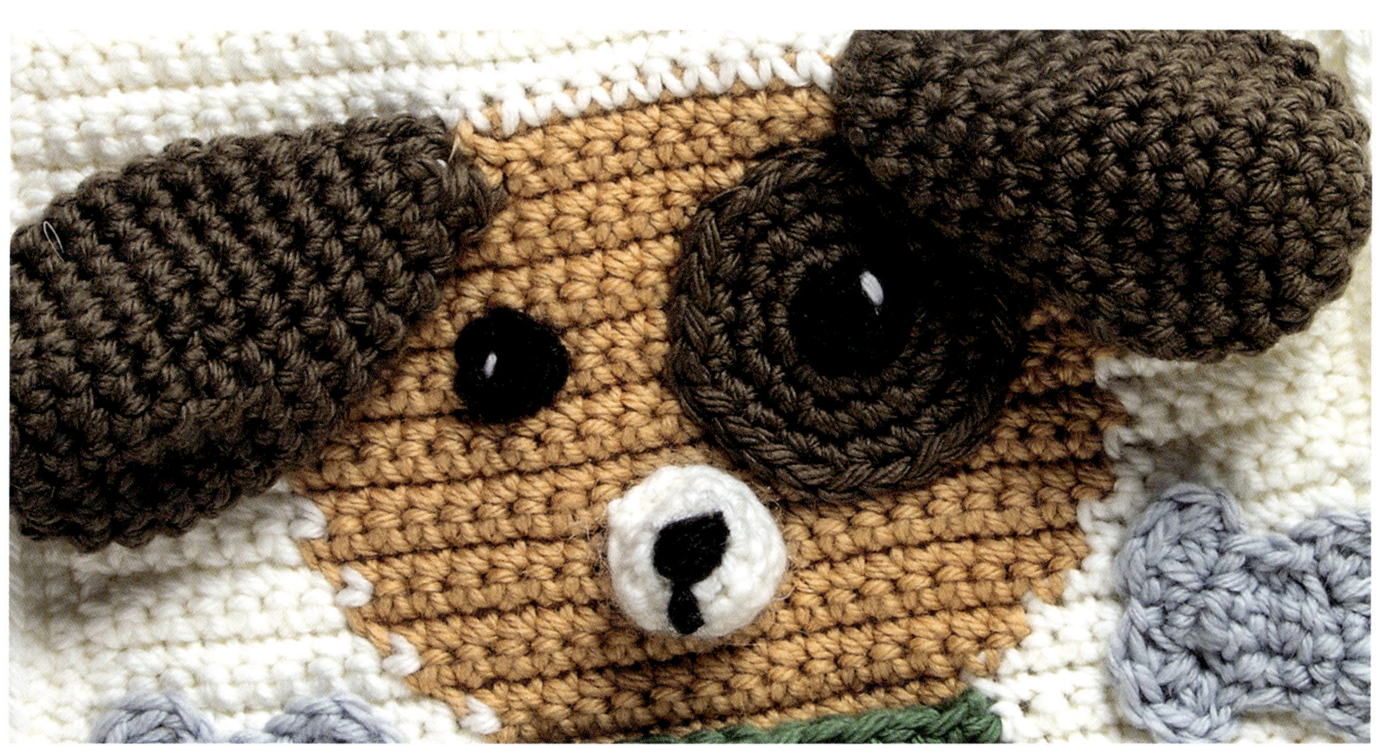

FLECK AM AUGE

Mit Garn in Farbe C 2 Lm häkeln.

Runde 1: 6 fM in die 2. Lm von der Nd; die Rd nicht verbinden. (6 fM)

Runde 2: Je 2 fM in jd M rundherum. (12 fM)

Runde 3: * 1 fM in die nächste M, 2 fM in die nächste M, rundherum wdh ab *. (18 fM)

Runde 4: * Je 1 fM in die nächsten 2 M, 2 fM in die nächste M, rundherum wdh ab *. (24 fM)

Das Garn befestigen und einen langen Faden zum Annähen stehenlassen.

NASE

Mit Garn in Farbe A 4 Lm häkeln.

Runde 1: 1 fM in die 2. Lm von der Nd, 1 fM in die nächste Lm, 3 fM in die letzte Lm, auf der anderen Seite der Aufbaureihe arb, 1 fM in die nächste Lm, 2 fM in die letzte Lm; die Rd nicht verbinden.

Runde 2: * Je 1 fM in die nächsten 3 M, 2 fM in die nächste M; rundherum wdh ab *. (10 fM)

Runde 3: Je 1 fM in jd M rundherum.

Das Garn befestigen und einen langen Faden zum Annähen stehenlassen.

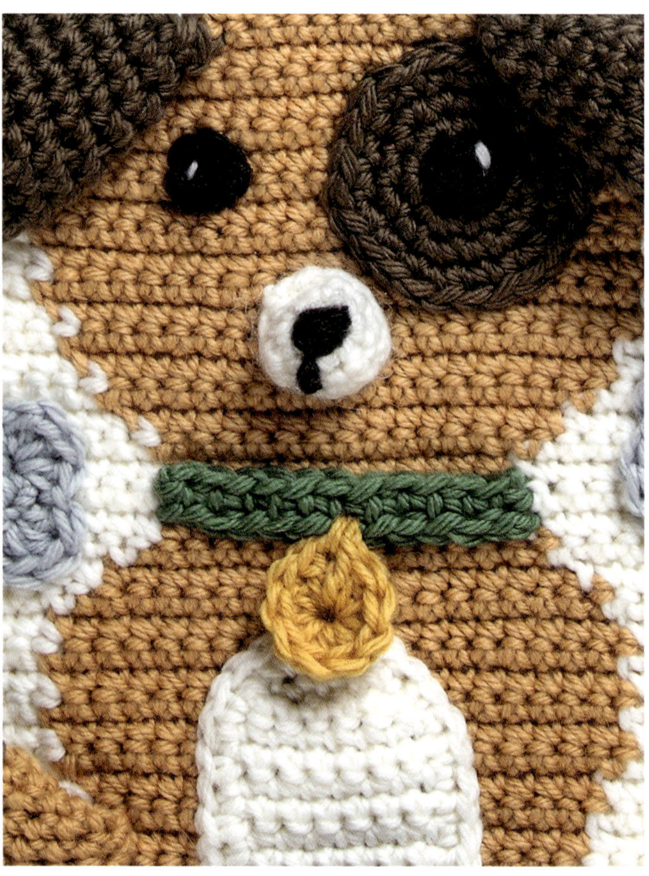

FLECK AM BAUCH

Mit Garn in Farbe A 4 Lm häkeln.

Reihe 1: 2 fM in die 2. Lm von der Nd, 1 fM in die nächste Lm, 2 fM in die nächste Lm. (5 fM)

Reihe 2: 1 Lm, wenden, 2 fM in die 1. M, je 1 fM in die nächsten 3 M, 2 fM in die nächste M. (7 fM)

Reihe 3–8: 1 Lm, wenden, je 1 fM in jd M bis zum Ende der R. Das Garn abschneiden.

UMRANDUNG

Reihe 1: 1 Lm, nicht wenden und in die Ränder der Reihen arbeiten, 8 fM, 2 fM in die 1. M der Anfangs-Lm, 1 fM in die nächste Lm, 2 fM in die nächste Lm, in die Ränder der Reihen arbeiten, je 1 fM in die nächsten 8 M, 1 Km in die 1. M von Reihe 8.

Das Garn befestigen und einen langen Faden zum Annähen stehenlassen.

AUGEN (2-mal häkeln)

Mit Garn in Farbe G 2 Lm häkeln.

Runde 1: 6 fM in die 2. Lm von der Nadel; die Rd mit 1 Km beenden.

Das Garn befestigen und einen langen Faden zum Annähen stehenlassen. Garn A in eine Nähnadel einfädeln und einen Glanzpunkt als Detail aufsticken.

SCHWANZ

Mit Garn in Farbe B 2 Lm häkeln.

Runde 1: 3 fM in die 2. Lm von der Nd; die Rd nicht verbinden. (3 fM)

Runde 2: Je 2 fM in jd M rundherum. (6 fM)

Runde 3–4: Je 1 fM in jd M rundherum.

Runde 5–10: Zu Garn C wechseln. 1 Lm, je 1 fM in jd M rundherum.

Das Garn befestigen und einen langen Faden zum Annähen stehenlassen.

KNOCHEN (3-mal häkeln)

Mit Garn in Farbe D 6 Lm häkeln.

Runde 1: 3 fM in die 2. Lm von der Nadel, je 1 fM in die nächsten 3 Lm, 3 fM in die letzte Lm, auf der anderen Seite der Aufbaureihe arb, je 1 fM in die nächsten 3 Lm; die Rd mit 1 Km in die 1. fM beenden. (12 fM)

Runde 2: 2 Lm, 3 Stb in dieselbe M wie die Verbindungs-Km, 1 Km in die nächste M, (3 Stb, 2 Lm, 1 Km) in die nächste M, 1 M ausl, 1 fM in die nächste M, 1 M ausl, (1 Km, 2 Lm, 3 Stb) in die nächste M, 1 Km in die nächste M, (3 Stb, 2 Lm, 1 Km) in die nächste M, 1 M ausl, 1 fM in die nächste M, 1 M ausl, die Rd mit 1 Km unten in der Anfangs-Lm beenden.

Das Garn befestigen und einen langen Faden zum Annähen stehenlassen.

HALSBAND

Mit Garn in Farbe E 12 Lm häkeln.

Reihe 1: Je 1 fM in die 2. Lm von der Nd und in jd Lm bis zum Ende der R. (11 fM)

Das Garn befestigen und einen langen Faden zum Annähen stehenlassen.

HUNDEMARKE

Mit Garn in Farbe F 4 Lm häkeln.

Runde 1: 10 Stb in die 4. Lm von der Nd; die Rd mit 1 Km ins 1. Stb beenden. (10 Stb)

Das Garn befestigen und einen langen Faden zum Annähen stehenlassen.

FERTIGSTELLUNG

Die Fotos des fertigen Projekts zur Orientierung verwenden und Ohren, Fleck an Auge und Bauch, Augen, Halsband, Hundemarke, Schwanz und Knochen annähen. Der Fleck am Auge muss vor den Augen angenäht werden. Die Nase mit Polyesterfüllung vor dem An- und Zunähen füllen. Garn G in die Nähnadel einfädeln und die Nasendetails aufsticken. Die Enden vernähen.

BOMMEL

Den Anweisungen auf der Packung für den Bommel mit zusammengenommenem Garn C und D folgen. Darauf achten, bei den Garnen lange Fäden stehenzulassen. Mit diesen die Bommel an den Ecken und in der Mitte des Hintergrunds anbinden (*Abb. 2*). Zurechtschneiden.

AM RUNDHOLZ BEFESTIGEN

Ein langes Garnstück in einer beliebigen Farbe zuschneiden. Ein Garnende an eine der oberen Ecken des Wandbehangs binden. Das andere Ende in die stumpfe Nadel einfädeln. Den Stab oben an den Wandbehang halten. * Das Garn um den Stab schlingen, 1 M an der Oberkante des Wandbehangs auslassen, die Nadel durch die nächste M stechen, das Garn durchziehen; wdh ab * bis zum Ende der Reihe. Das Fadenende an die obere Ecke des Wandbehangs knoten.

AUFHÄNGUNG

Ein langes Garnstück in einer beliebigen Farbe zuschneiden. Die Garnenden um die Enden des Rundholzes binden.

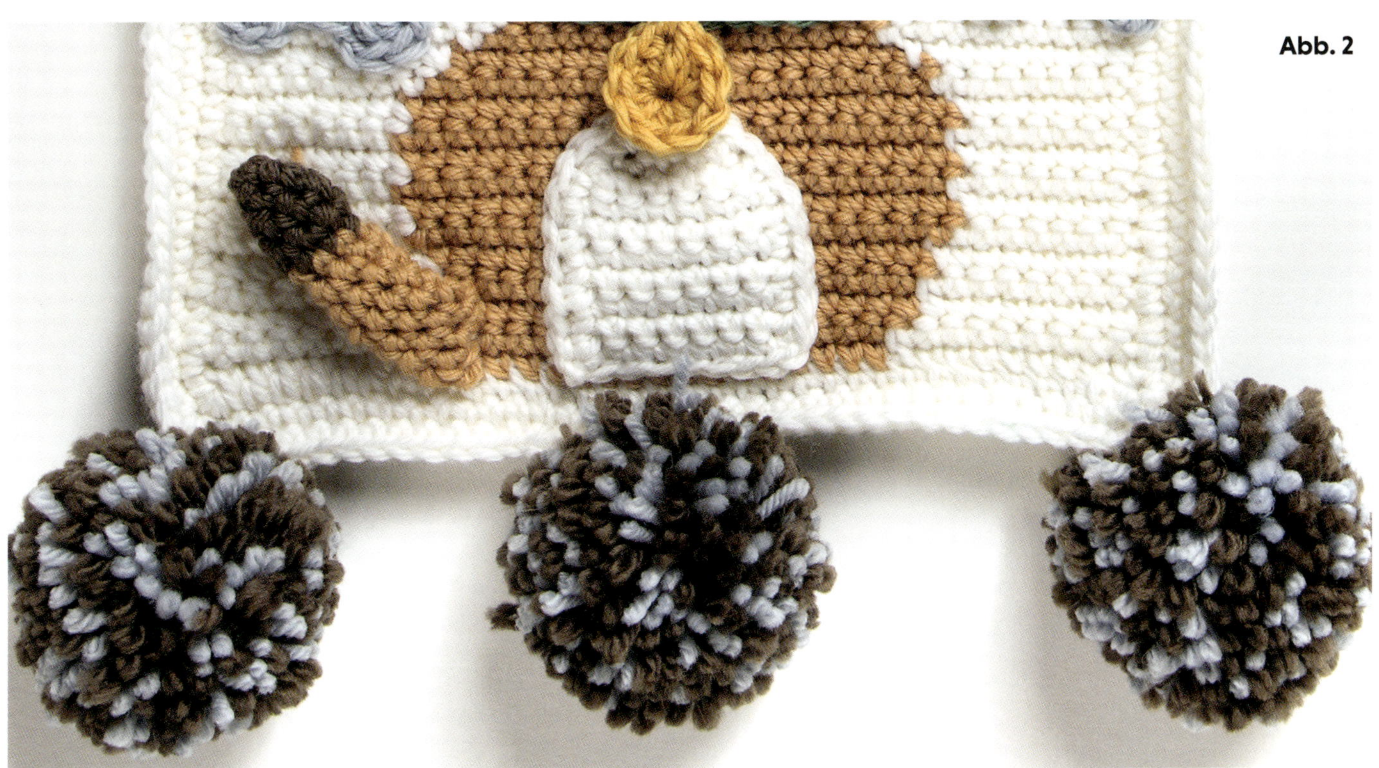

Abb. 2

POPPY, DER PINGUIN

Supereinfach und supersüß! Die Flügel, die Füße und der Schnabel unseres Pinguins sind plastisch und lassen sich befühlen, pfiffige Bommel-Ballons runden das Design ab.

    SCHWIERIGKEITSGRAD: LEICHT

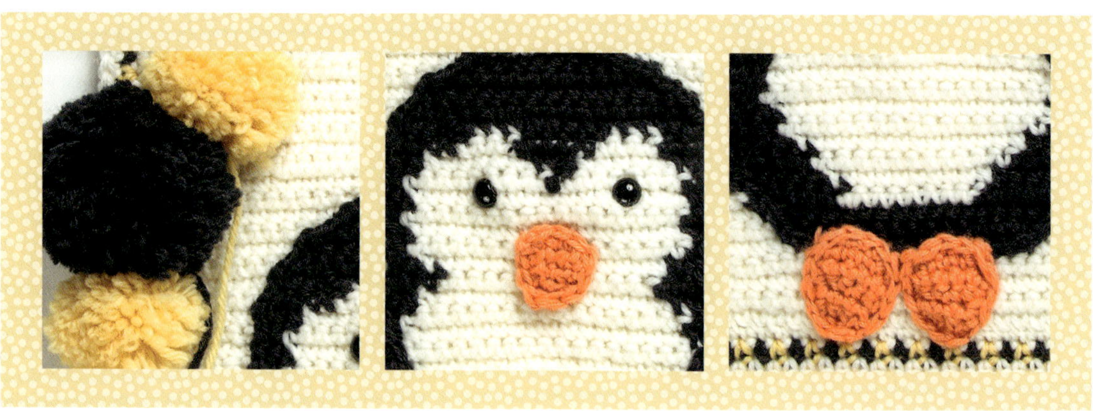

GARN
Worsted-Garn (#4 mittel)

Hier gezeigt: Knit Picks Wool of the Andes Worsted-Garn (100 % Superwash-Merinowolle; 100 m/50 g): 26326 White (A), 2 Knäuel; 23879 Black (B), 26330 Orange (C), 26329 Semolina (D), je 1 Knäuel

HÄKELNADEL
Nadelstärke 4 mm

Die Nadelstärke nötigenfalls für die korrekte Spannung anpassen.

BENÖTIGTE MATERIALIEN
Nähnadel
Maschenmarkierer
2 Sicherheitsaugen (10 mm)
Großer Bommelmacher
Kleiner Bommelmacher
2 Rundholzstäbe (30 cm)

MASSE
28 x 23 cm

SPANNUNG
18 fM und 20 Reihen = 10 cm

SPEZIELLE MASCHEN
Kettmaschen aufhäkeln (Km auf)
Mit dem Garn auf der RS die Nd in einen Zwr zw 2 M in einer Reihe stechen, eine Anfangsschlinge erzeugen, * die Nd in den nächsten Zwr zw 2 M in einer Reihe stechen, U, eine Schlinge durch das Gewebe nach vorn ziehen und diese durch die Schlinge auf der Nadel durchziehen; ab * wdh bis der Bereich der Km fertig ist.

ANMERKUNGEN
Der Hintergrund wird in Reihen hin- und hergehäkelt, die Farben dabei dem Diagramm entsprechend gewechselt (*Abb. 1*). Reihen auf der VS im Muster von rechts nach links lesen und Reihen auf der RS von links nach rechts.

Um die Farbe zu wechseln, die letzte M der alten Farbe bis zum letzten U häkeln. Zum Fertigstellen der M Umschlag mit der neuen Farbe und das Garn durch alle Schlingen auf der Nadel durchziehen. Mit der neuen Farbe fortfahren. Die alte Farbe nicht befestigen. Beim Häkeln der M in der neuen Farbe über den Faden der alten Farbe häkeln.

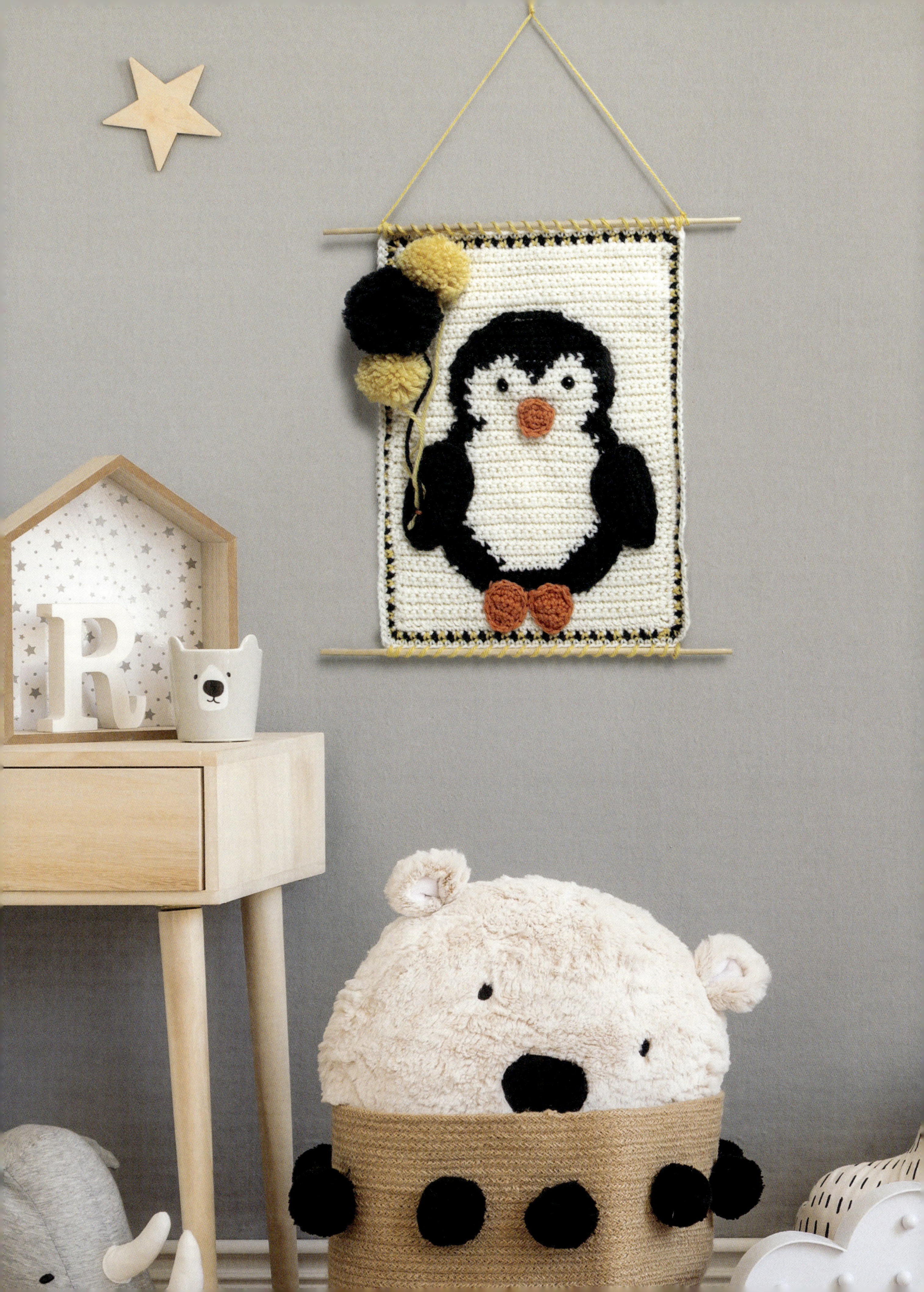

Abb. 1 Häkeldiagramm

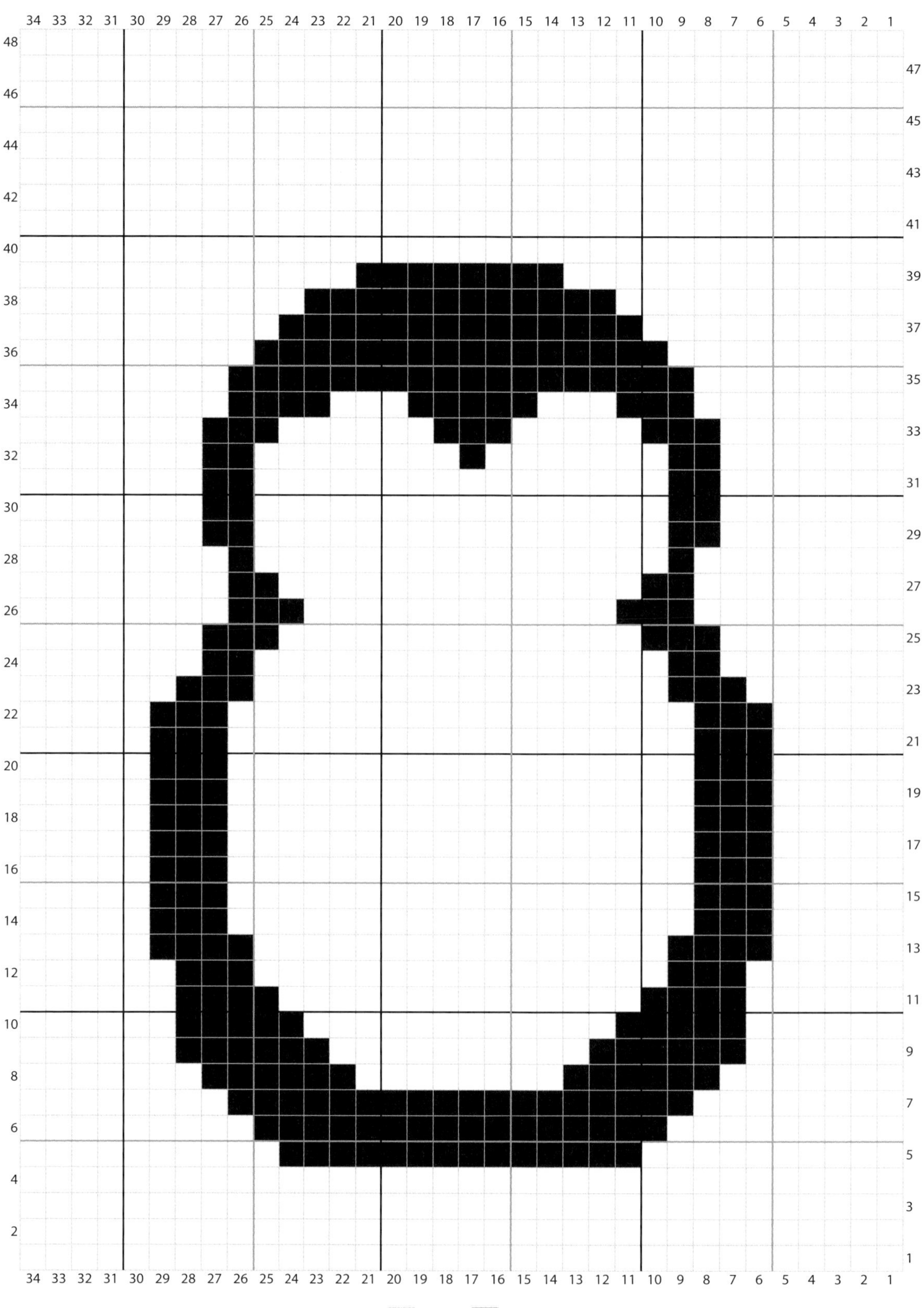

HINTERGRUND

Mit Garn in Farbe A 35 Lm häkeln.

Reihe 1 (VS): Je 1 fM in die 2. Lm von der Nadel und in jd Lm bis zum Ende der R. (34 fM in dieser Reihe)

Reihe 2–48: 1 Lm, wenden, je 1 fM in jd M bis zum Ende der R und die Farbe dem Häkeldiagramm folgend wechseln.

Das Garn nicht befestigen.

BORTE

Runde 1 (VS): Mit Garn A weiterarbeiten, 1 Lm, wenden, 2 fM in die 1. M, je 1 fM in jd M bis zur letzten M, 3 fM in die letzte M, 48 fM gleichmäßig entlang des seitlichen Randes häkeln, auf der anderen Seite der Aufbaureihe arb, 3 fM in die Lm unten an der 1. fM von R 1 häkeln, je 1 fM in jd Lm bis zur Lm unten an der letzten fM, 3 fM in die letzte Lm; 48 fM gleichmäßig entlang des nächsten seitlichen Randes häkeln, 1 fM in die 1. M; die Rd mit 1 Km in die 1. fM beenden. (170 fM)

Runde 2: Garn B und Garn D in einer Ecke einhäkeln und die Farben mit jd M wechseln, 1 Lm, * 3 fM in die Ecke, (1 fM, 1 Lm, 1 M ausl, 1 fM in die nächste M) bis zur nächsten Ecke; rundherum wdh ab *; die Rd mit 1 Km in die 1. fM beenden.

Runde 3: Garn A in einer Ecke einhäkeln, 1 Lm, * 3 fM in die Ecke, (je 1 fM in jd M und in jd Lm) bis zur nächsten Ecke; rundherum wdh ab *; die Rd mit 1 Km in die 1. fM beenden. (184 fM)

Das Garn befestigen. Auf die richtigen Maße spannen.

NASE

Mit Garn in Farbe C 5 Lm häkeln.

Reihe 1: Je 1 fM in die 2. Lm von der Nd und in jd Lm bis zum Ende der R, wenden. (4 fM)

Reihe 2: (2 fM zus häkeln) 2-mal, wenden. (2 fM)

Reihe 3: 2 fM zus häkeln. (1 fM) Die Umrandung häkeln.

UMRANDUNG

Reihe 1: In die Enden der Reihen arbeiten und je 1 fM in jd M rundherum häkeln; die Rd mit 1 Km in die 1. fM beenden.

Das Garn befestigen und einen langen Faden zum Annähen stehenlassen.

FÜSSE (2-mal häkeln)

Mit Garn in Farbe C 6 Lm häkeln.

Reihe 1: Je 1 fM in die 2. Lm von der Nd und in jd Lm bis zum Ende der R, wenden. (5 fM)

Reihe 2: 1 Lm, je 1 fM in jd M bis zum Ende der Reihe, wenden.

Reihe 3: 2 fM zus häkeln, 1 fM in die nächste M, 2 fM zus häkeln, wenden. (3 fM)

Reihe 4: Je 1 fM in jd M bis zum Ende der R, wenden.

Reihe 5: 2 fM zus häkeln, die mittlere M erneut verwenden, 2 fM zus häkeln, nicht wenden. Die Umrandung häkeln.

UMRANDUNG

Runde 1: Je 1 fM in jd M rundherum.

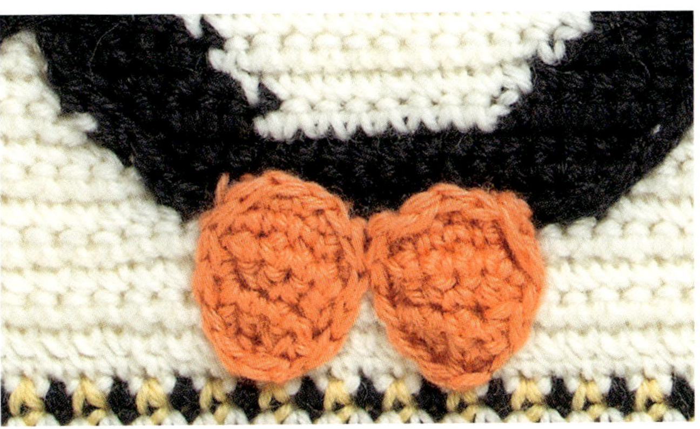

FLÜGEL (2-mal häkeln)

Mit Garn in Farbe B 8 Lm häkeln.

Reihe 1: 2 fM in die 2. Lm von der Nd, je 1 fM in die nächsten 5 Lm, 2 fM in die letzte M, wenden. (9 fM)

Reihe 2: 1 Lm, 2 fM in die 1. M, je 1 fM in die nächsten 7 M, 2 fM in die letzte M, wenden. (11 fM)

Reihe 3: 1 Lm, 2 fM in die 1. M, je 1 fM in die nächsten 9 M, 2 fM in die letzte M, wenden. (13 fM) Die letzte M mit einem MM markieren.

Reihe 4: 1 Lm, je 1 fM in die nächsten 11 M, 2 fM zus häkeln, wenden. (12 fM)

Reihe 5: 1 Lm, je 1 fM in die nächsten 10 M, 2 fM zus häkeln, wenden. (11 fM)

Reihe 6: 1 Lm, je 1 fM in die nächsten 9 M, 2 fM zus häkeln, wenden. (10 fM)

Reihe 7: 1 Lm, 2 fM zus häkeln, je 1 fM in die nächsten 6 M, 2 fM zus häkeln, nicht wenden. (8 fM) Die Umrandung häkeln.

UMRANDUNG

Runde 1: 1 Lm, je 1 fM in jd M rundherum, (1 fM, 1 Lm, 1 fM) in das markierte Ende von R 3 häkeln.

Das Garn befestigen und einen langen Faden zum Annähen stehenlassen.

FERTIGSTELLUNG

Mit Garn B Kettmaschen um den Körper des Pinguins aufhäkeln *(Abb. 2–4)*. Die Fotos des fertigen Projekts zur Orientierung verwenden und Nase, Flügel und Füße annähen *(Abb. 5)*. Sicherheitsaugen anbringen *(Abb. 6)*. Die Enden vernähen.

Abb. 2

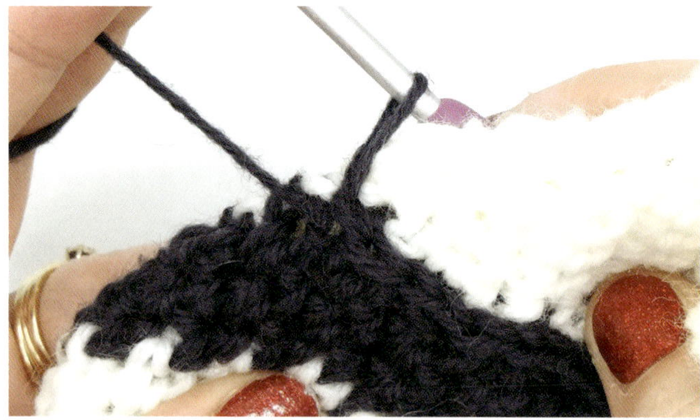

Abb. 3

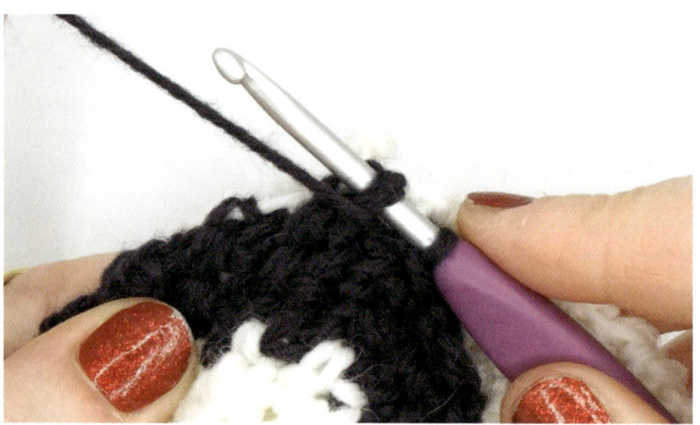

Abb. 4

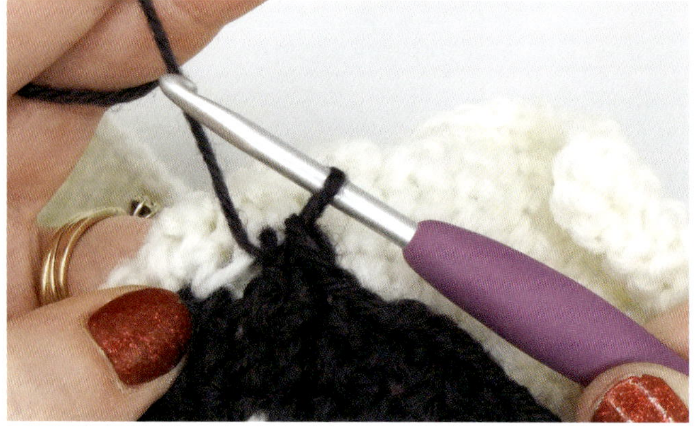

Abb. 5

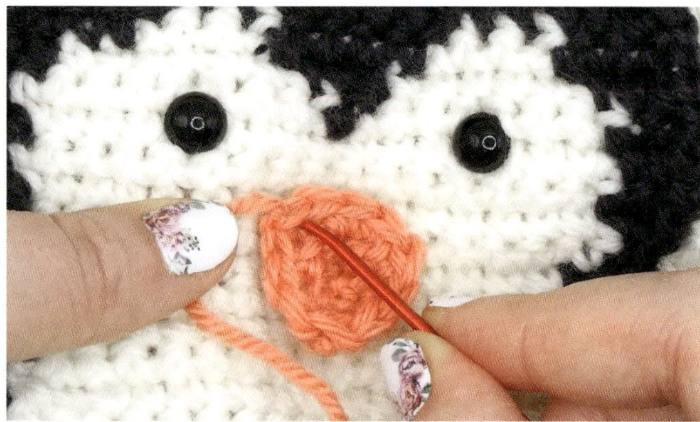

Abb. 6

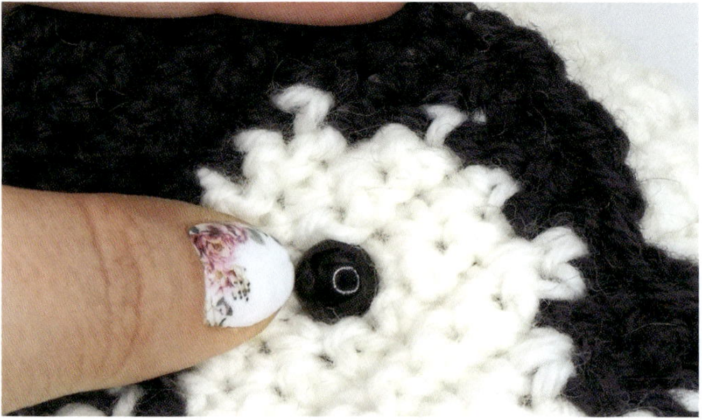

BOMMEL

Einen großen Bommel mit Garn B und zwei kleine mit Garn D machen. Für den Bommel der Packungsanleitung folgen. Lange Garnenden stehenlassen und damit die Bommel an den Hintergrund anbinden. Zurechtschneiden und Fäden in zu den Bommeln passendem Garn zuschneiden und an einen Flügel anbinden. Die Enden vernähen.

AM RUNDHOLZ BEFESTIGEN

Ein langes Garnstück in einer beliebigen Farbe zuschneiden. Ein Garnende an eine der oberen Ecken des Wandbehangs binden. Das andere Ende in die stumpfe Nadel einfädeln. Den Stab oben an den Wandbehang halten. * Das Garn um den Stab schlingen, 1 M an der Oberkante des Wandbehangs auslassen, die Nadel durch die nächste M stechen, das Garn durchziehen; wdh ab * bis zum Ende der Reihe. Das Fadenende an die obere Ecke des Wandbehangs knoten. An der Unterkante des Wandbehangs wdh.

AUFHÄNGUNG

Ein langes Garnstück in einer beliebigen Farbe zuschneiden. Die Garnenden um die Enden des Rundholzes binden.

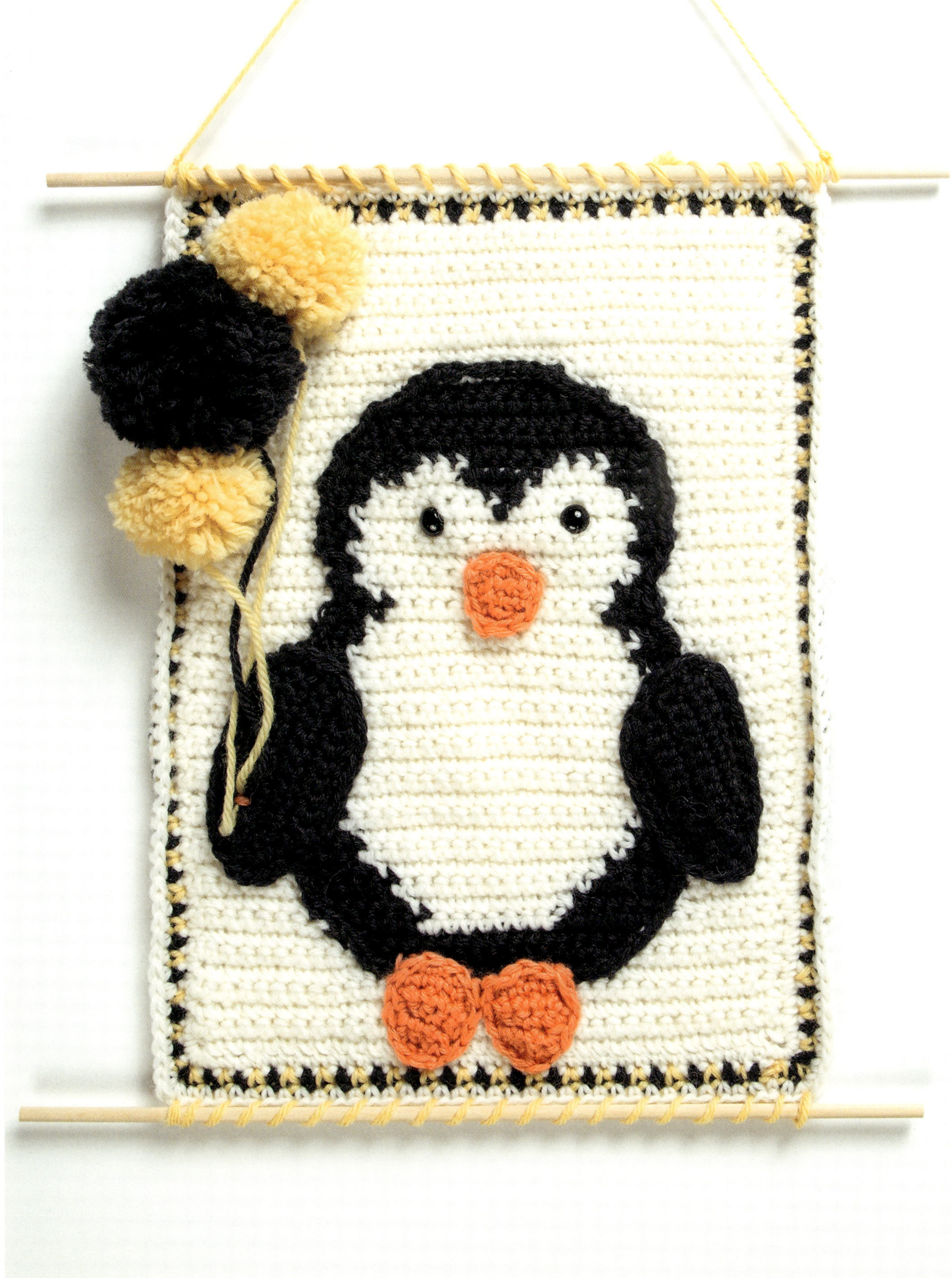

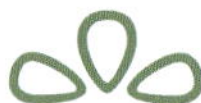

STINKER, DAS STINKTIER

Hier stinkt gar nichts, das hier ist nur ein süßes kleines Stinktier, umgeben von 3D-Blümchen. Die zweifarbigen Bommel in der unteren rechten Ecke sorgen für den dekorativen Flauscheffekt des Schwanzes.

 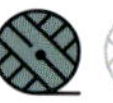 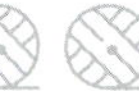 SCHWIERIGKEITSGRAD: LEICHT

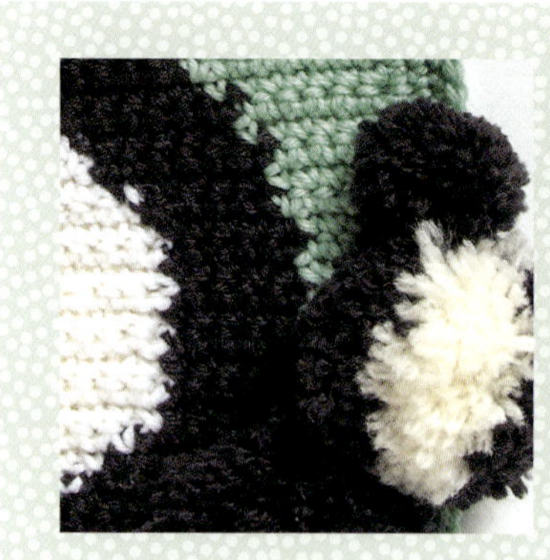
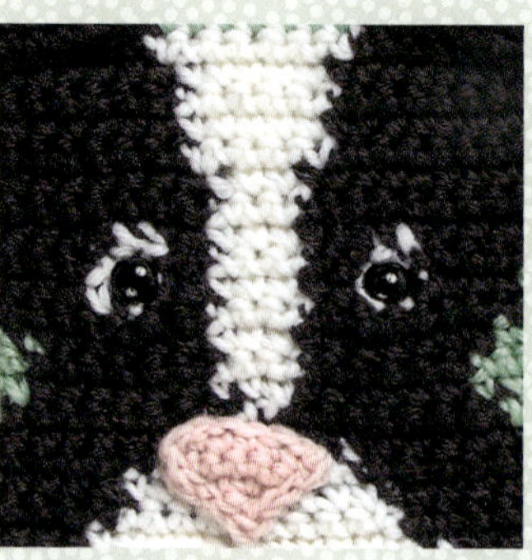
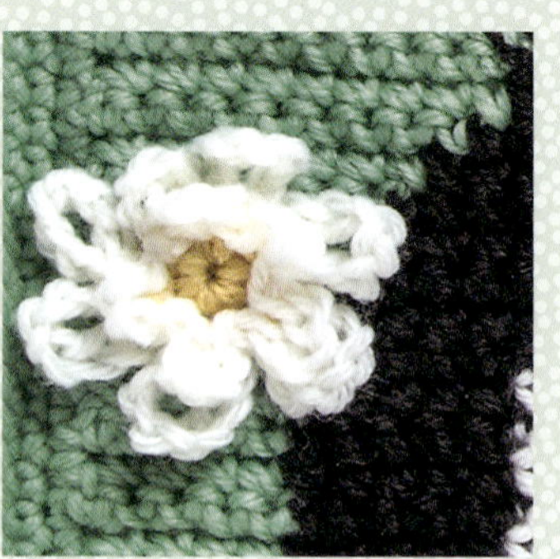

GARN
Worsted-Garn (#4 mittel)

Hier gezeigt: Universal Garn Deluxe Worsted Superwash (100 % Superwash-Wolle; 200 m/100 g): 7322470013 Tendril (A), 7322470035 Night (B), 7322470028 Ice (C), 7322470024 Foxglove (D), 7322470008 Butter (E), je 1 Knäuel

HÄKELNADEL
Nadelstärke 4 mm

Die Nadelstärke nötigenfalls für die korrekte Spannung anpassen.

BENÖTIGTE MATERIALIEN
Nähnadel
2 Sicherheitsaugen (10 mm)
Großer Bommelmacher
Kleiner Bommelmacher
Rundholz (30 cm)

MASSE
28 x 23 cm

SPANNUNG
18 fM und 20 Reihen = 10 cm

ANMERKUNGEN
Der Hintergrund wird in Reihen hin- und hergehäkelt, die Farben dabei dem Diagramm entsprechend gewechselt (*Abb. 1*). Reihen auf der VS im Muster von rechts nach links lesen und Reihen auf der RS von links nach rechts.

Um die Farbe zu wechseln, die letzte M der alten Farbe bis zum letzten U häkeln. Zum Fertigstellen der M Umschlag mit der neuen Farbe und das Garn durch alle Schlingen auf der Nadel durchziehen. Mit der neuen Farbe fortfahren. Die alte Farbe nicht befestigen. Beim Häkeln der M in der neuen Farbe über den Faden der alten Farbe häkeln.

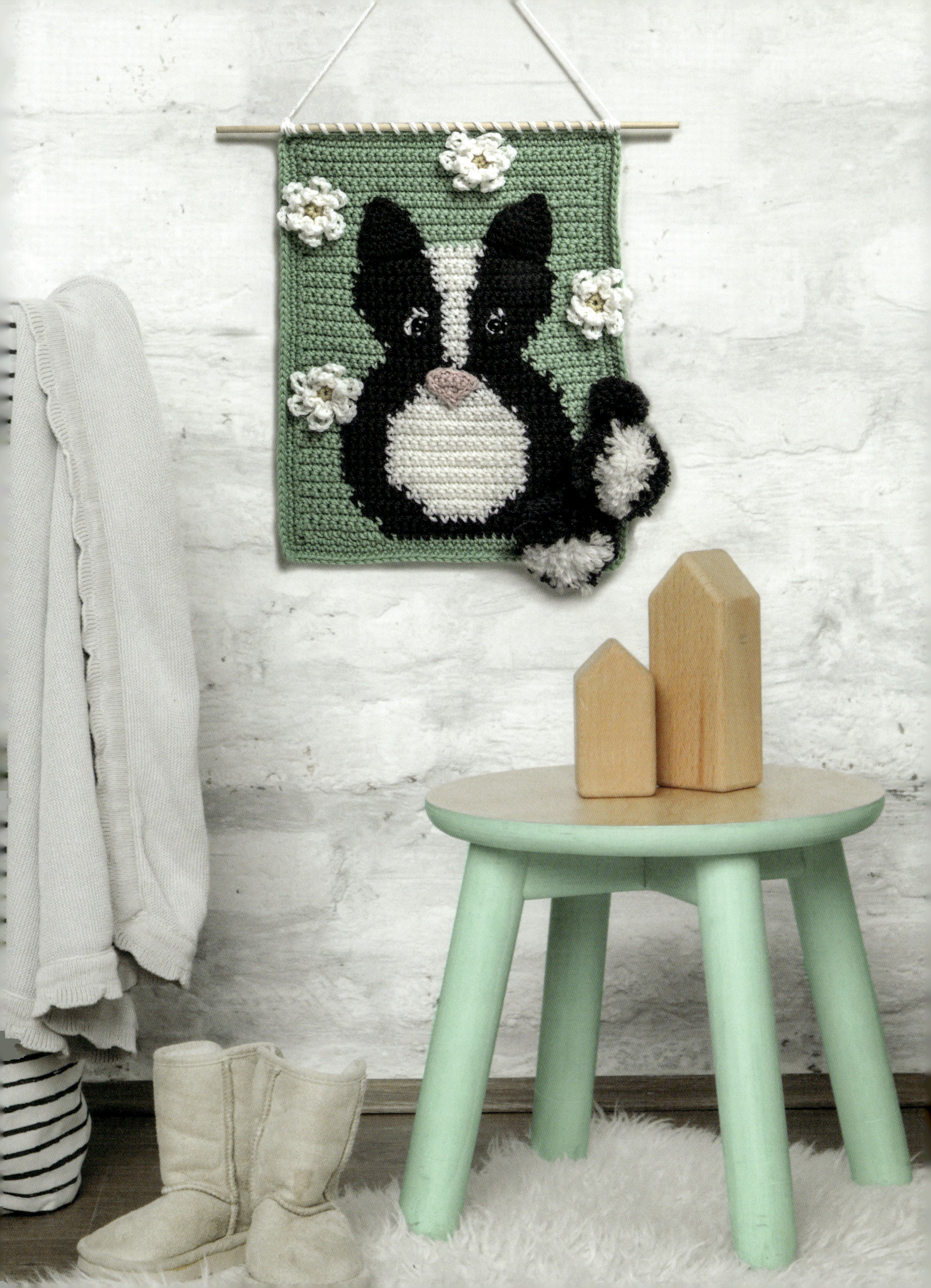

Abb. 1: Häkeldiagramm

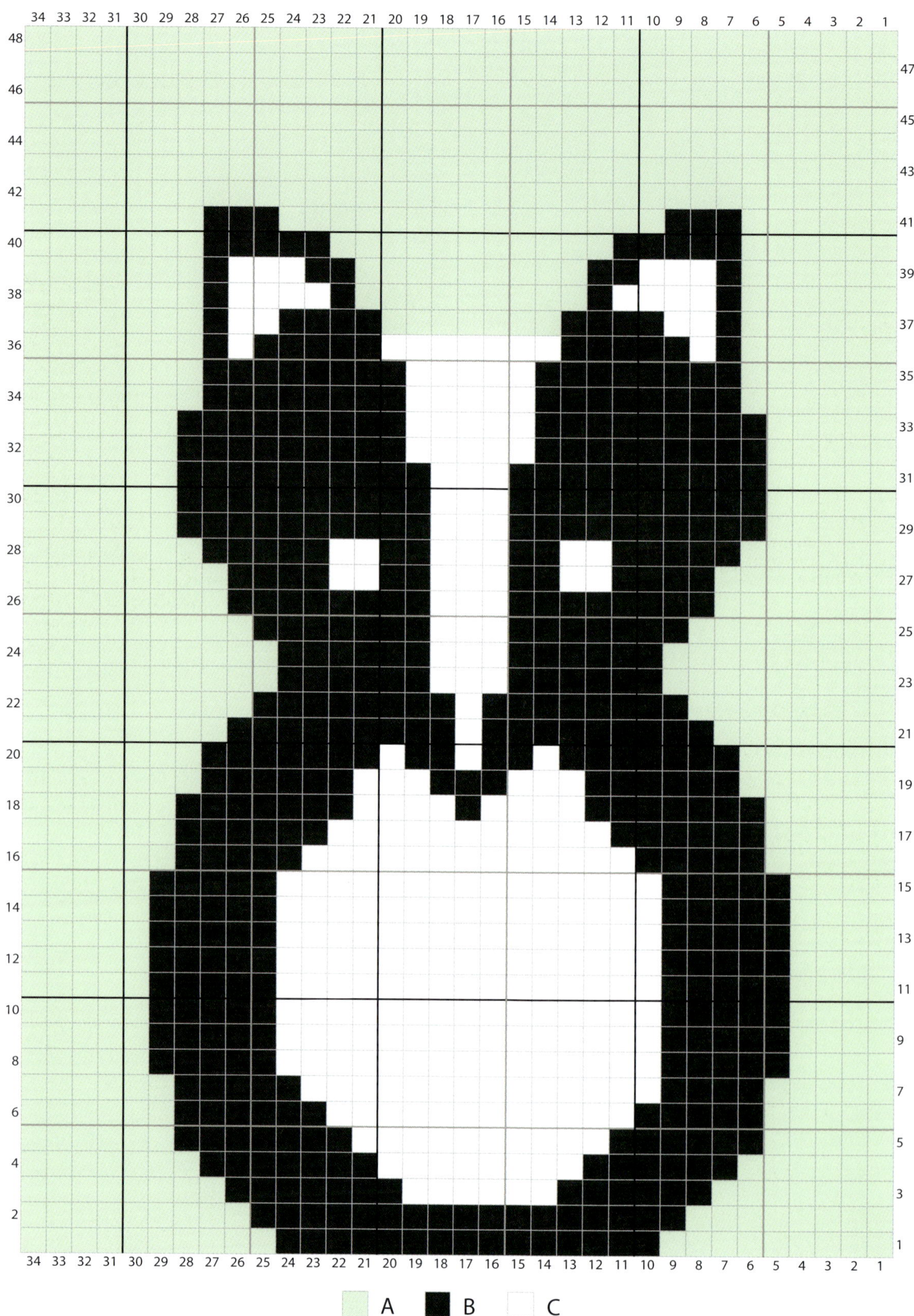

HINTERGRUND

Mit Garn in Farbe A 35 Lm häkeln.

Reihe 1 (VS): 1 fM in die 2. Lm von der Nadel und in jd Lm bis zum Ende der R und die Farbe entsprechend R 1 des Diagramms wechseln. (34 fM in dieser Reihe)

Reihe 2–48: 1 Lm, wenden, je 1 fM in jd M bis zum Ende der R und die Farbe dem Häkeldiagramm folgend wechseln.

Das Garn nicht befestigen.

BORTE

Runde 1 (VS): Mit Garn A weiterarbeiten, 1 Lm, wenden, 2 fM in die 1. M, je 1 fM in jd M bis zur letzten M, 3 fM in die letzte M, 48 fM gleichmäßig entlang des seitlichen Randes häkeln, auf der anderen Seite der Aufbaureihe arb, 3 fM in die Lm unten an der 1. fM von R 1 häkeln, je 1 fM in jd Lm bis zur Lm unten an der letzten fM, 3 fM in die letzte Lm; 48 fM gleichmäßig entlang des nächsten seitlichen Randes häkeln, 1 fM in die 1. M; die Rd mit 1 Km in die 1. fM beenden. (170 fM)

Runde 2–3: 1 Lm, 2 fM in dieselbe M wie die Verbindungs-Km, je 1 fM in jd M rundherum mit je 3 fM in jd Ecke, 1 fM in die 1. M; die Rd mit 1 Km in die 1. fM beenden. (184 fM)

Das Garn befestigen. Auf die richtigen Maße spannen.

OHREN (2-mal häkeln)

Mit Garn in Farbe B einen Fadenring machen.

Runde 1: 4 fM in den Fadenring; die Rd nicht verbinden und in durchgehenden Rd arb. (4 fM)

Runde 2: * 1 fM in die nächste M, 2 fM in die nächste M; rundherum wdh ab *. (6 fM)

Runde 3: * Je 1 fM in die nächsten 2 M, 2 fM in die nächste M; rundherum wdh ab *. (8 fM)

Runde 4: * 1 fM in die nächste M, 2 fM in die nächste M; rundherum wdh ab *. (12 fM)

Runde 5: Je 1 fM in jd M rundherum.

Runde 6: * Je 1 fM in die nächsten 2 M, 2 fM in die nächste M; rundherum wdh ab *. (16 fM)

Runde 7–8: Je 1 fM in jd M rundherum.

Das Garn befestigen und einen langen Faden zum Annähen stehenlassen.

NASE

Mit Garn in Farbe D 2 Lm häkeln.

Reihe 1: 2 fM in die 2. Lm von der Nd, wenden. (2 fM)

Reihe 2: 1 Lm, je 2 fM in jd M bis zum Ende der R, wenden. (4 fM)

Reihe 3: 1 Lm, 2 fM in die 1. M, je 1 fM in die nächsten 2 M, 2 fM in die letzte M, wenden. (6 fM)

Reihe 4: 1 fM in jd M bis zum Ende der R. Die Umrandung häkeln.

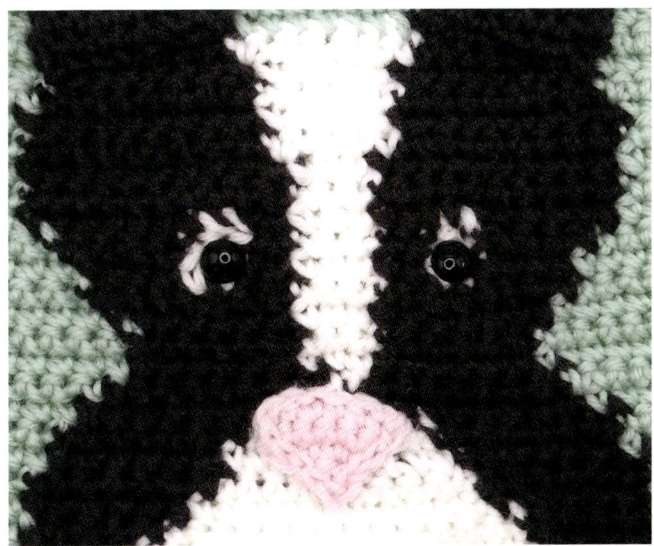

UMRANDUNG

Reihe 1: 1 Lm, je 1 Km in jd Reihenende entlang des Randes, 1 Lm, je 1 Km in die Reihenenden entlang der nächsten Seite, nicht entlang der 4. Reihe arbeiten.

Das Garn befestigen und einen langen Faden zum Annähen stehenlassen.

BLUMEN (4-mal häkeln)

Mit Garn in Farbe E 2 Lm häkeln.

Runde 1: 6 fM in die 2. Lm von der Nd; die Rd mit 1 Km in die 1. fM beenden. Das Garn befestigen.

Runde 2: Garn C in einem beliebigen hMg einhäkeln und nur ins hMg arb, 7 Lm, 1 Km in dieselbe M, * (1 Km, 7 Lm, 1 Km in dieselbe M); rundherum wdh ab *; die Rd nicht verbinden.

Runde 3: Ins vMg häkeln, (1 Km, 4 Lm, 1 Km) in jd vMg rundherum; die Rd mit 1 Km in die 1. M beenden.

Das Garn befestigen und einen langen Faden zum Annähen stehenlassen.

FERTIGSTELLUNG

Das Foto zur Orientierung nutzen und die Sicherheitsaugen anbringen. Ohren, Nase und Blumen aufnähen (*Abb. 2*).

Abb. 2

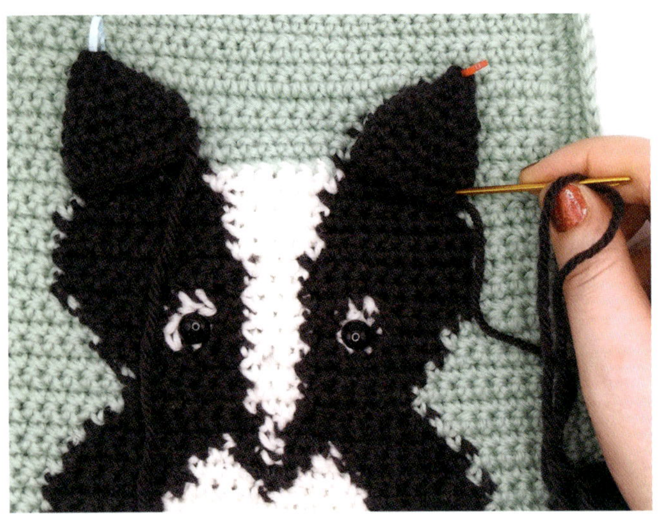

BOMMEL

Den Anleitungen auf der Packung folgen, um zwei große Bommel herzustellen, und die Fotos für den Streifenbereich zu Hilfe nehmen (*Abb. 3, 4*). Mit Garn B einen kleinen Bommel herstellen. Darauf achten, lange Garnenden stehenzulassen, um die Bommel seitlich vom Körper anzubinden (*Abb. 5*). Zurechtschneiden.

Abb. 3

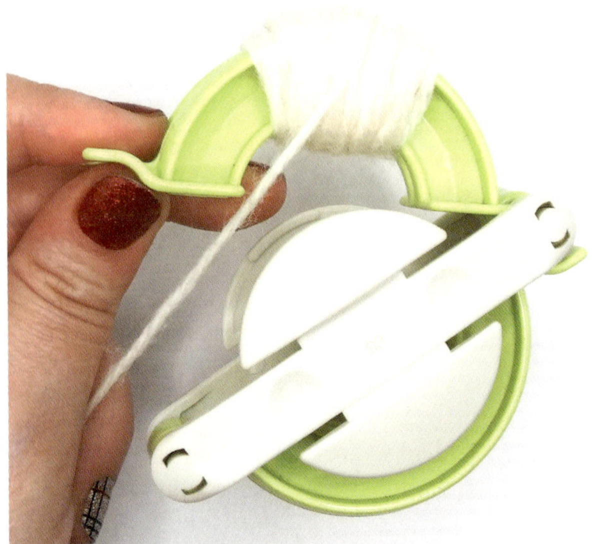

Abb. 4

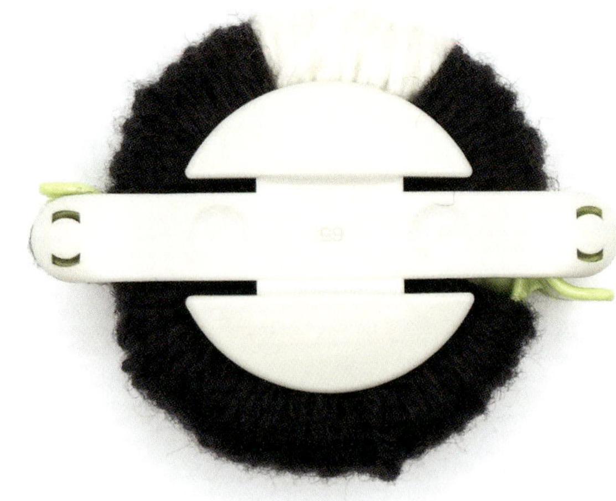

Abb. 5

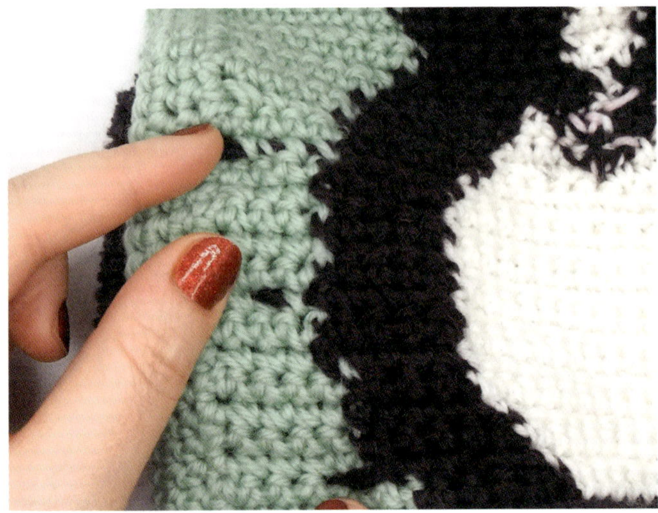

AM RUNDHOLZ BEFESTIGEN

Ein langes Garnstück in einer beliebigen Farbe zuschneiden. Ein Garnende an eine der oberen Ecken des Wandbehangs binden. Das andere Ende in die stumpfe Nadel einfädeln. Den Stab oben an den Wandbehang halten. * Das Garn um den Stab schlingen, 1 M an der Oberkante des Wandbehangs auslassen, die Nadel durch die nächste M stechen, das Garn durchziehen; wdh ab * bis zum Ende der Reihe. Das Fadenende an die obere Ecke des Wandbehangs knoten.

Aufhängung

Ein langes Garnstück in einer beliebigen Farbe zuschneiden. Die Garnenden um die Enden des Rundholzes binden.

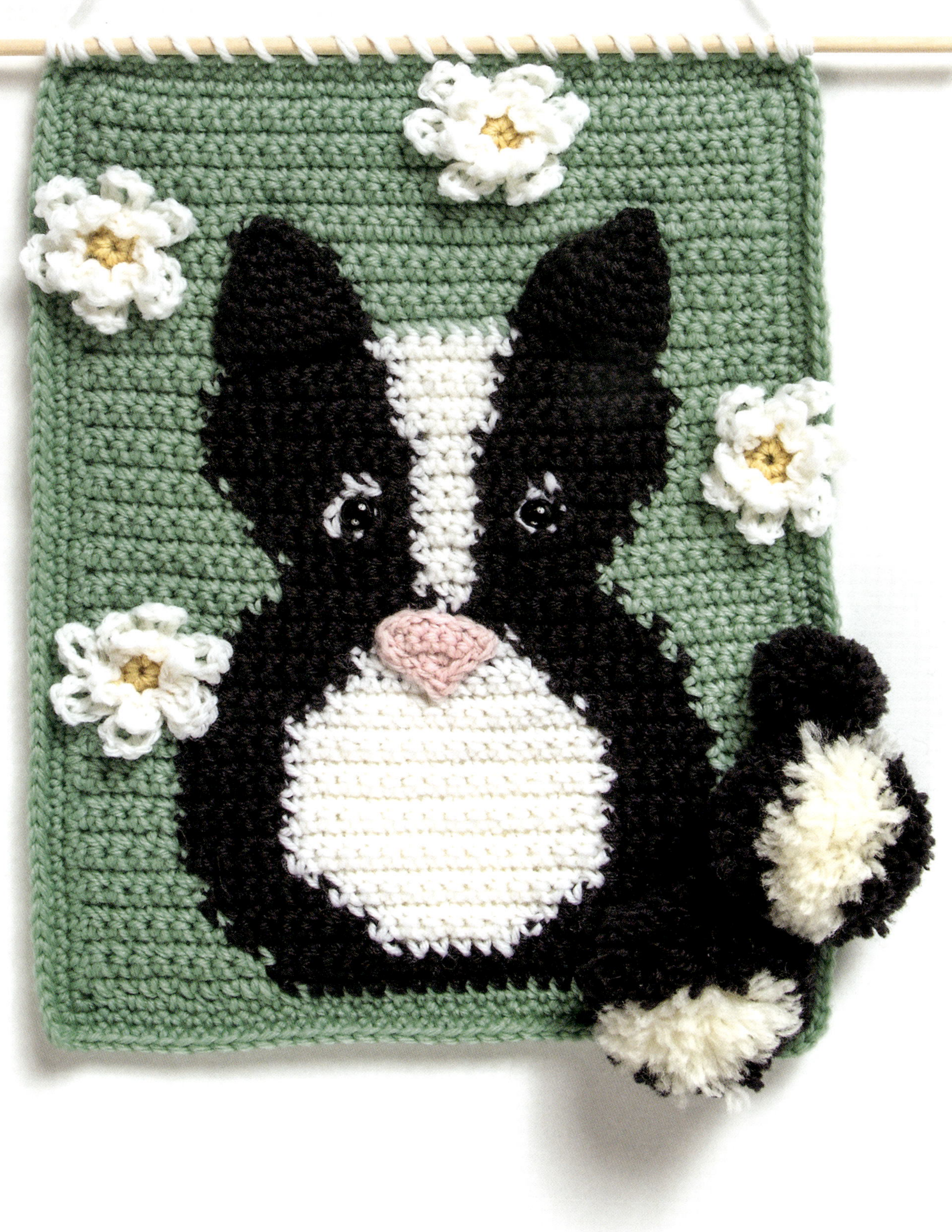

FIONA, DER FLAMINGO

Dieser Wandbehang mit seinem hübschen rosa-weißen Design wäre ein liebevolles Geschenk zur Geburt eines Mädchens. Sie können es als Deko für die Babyparty verwenden und später ins Kinderzimmer hängen.

  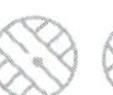 SCHWIERIGKEITSGRAD: LEICHT

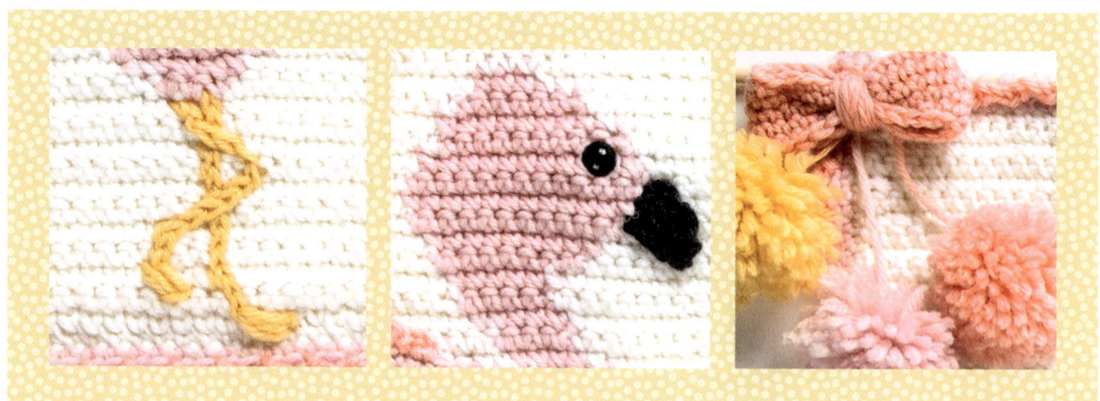

GARN

Worsted-Garn (#4 mittel)

Hier gezeigt: Willow Yarns Daily Worsted (100 % Superwash-Merinowolle; 200 m/100 g): 7322470034 Natural (A), 7322470024 Foxglove (B), 7322470022 Blossom (C), 7322470035 Night (D), 732247006 Lemon (E), je 1 Knäuel

HÄKELNADEL

Nadelstärke 4 mm

Die Nadelstärke nötigenfalls für die korrekte Spannung anpassen.

BENÖTIGTE MATERIALIEN

Nähnadel
Sicherheitsauge (10 mm)
Großer Bommelmacher
Rundholz (30 cm)

MASSE

28 x 23 cm

SPANNUNG

18 fM und 20 Reihen = 10 cm

SPEZIELLE MASCHEN

Kettmaschen aufhäkeln (Km auf)
Mit dem Garn auf der RS die Nd in einen Zwr zw 2 M in einer Reihe stechen, eine Anfangsschlinge erzeugen, * die Nd in den nächsten Zwr zw 2 M in einer Reihe stechen, U, eine Schlinge durch das Gewebe nach vorn ziehen und diese durch die Schlinge auf der Nadel ziehen; ab * wdh bis der Bereich der Km fertig ist.

ANMERKUNGEN

Der Hintergrund wird in Reihen hin- und hergehäkelt, die Farben dabei dem Diagramm entsprechend gewechselt (*Abb. 1*). Reihen auf der VS im Muster von rechts nach links lesen und Reihen auf der RS von links nach rechts. Um die Farbe zu wechseln, die letzte M der alten Farbe bis zum letzten U häkeln.

Zum Fertigstellen der M Umschlag mit der neuen Farbe und durchziehen. Mit der neuen Farbe fortfahren. Die alte Farbe nicht befestigen. Beim Häkeln der M in der neuen Farbe über den Faden der alten Farbe häkeln.

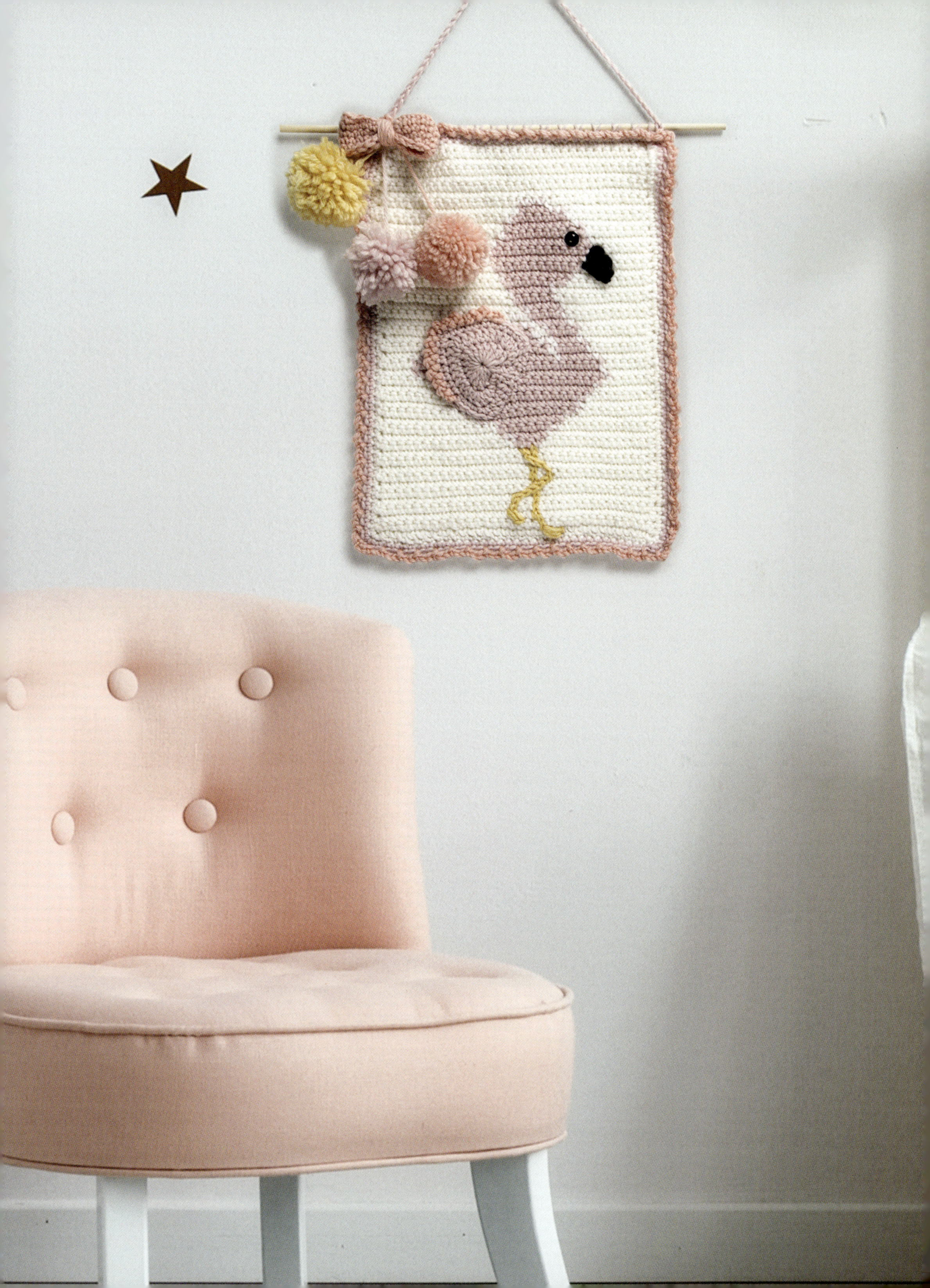

Abb. 1: Häkeldiagramm

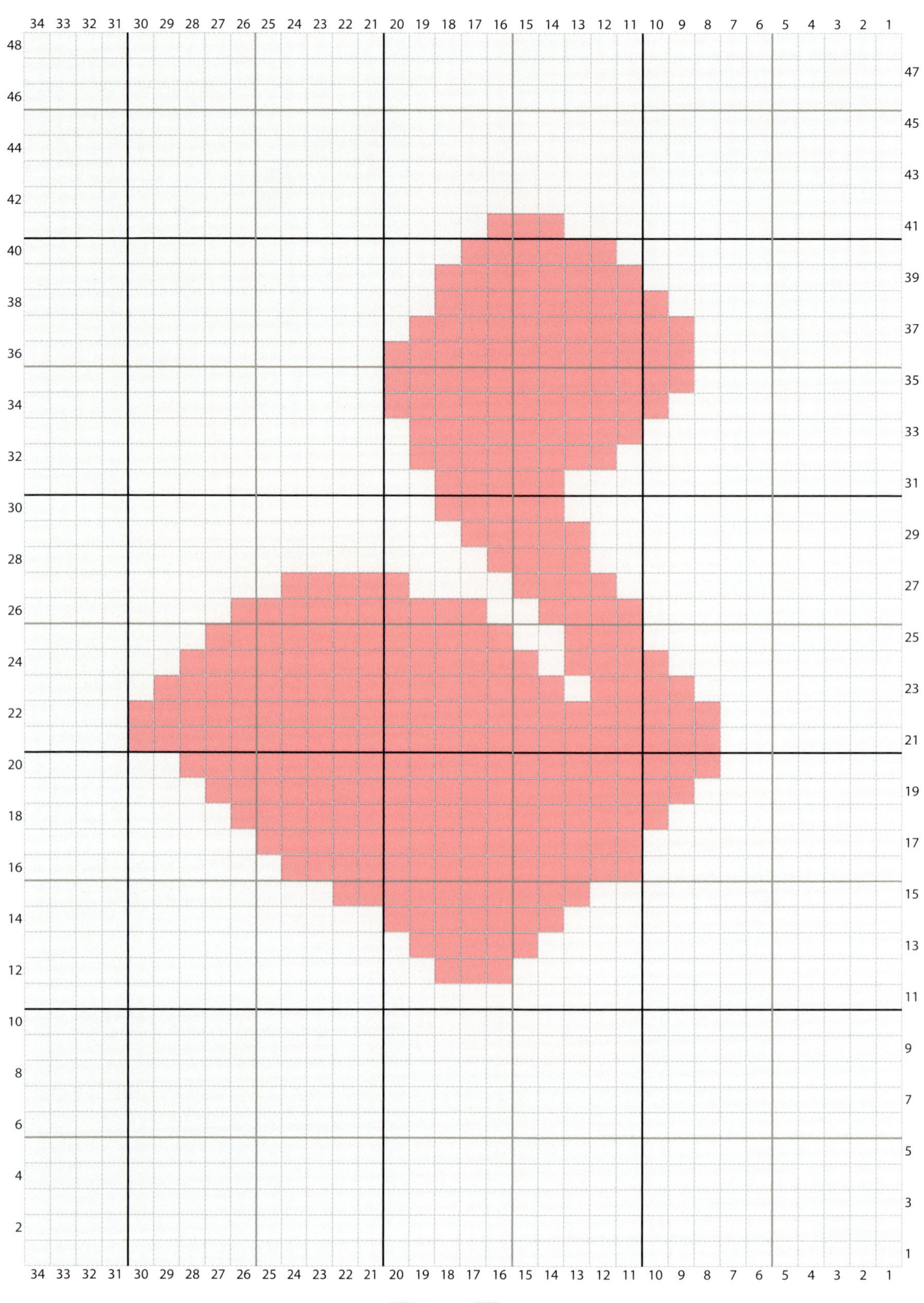

HINTERGRUND

Mit Garn in Farbe A 35 Lm häkeln.

Reihe 1 (VS): 1 fM in die 2. Lm von der Nadel und in jd Lm bis zum Ende der R. (34 fM in dieser Reihe)

Reihe 2–48: 1 Lm, wenden, je 1 fM in jd M bis zum Ende der R und die Farbe dem Häkeldiagramm folgend wechseln.

Das Garn nicht befestigen.

BORTE

Runde 1 (VS): Mit Garn A weiterarbeiten, 1 Lm, wenden, 2 fM in die 1. M, je 1 fM in jd M bis zur letzten M, 3 fM in die letzte M, 48 fM gleichmäßig entlang des seitlichen Randes häkeln, auf der anderen Seite der Aufbaureihe arb, 3 fM in die Lm unten an der 1. fM von R 1 häkeln, je 1 fM in jd Lm bis zur Lm unten an der letzten fM, 3 fM in die letzte Lm; 48 fM gleichmäßig entlang des nächsten seitlichen Randes häkeln, 1 fM in die 1. M; die Rd mit 1 Km in die 1. fM beenden. (170 fM) Das Garn befestigen.

Runde 2: Garn B in einer beliebigen Ecke einhäkeln, 1 Lm, 2 fM in dieselbe M wie die Verbindungs-Km, je 1 fM in jd M rundherum mit je 3 fM in jd Ecke, 1 fM in die 1. M; die Rd mit 1 Km in die 1. fM beenden. (184 fM) Das Garn befestigen.

Runde 3: Garn C in einer beliebigen Ecke einhäkeln, 3 Lm, 1 Km in dieselbe M, * (3 Lm, 1 M ausl, 1 Km in die nächste M) bis zur nächsten Ecke, 3 Lm, 1 Km in dieselbe M für die Ecke; rundherum wdh ab *, dabei die Rd mit 1 Km in die 1. M unten an der Ecke beenden. Das Garn befestigen.

Auf die richtigen Maße spannen.

Flügel

Mit Garn in Farbe B einen Fadenring machen.

Runde 1: 2 Lm, in den FR arb und 3 DStb, 4 Stb, 1 DStb, 4 Stb, 3 DStb, 2 Lm, 1 Km in den Fadenring häkeln.

Runde 2: 1 Lm, 1 fM in den Lm-Bg, (2 hStb, 1 Stb) in die nächste M, 3 Stb in die nächste M, 2 Stb in die nächste M, je 1 Stb in die nächsten 4 M, (1 Stb, 1 DStb, 1 Stb) in die nächste M, je 1 Stb in die nächsten 4 M, 2 Stb in die nächste M, 3 Stb in die nächste M, (1 Stb, 2 hStb) in die nächste M, 1 fM in den Lm-Bg; die Rd mit 1 Km in die Km aus Rd 1 beenden.

Runde 3: 2 Lm, Stb in die 1. M, 1 hStb in die nächste M, (1 fM in die nächste M, 2 fM in die nächste M) 2-mal, je 1 fM in die nächsten 8 M, (1 fM, 1 hStb, 1 fM) in die nächste M (Flügelspitze), je 1 fM in die nächsten 8 M, (2 fM in die nächste M, 1 fM in die nächste M) 2-mal, 1 hStb in die nächste M, je 1 Stb in die nächsten 2 M; die Rd mit 1 Km in die Km aus Rd 2 beenden. Das Garn befestigen. Randdetail anhäkeln.

RANDDETAIL ANHÄKELN

Reihe 1: Garn C in die 10. fM in Rd 3 einhäkeln, * 3 Lm, 1 Km in die nächste M; wdh ab * bis zum Ende der R, bis noch 9 M übrigbleiben (*Abb. 2*). Das Garn befestigen.

Abb. 2

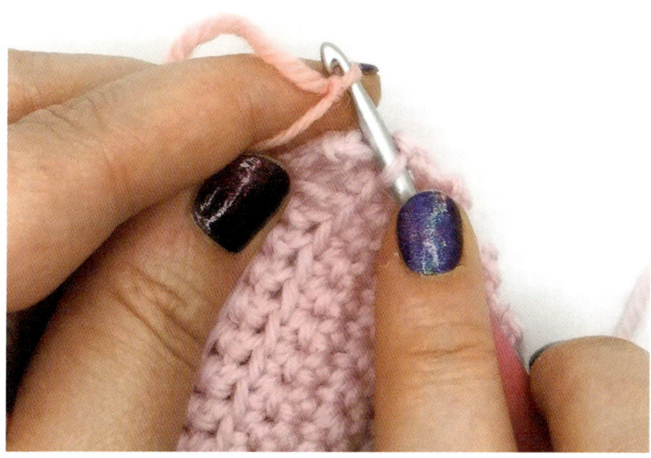

SCHNABEL

Mit Garn in Farbe D 2 Lm häkeln.

Reihe 1: 2 fM in die 2. Lm von der Nadel. (2 fM)

Reihe 2: 1 Lm, wenden, je 1 fM in die nächsten 2 M. (2 fM)

Reihe 3: 1 Lm, wenden, 1 fM in die nächste M, 2 fM in die nächste M. (3 fM)

Reihe 4: 1 Lm, wenden, je 1 fM in die nächsten 3 M.

Das Garn befestigen und einen langen Faden zum Annähen stehenlassen.

BEINE

Mit Garn E die Beine mit Kettmaschen auf den Hintergrund aufhäkeln (*Abb. 3*). Km über 2 M für die Füße aufhäkeln.

SCHLEIFE

Mit Garn in Farbe C 24 Lm häkeln; mit 1 Km in die 1. Lm einen Ring bilden.

Runde 1: 1 Lm, je 1 fM in jd Lm rundherum; die Rd mit 1 Km in die 1. fM beenden. (24 fM)

Runde 2–5: 1 Lm, je 1 fM in jd fM rundherum; die Rd mit 1 Km in die 1. fM beenden.

Das Garn befestigen, dabei einen langen Faden zum Annähen stehenlassen. Die Schleife in der Hälfte mit einem Km-Saum in der Mitte der RS falten. Den langen Faden 8–10-mal um die Mitte der Schleife wickeln, um diese zusammenzuziehen. Das Garn befestigen und die Enden vernähen.

BOMMEL

Den Anweisungen auf der Verpackung folgen und 3 Bommel anfertigen: Je einen in Farbe B, C und E. Dabei lange Garnenden in der Mitte von jedem stehenlassen. Die Bommel am oberen Rand des Hintergrunds anbinden, sodass sie ca. 5–7 cm herunterhängen.

FERTIGSTELLUNG

Das Sicherheitsauge am Kopf anbringen (*Abb. 4*). Die Schleife über den Enden der Bommel anbringen und den Schnabel am Kopf annähen (*Abb. 5*). Die Flügel am Körper annähen (*Abb. 6*). Die Enden vernähen.

AM RUNDHOLZ BEFESTIGEN

Ein langes Garnstück in einer beliebigen Farbe zuschneiden. Ein Garnende an eine der oberen Ecken des Wandbehangs binden. Das andere Ende in die stumpfe Nadel einfädeln. Den Stab oben an den Wandbehang halten. * Das Garn um den Stab schlingen, 1 M an der Oberkante des Wandbehangs auslassen, die Nadel durch die nächste M stechen, das Garn durchziehen; wdh ab * bis zum Ende der Reihe. Das Fadenende an die obere Ecke des Wandbehangs knoten.

AUFHÄNGUNG

Ein langes Garnstück in einer beliebigen Farbe zuschneiden. Die Garnenden um die Enden des Rundholzes binden.

Abb. 3

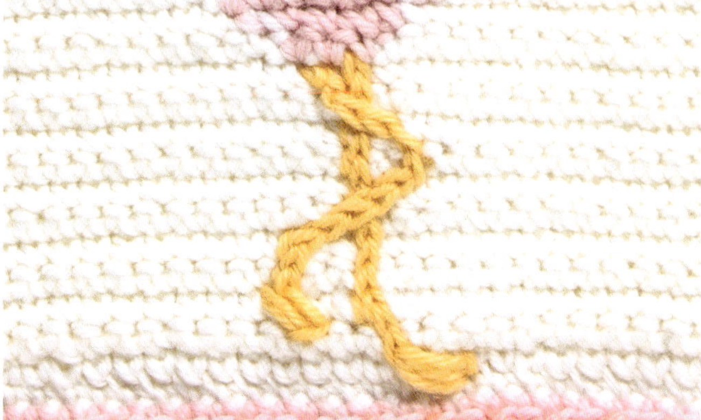

Abb. 4

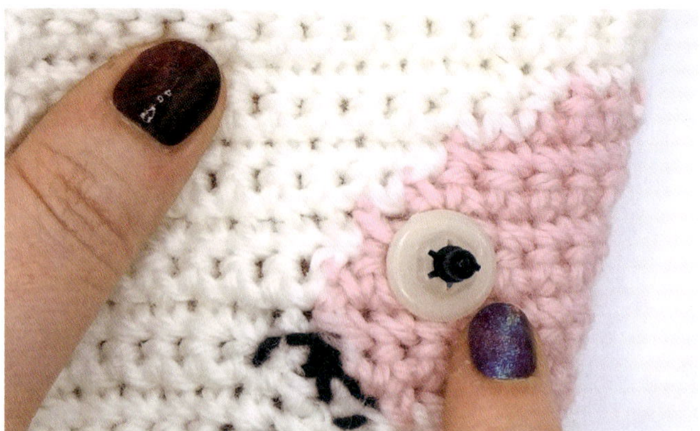

Abb. 5

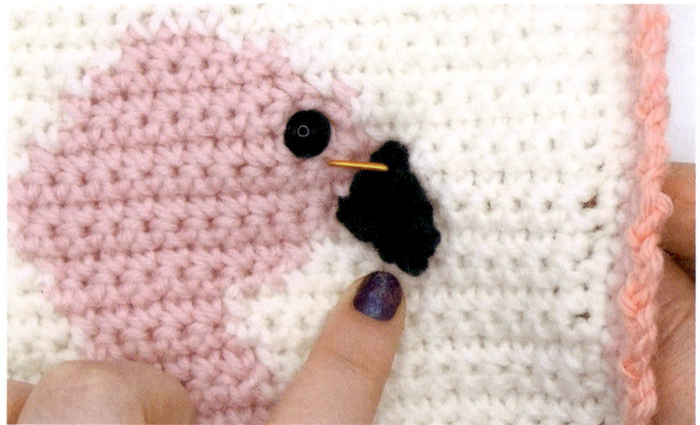

Abb. 6

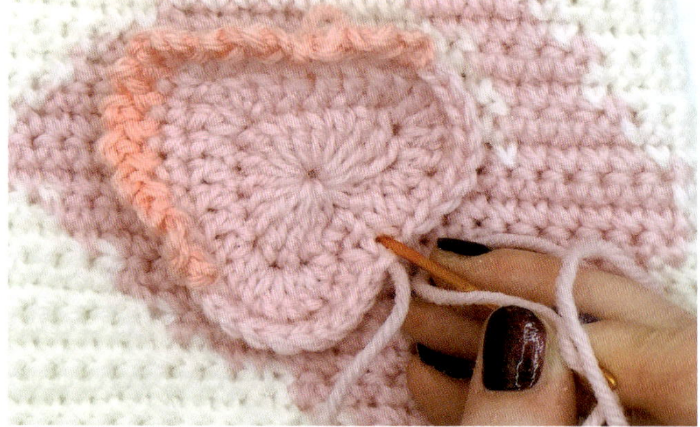

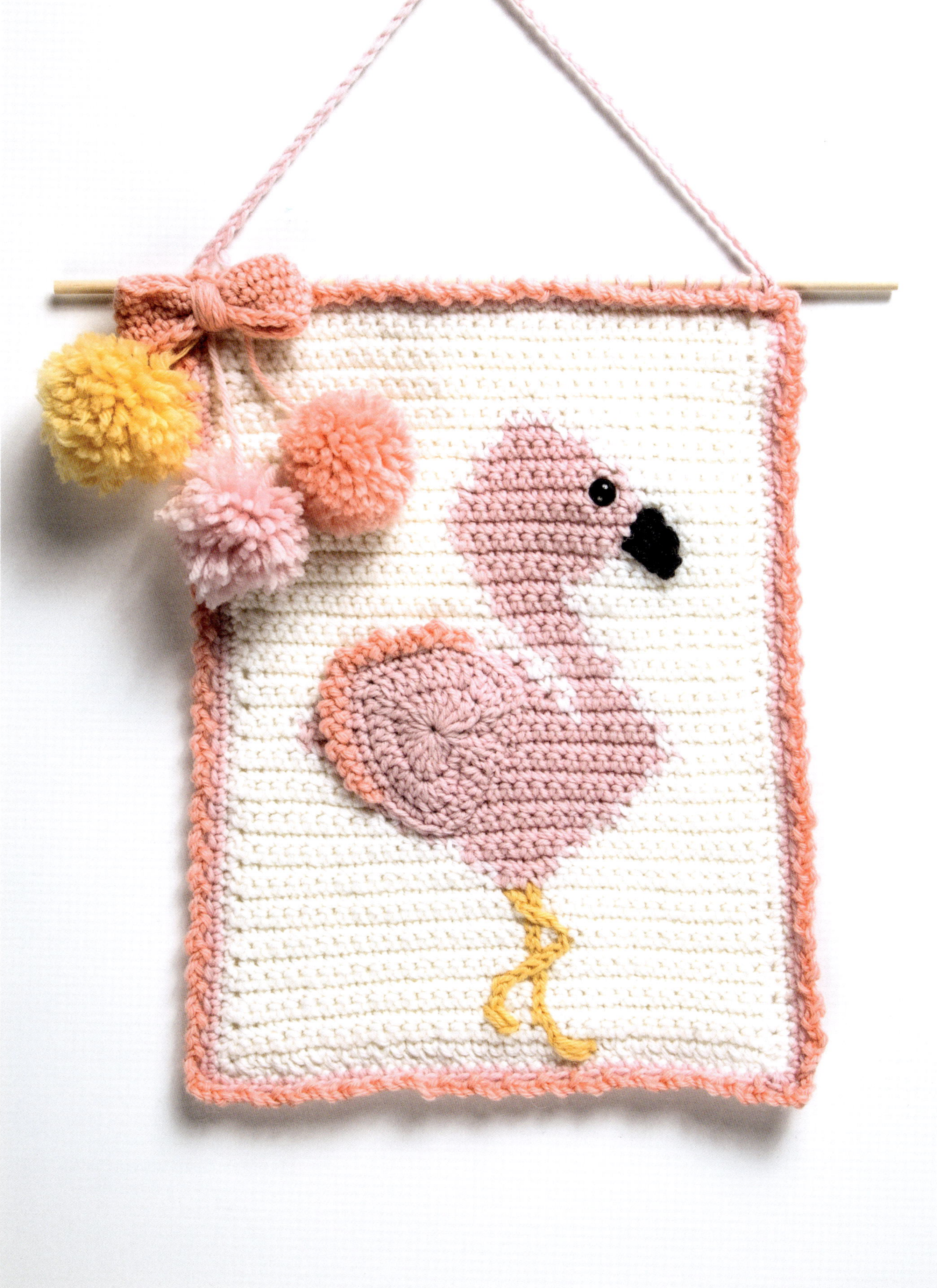

JESS, DIE KLEINE QUALLE

Wenn Sie schon einmal Spiralen häkeln wollten, ist dieses Projekt perfekt. Kaum sind Sie mit der ersten Spirale fertig, werden Sie sich direkt auf die nächste stürzen wollen! Dieses Projekt bedient sich zweier Farben für die Spiralen, aber nachdem sie separat an den Hintergrund angebracht werden, können Sie auch vielfarbig werden. Das Rüschenröckchen und die Blume sind weitere süße Pop-up-Elemente.

  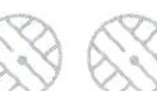 SCHWIERIGKEITSGRAD: LEICHT

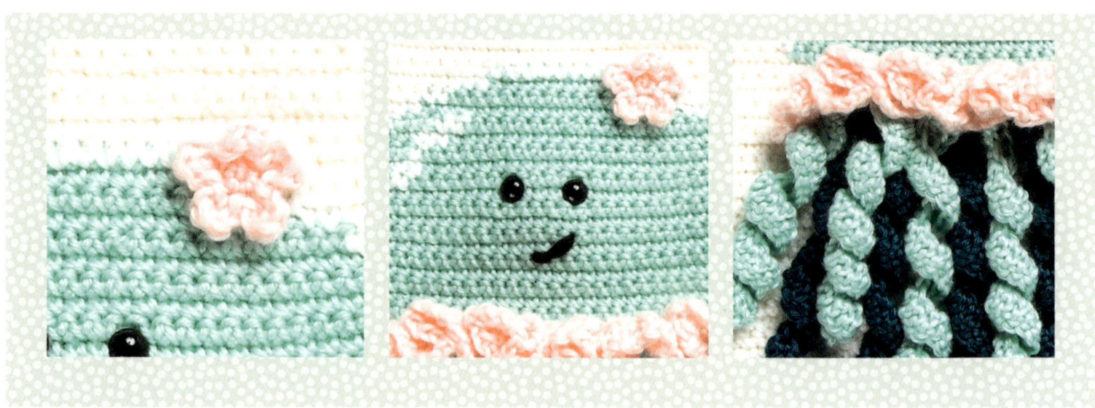

GARN
Worsted-Garn (#4 mittel)

Hier gezeigt: Knit Picks Mighty Stitch (80 % Acryl-/ 20 % Superwash-Wolle; 190 m/100 g): 26807 White (A), 26812 Mint (B), 26826 Spruce (C), 26818 Blush (D), 26852 Black (E), je 1 Knäuel

HÄKELNADEL
Nadelstärke 4 mm

Die Nadelstärke nötigenfalls für die korrekte Spannung anpassen.

BENÖTIGTE MATERIALIEN
Nähnadel
2 Sicherheitsaugen (10 mm)
Rundholz (30 cm)

MASSE
28 x 23 cm

SPANNUNG
18 fM und 20 Reihen = 10 cm

ANMERKUNGEN
Der Hintergrund wird in Reihen hin- und hergehäkelt, die Farben werden dabei dem Diagramm entsprechend gewechselt (*Abb. 1*). Reihen auf der VS im Muster von rechts nach links lesen und Reihen auf der RS von links nach rechts.

Um die Farbe zu wechseln, die letzte M der alten Farbe bis zum letzten U häkeln. Zum Fertigstellen der M Umschlag mit der neuen Farbe und das Garn durch alle Schlingen auf der Nadel durchziehen. Mit der neuen Farbe fortfahren. Die alte Farbe nicht befestigen. Beim Häkeln der M in der neuen Farbe über den Faden der alten Farbe häkeln.

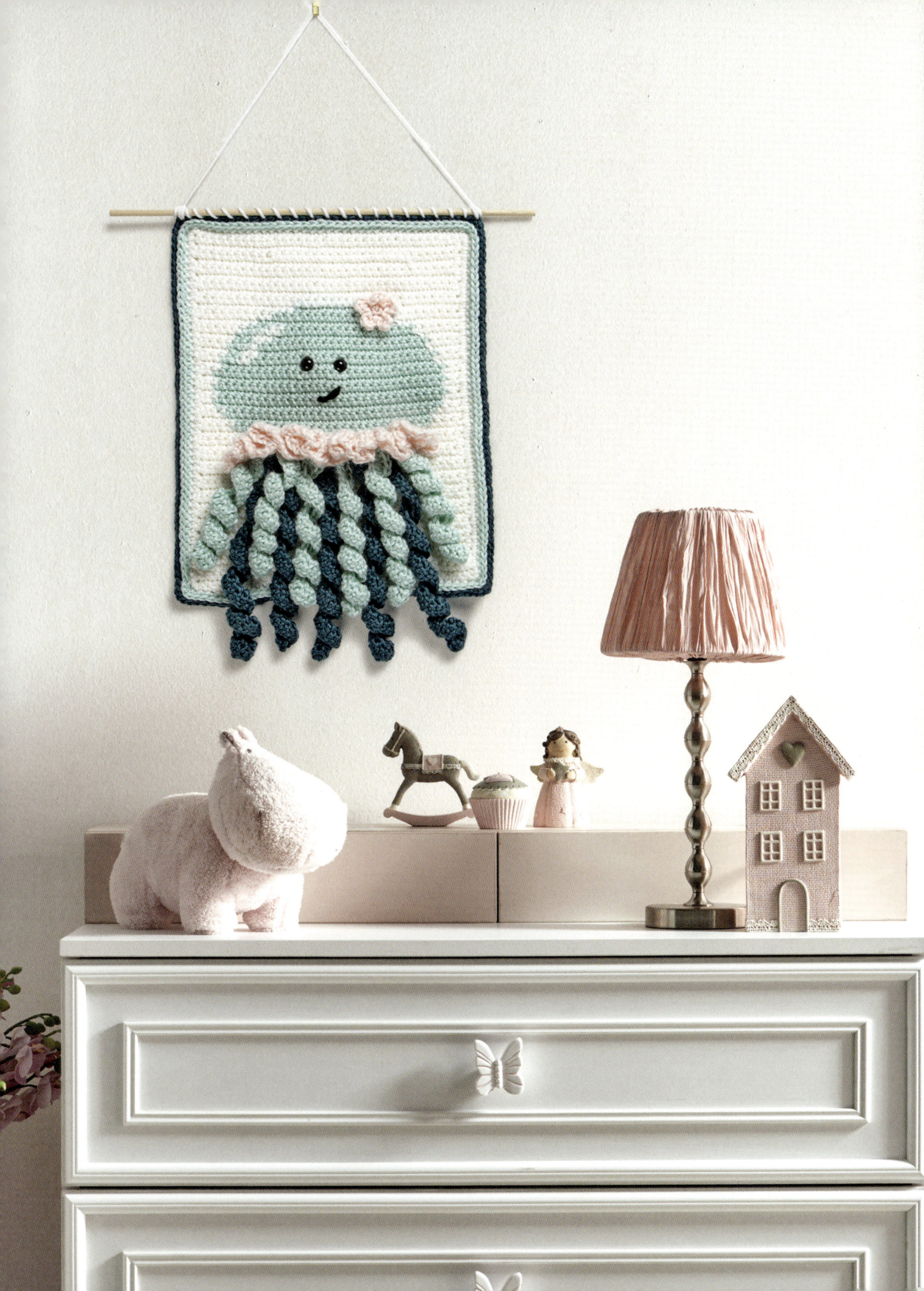

Abb. 1: Häkeldiagramm

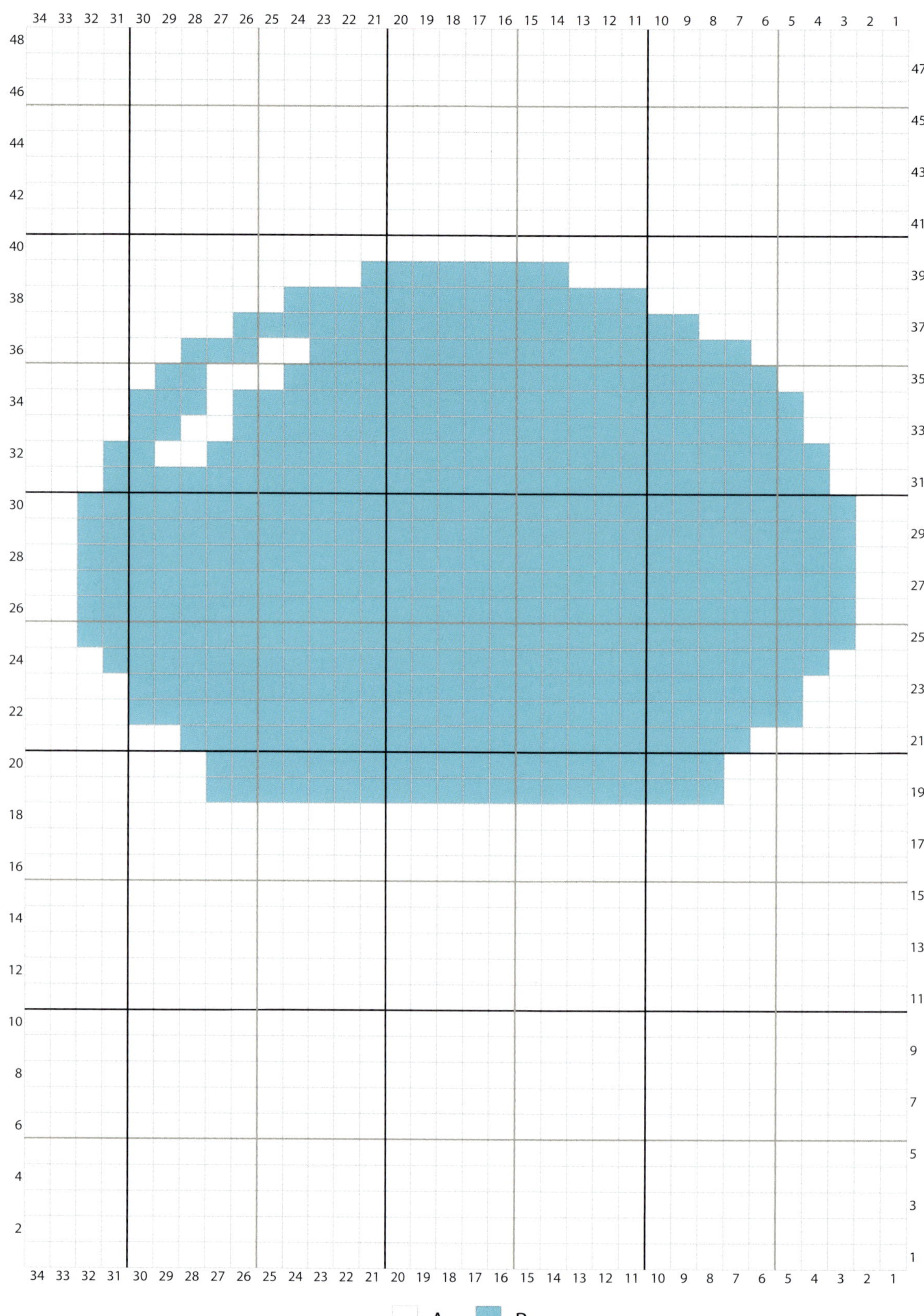

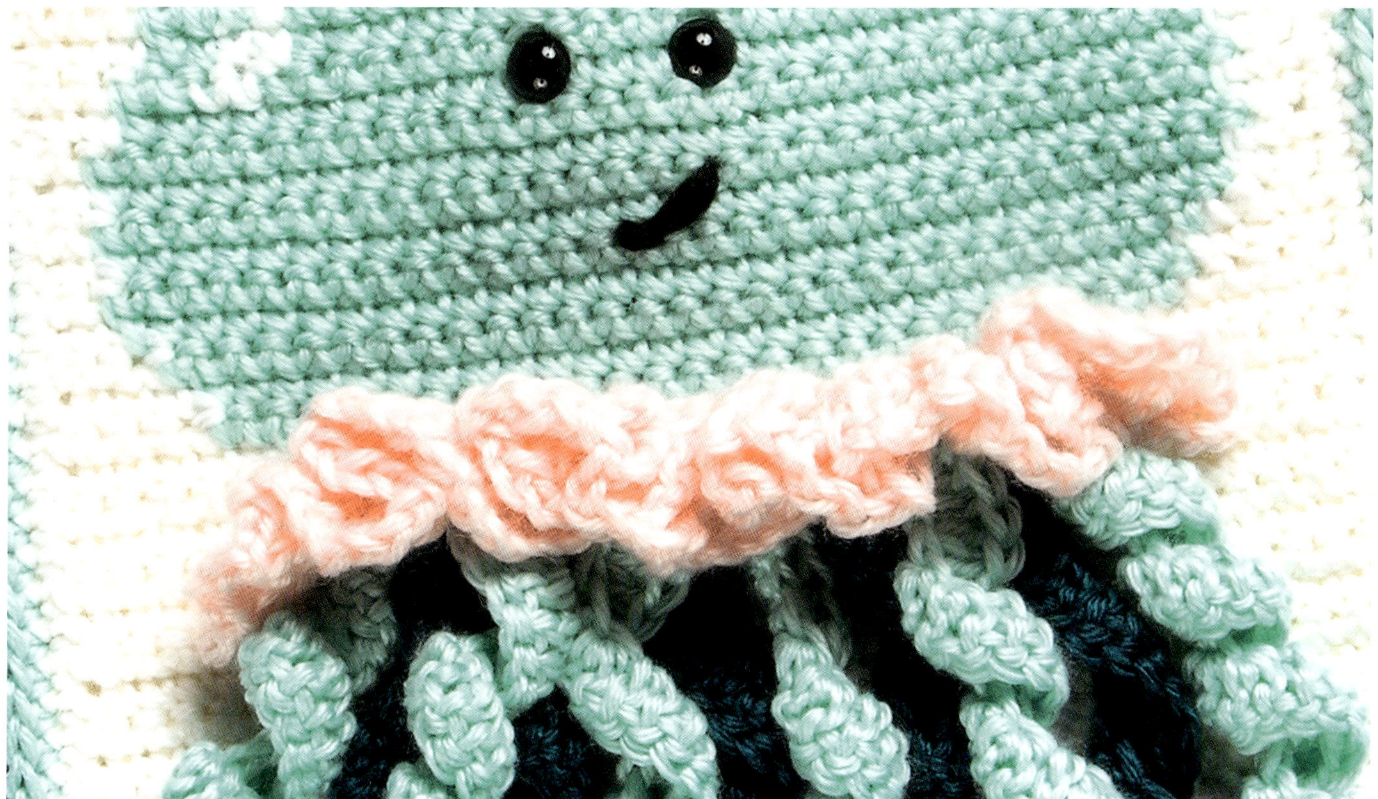

HINTERGRUND

Mit Garn in Farbe A 35 Lm häkeln.

Reihe 1 (VS): 1 fM in die 2. Lm von der Nadel und in jd Lm bis zum Ende der R. (34 fM in dieser Reihe)

Reihe 2–48: 1 Lm, wenden, je 1 fM in jd M bis zum Ende der R und die Farbe dem Häkeldiagramm folgend wechseln.

Das Garn nicht befestigen.

BORTE

Runde 1 (VS): Mit Garn A weiterarbeiten, 1 Lm, wenden, 2 fM in die 1. M, je 1 fM in jd M bis zur letzten M, 3 fM in die letzte M, 48 fM gleichmäßig entlang des seitlichen Randes häkeln, auf der anderen Seite der Aufbaureihe arb, 3 fM in die Lm unten an der 1. fM von R 1 häkeln, je 1 fM in jd Lm bis zur Lm unten an der letzten fM, 3 fM in die letzte Lm; 48 fM gleichmäßig entlang des nächsten seitlichen Randes häkeln, 1 fM in die 1. M; die Rd mit 1 Km in die 1. fM beenden. (170 fM) Das Garn befestigen.

Runde 2: Garn B in einer beliebigen Ecke einhäkeln, 1 Lm, 2 hStb in dieselbe M wie die Verbindungs-Km, je 1 hStb in jd M rundherum mit 3 hStb in jd Ecke, 1 hStb in die 1. M; die Rd mit 1 Km in die 1. M beenden. Das Garn befestigen.

Runde 3: Garn C in einer beliebigen Ecke einhäkeln, 1 Lm, ins 3. Mg des hStb arbeiten und 2 fM in dieselbe M wie die Verbindungs-Km häkeln, je 1 fM in jd M rundherum mit je 3 fM in jd Ecke, 1 fM in die 1. M; die Rd mit 1 Km in die 1. fM beenden. (184 fM) Das Garn befestigen.

Auf die richtigen Maße spannen.

ROCK

Mit Garn in Farbe D 21 Lm häkeln.

Reihe 1: Je 1 fM in die 2. Lm von der Nd und in jd Lm bis zum Ende der R, wenden. (20 fM)

Reihe 2–3: 1 Lm, je 1 fM in jd M bis zum Ende der Reihe, wenden.

Reihe 4: 5 Lm (zählen als 1 DStb und 1 Lm), (1 DStb, 1 Lm) in dieselbe M, nur ins hMg je (1 DStb, 1 Lm) 3-mal in jd M bis zum Ende der R und mit einem DStb enden, (1 Lm, 1 DStb) 2-mal in die letzte M.

Das Garn befestigen und einen langen Faden zum Annähen stehenlassen.

SPIRALFÖRMIGE TENTAKEL

KURZE TENTAKEL (6-mal häkeln)

Mit Garn in Farbe B 25 Lm häkeln.

Reihe 1: 1 Stb in die 4. Lm von der Nd, je 2 Stb in jd M bis zum Ende der R.

Abb. 2

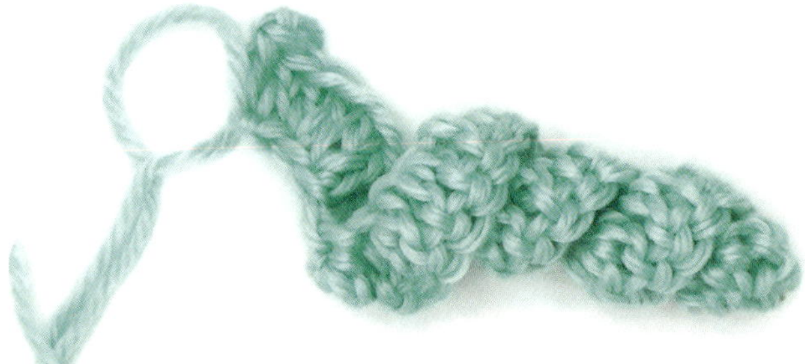

Das Garn befestigen und einen langen Faden zum Annähen stehenlassen (*Abb. 2*).

Lange Tentakel **(5-mal häkeln)**
Mit Garn in Farbe C 40 Lm häkeln.

Reihe 1: 1 Stb in die 4. Lm von der Nd, 2 Stb in jd M bis zum Ende der R.

Das Garn befestigen und einen langen Faden zum Annähen stehenlassen.

BLUME

Mit Garn in Farbe D 2 Lm häkeln.

Runde 1: 5 fM in die 2. Lm von der Nd. (5 fM)

Runde 2: (1 Km, 1 Lm, 2 Stb, 1 Lm, 1 Km) in jd M rundherum; die Rd mit 1 Km in die 1. M beenden. Das Garn befestigen und einen langen Faden zum Annähen stehenlassen.

FERTIGSTELLUNG

Die Blume oben am Kopf und den Rock unten am Körper annähen (*Abb. 3 & 4*). Die langen Tentakel unten an den Körper und die kurzen direkt darüber annähen (*Abb. 5*). Garn E in eine Nadel einfädeln und den Mund aufsticken und die Sicherheitsaugen anbringen. Die Enden vernähen.

AM RUNDHOLZ BEFESTIGEN

Ein langes Garnstück in einer beliebigen Farbe zuschneiden. Ein Garnende an eine der oberen Ecken des Wandbehangs binden. Das andere Ende in die stumpfe Nadel einfädeln. Den Stab oben an den Wandbehang halten. * Das Garn um den Stab schlingen, 1 M an der Oberkante des Wandbehangs auslassen, die Nadel durch die nächste M stechen, das Garn durchziehen; wdh ab * bis zum Ende der Reihe. Das Fadenende an die obere Ecke des Wandbehangs knoten.

AUFHÄNGUNG

Ein langes Garnstück in einer beliebigen Farbe zuschneiden. Die Garnenden um die Enden des Rundholzes binden.

Abb. 3

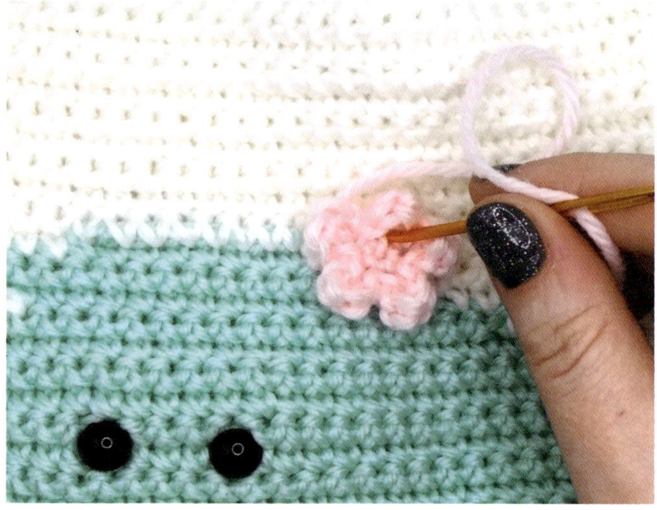

Abb. 4

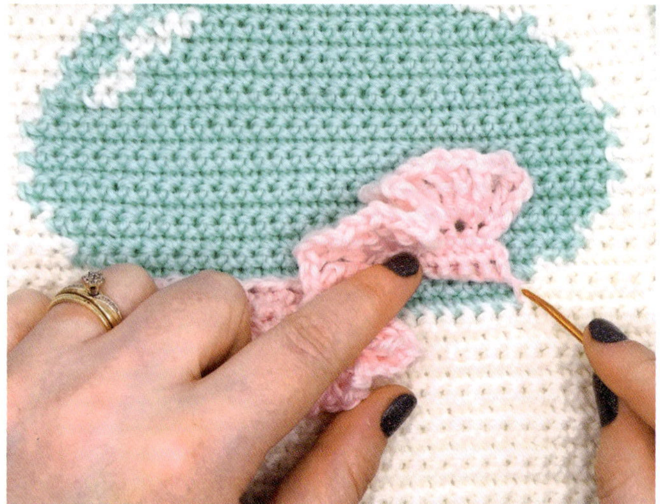

Abb. 5

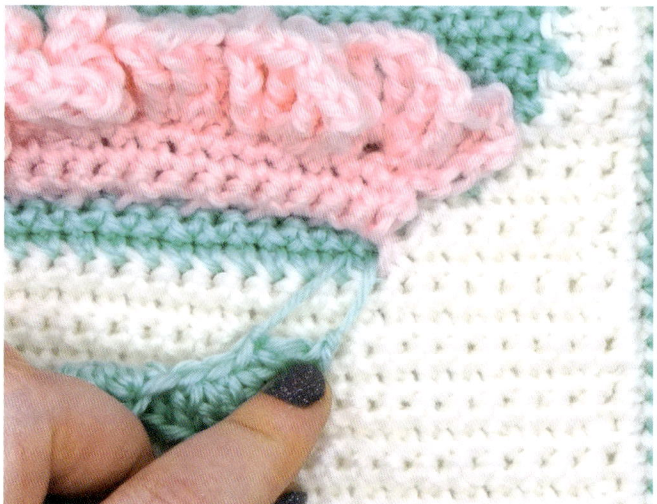

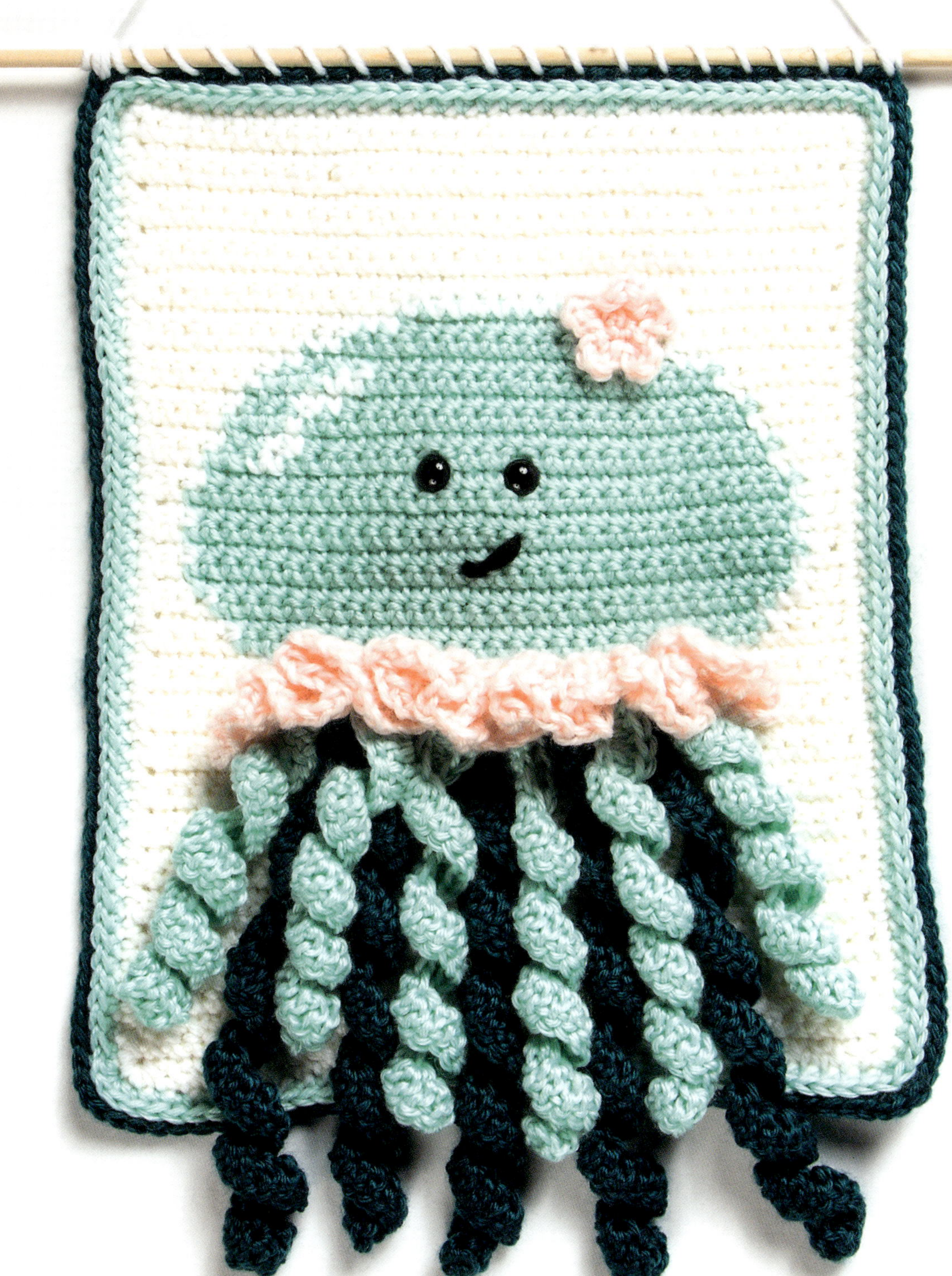

WATSON, DER WAL

Ein fröhlicher Wal schwimmt durch ein Meer aus 3D-Wellen, ein farbenfroher Wasserstrahl kommt aus seinem Luftloch. Mit einem Herz als Fluke und Bommeln in zwei Größen als Zierde der Unterkante wird dieser Wandbehang definitiv zum Favoriten!

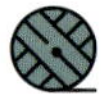  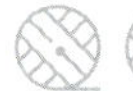 SCHWIERIGKEITSGRAD: NEULING

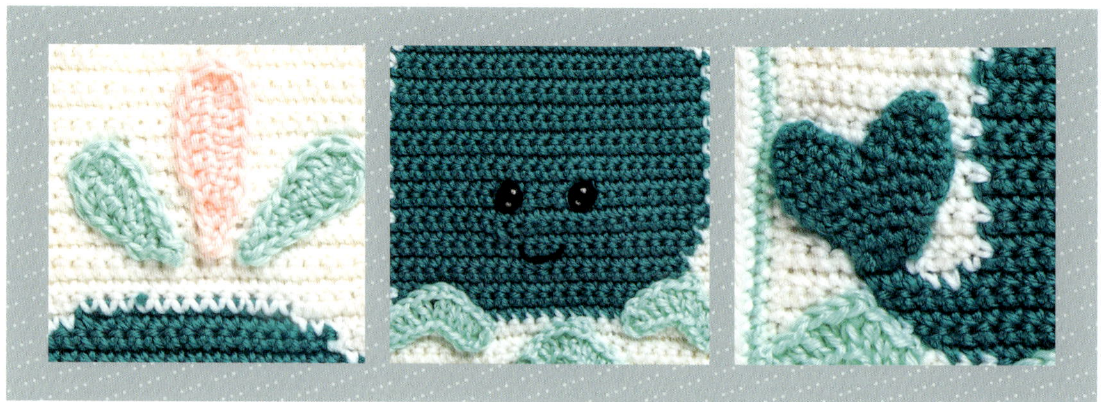

GARN
Worsted-Garn (#4 mittel)

Hier gezeigt: Knit Picks Mighty Stitch (80 % Acryl-/ 20 % Superwash-Wolle; 190 m/100 g): 26807 White (A), 26827 Gulfstream (B), 26830 Sky (C), 26818 Blush (D), 26852 Black (E), je 1 Knäuel

HÄKELNADEL
Nadelstärke 4 mm

Die Nadelstärke nötigenfalls für die korrekte Spannung anpassen.

BENÖTIGTE MATERIALIEN
Nähnadel
Stofftierfüllung aus Polyester
2 Sicherheitsaugen (10 mm)
Großer Bommelmacher
Kleiner Bommelmacher
Rundholz (30 cm)

MASSE
28 x 23 cm

SPANNUNG
18 fM und 20 Reihen = 10 cm

ANMERKUNGEN
Der Hintergrund wird in Reihen hin- und hergehäkelt, die Farben dabei dem Diagramm entsprechend gewechselt (*Abb. 1*). Reihen auf der VS im Muster von rechts nach links lesen und Reihen auf der RS von links nach rechts.

Um die Farbe zu wechseln, die letzte M der alten Farbe bis zum letzten U häkeln. Zum Fertigstellen der M Umschlag mit der neuen Farbe und das Garn durch alle Schlingen auf der Nadel durchziehen. Mit der neuen Farbe fortfahren. Die alte Farbe nicht befestigen. Beim Häkeln der M in der neuen Farbe über den Faden der alten Farbe häkeln.

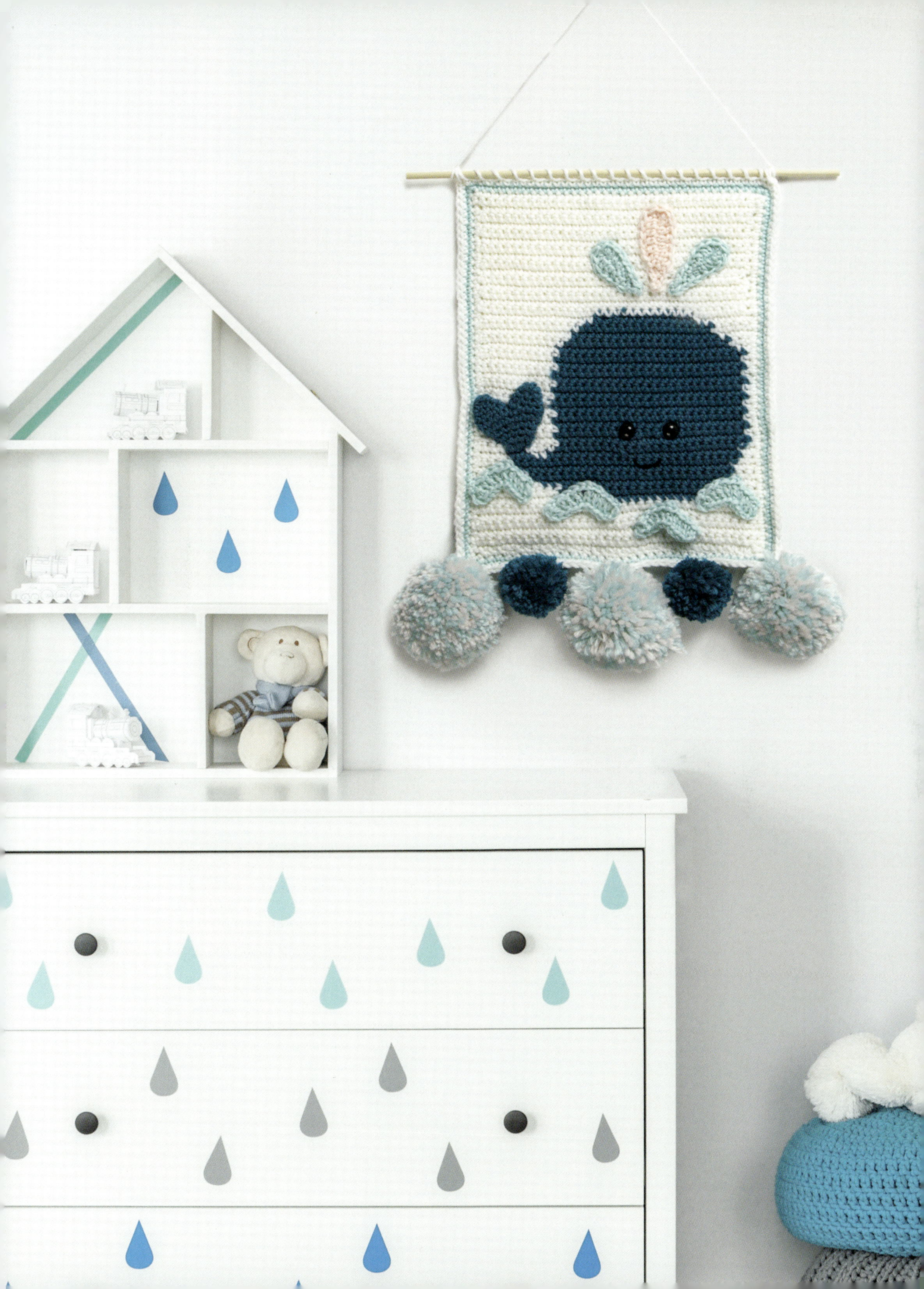

Abb. 1: Häkeldiagramm

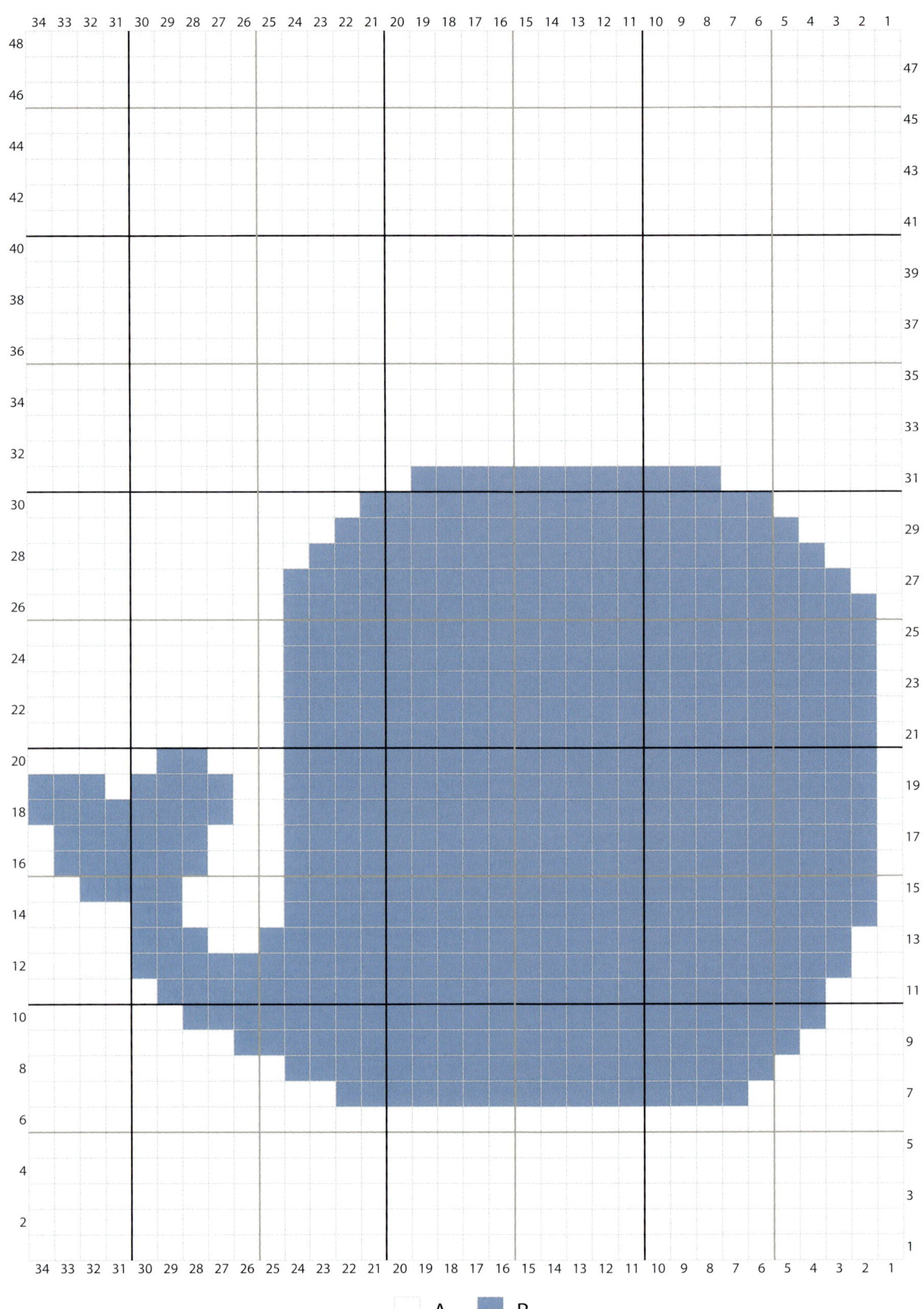

HINTERGRUND

Mit Garn in Farbe A 35 Lm häkeln.

Reihe 1 (VS): Je 1 fM in die 2. Lm von der Nd und in jd Lm bis zum Ende der R. (34 fM in dieser Reihe)

Reihe 2–48: 1 Lm, wenden, je 1 fM in jd M bis zum Ende der R und die Farbe dem Häkeldiagramm folgend wechseln.

Das Garn nicht befestigen.

BORTE

Runde 1 (VS): Mit Garn A weiterarbeiten, 1 Lm, wenden, 2 fM in die 1. M, je 1 fM in jd M bis zur letzten M, 3 fM in die letzte M, 48 fM gleichmäßig entlang des seitlichen Randes häkeln, auf der anderen Seite der Aufbaureihe arb, 3 fM in die Lm unten an der 1. fM von R 1 häkeln, je 1 fM in jd Lm bis zur Lm unten an der letzten fM, 3 fM in die letzte Lm; 48 fM gleichmäßig entlang des nächsten seitlichen Randes häkeln, 1 fM in die 1. M; die Rd mit 1 Km in die 1. fM beenden. (170 fM)

Das Garn befestigen.

Runde 2: Garn C in der Ecke einhäkeln, 1 Lm, 2 fM in dieselbe M wie die Verbindungs-Km, je 1 fM in jd M rundherum mit je 3 fM in jd Ecke, 1 fM in die 1. M; die Rd mit 1 Km in die 1. fM beenden. (184 fM) Das Garn befestigen.

Runde 3: Garn A in der Ecke einhäkeln, Rd 2 wdh. Das Garn befestigen.

Auf die richtigen Maße spannen.

WELLEN (4-mal häkeln)

Mit Garn in Farbe C 15 Lm häkeln.

Reihe 1: 1 Stb in die 4. Lm, je 1 Stb in die nächsten 4 Lm, 2 Lm ausl, je 1 Stb in die nächsten 5 Lm.

Das Garn befestigen und einen langen Faden zum Annähen stehenlassen.

WASSERSPRITZER

KLEIN (2-mal häkeln)

Mit Garn in Farbe C 8 Lm häkeln.

Runde 1: 1 Km in die 2. Lm von der Nd, je 1 fM in die nächsten 2 Lm, je 1 hStb in die nächsten 2 Lm, 1 Stb in die nächste Lm, 4 Stb in die letzte Lm, auf der anderen Seite der Aufbaureihe arb, 1 Stb in die nächste Lm, je 1 hStb in die nächsten 2 Lm, je 1 fM in die nächsten 2 Lm, 1 Km in die letzte Lm; die Rd mit 1 Km in die 1. M beenden.

Das Garn befestigen und einen langen Faden zum Annähen stehenlassen.

GROSS

Mit Garn in Farbe D 12 Lm häkeln.

Runde 1: 1 Km in die 2. Lm von der Nd, 1 Km in die nächste Lm, je 1 fM in die nächsten 3 Lm, je 1 hStb in die nächsten 3 Lm, je 1 Stb in die nächsten 2 Lm, 4 Stb in die letzte Lm, auf der anderen Seite der Aufbaureihe arb, je 1 Stb in die nächsten 2 Lm, je 1 hStb in die nächsten 3 Lm, je 1 fM in die nächsten 3 Lm, je 1 Km in die letzten 2 Lm; die Rd mit 1 Km in die 1. M beenden.

Das Garn befestigen und einen langen Faden zum Annähen stehenlassen.

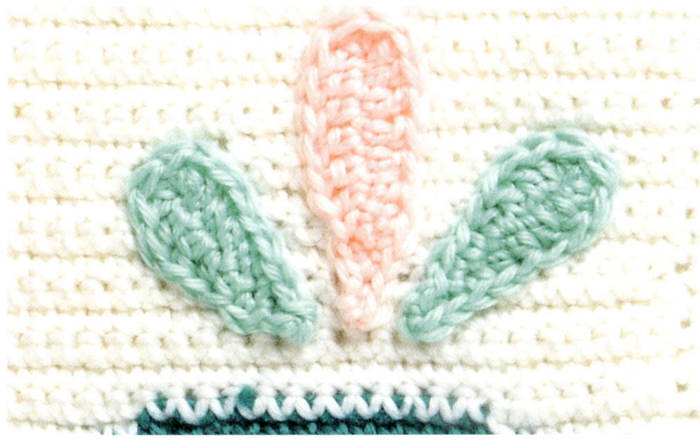

SCHWANZ

Mit Garn in Farbe B einen Fadenring machen.

Rnd 1: 4 fM in den Fadenring; die Rd nicht verbinden und in durchgehenden Rd arbeiten. (4 fM)

Runde 2: Je 2 fM in jd M rundherum. (8 fM)

Runde 3: * 1 fM in die nächste M, 2 fM in die nächste M; rundherum wdh ab *. (12 fM)

Runde 4: * Je 1 fM in die nächsten 2 M, 2 fM in die nächste M; rundherum wdh ab *. (16 fM)

Runde 5: * Je 1 fM in die nächsten 3 M, 2 fM in die nächste M; rundherum wdh ab *. (20 fM).

Abb. 2

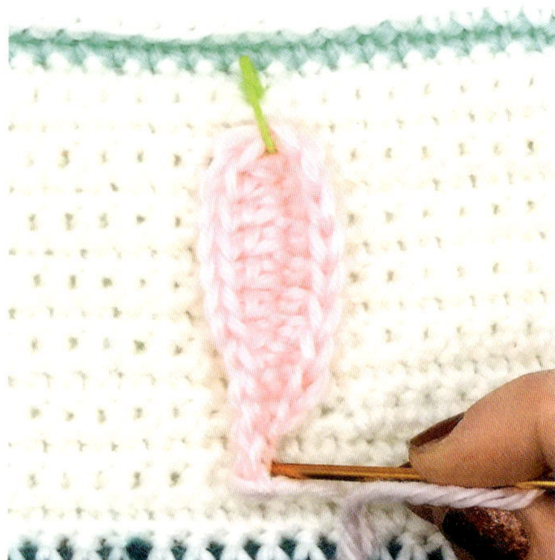

Abb. 3

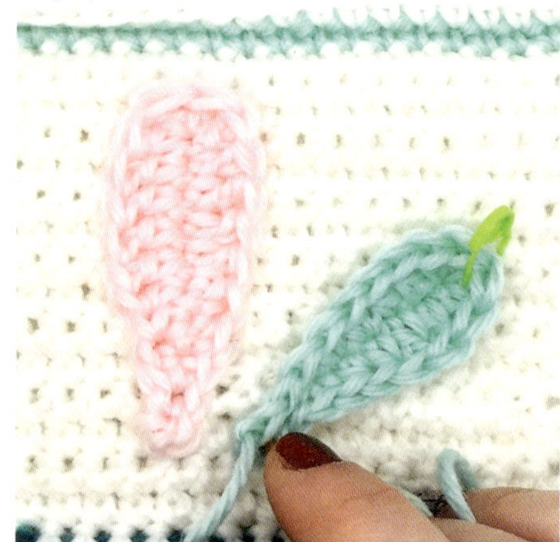

Abb. 4

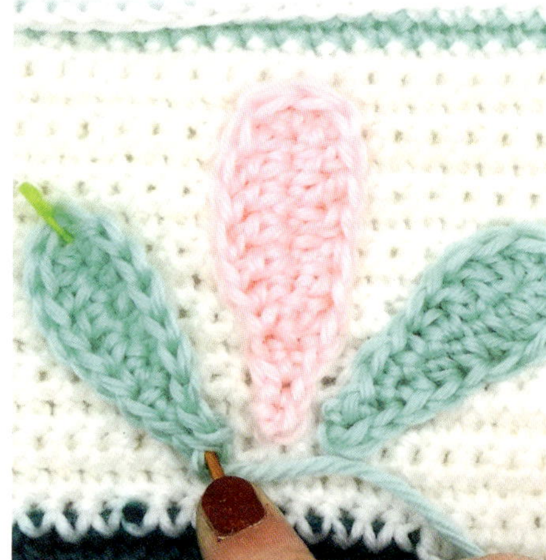

ERSTE SEITE

Runde 1: 1 Lm, je 1 fM in die nächsten 10 M; mit 1 Km in die 1. M verbinden, die restl M ungehäkelt lassen. (10 fM)

Runde 2: 1 Lm, je 1 fM in jd M rundherum; mit 1 Km in die 1. M verbinden.

Runde 3: 1 Lm, (2 fM zus häkeln) 5-mal (5 fM).

Das Garn befestigen und einen langen Faden zum Annähen stehenlassen. Garn in die Nähnadel einfädeln und Oberseite schließen.

ZWEITE SEITE

Garn B in der nächsten ungehäkelten M aus Rd 5 einhäkeln. Rd 1–3 der ersten Seite wdh. Das Garn befestigen und einen langen Faden zum Annähen stehenlassen. Den Schwanz vor dem Schließen füllen. Garn in die Nähnadel einfädeln und oben zunähen.

FERTIGSTELLUNG

Sicherheitsaugen anbringen. Wellen, Spritzer (*Abb. 2–4*) und Schwanzflosse (*Abb. 5*) aufnähen. Garn E in die Nähnadel einfädeln und das Maul aufsticken. Die Enden vernähen.

BOMMEL

Den Anleitungen auf der Packung folgen, um drei große Bommel mit zusammengenommenen Fäden in Farbe C und D herzustellen. Zwei kleine Bommel mit Garn B erzeugen. Darauf achten, lange Garnenden stehenzulassen, um die Bommel verknoten zu können. Die Bommel mit den langen Fäden an den Rand des Hintergrunds anbinden. Zuschneiden.

Abb. 5

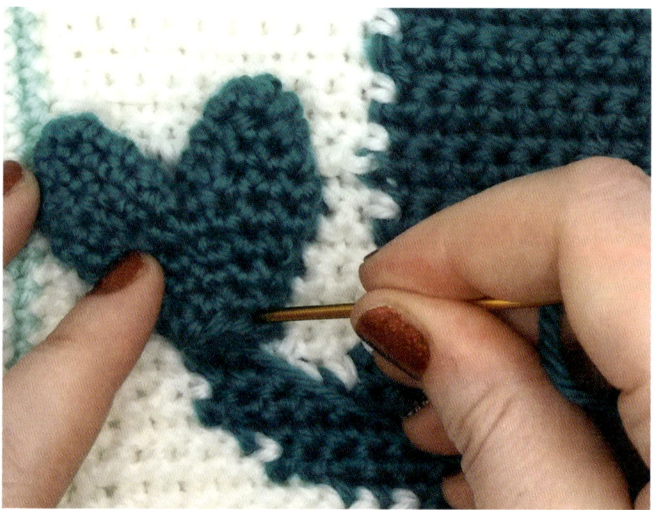

AM RUNDHOLZ BEFESTIGEN

Ein langes Garnstück in einer beliebigen Farbe zuschneiden. Ein Garnende an eine der oberen Ecken des Wandbehangs binden. Das andere Ende in die stumpfe Nadel einfädeln. Den Stab oben an den Wandbehang halten. * Das Garn um den Stab schlingen, 1 M an der Oberkante des Wandbehangs auslassen, die Nadel durch die nächste M stechen, das Garn durchziehen; wdh ab * bis zum Ende der Reihe. Das Fadenende an die obere Ecke des Wandbehangs knoten.

AUFHÄNGUNG

Ein langes Garnstück in einer beliebigen Farbe zuschneiden. Die Garnenden um die Enden des Rundholzes binden.

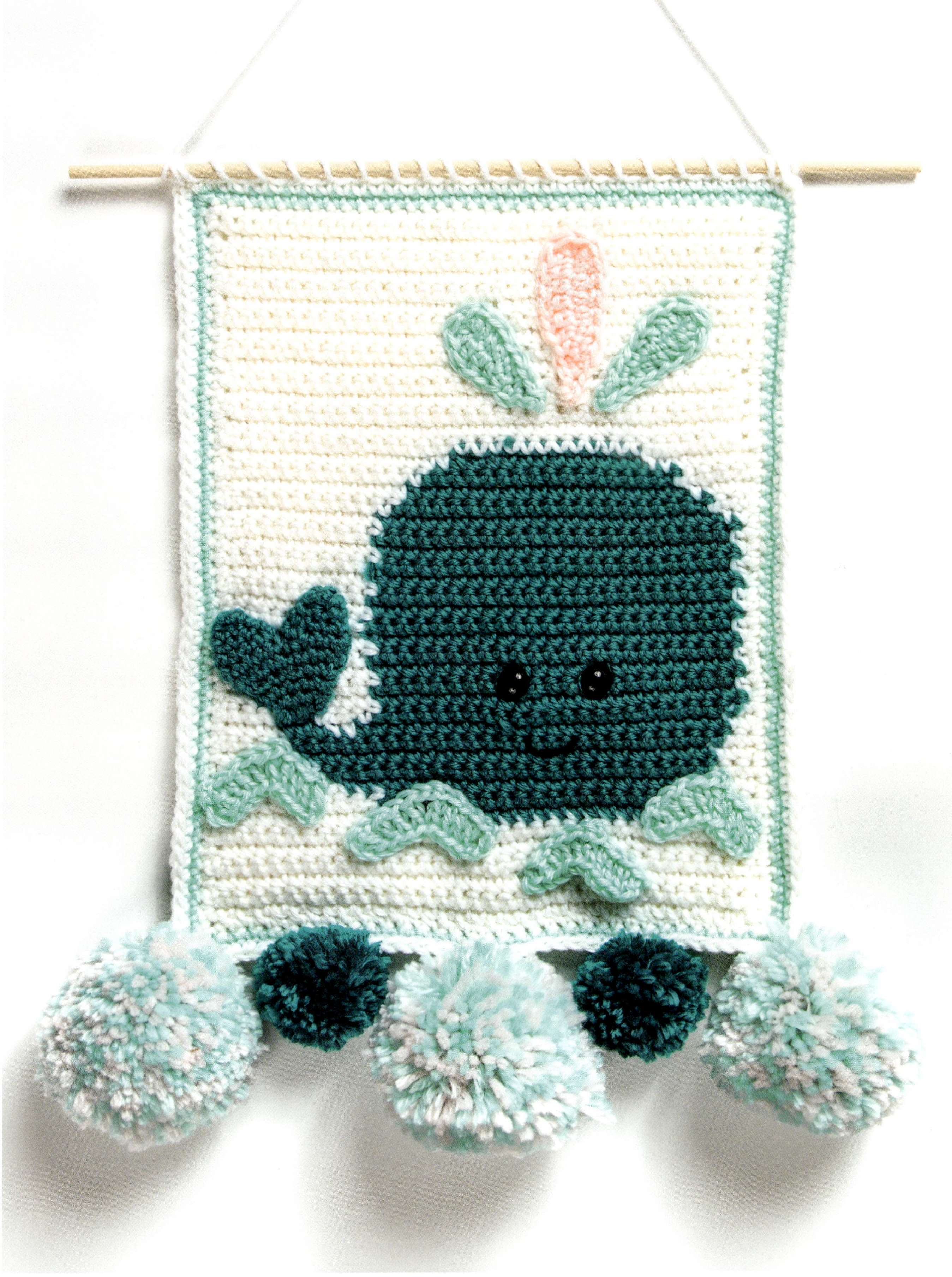

GLITZI, DAS EINHORN

Dieses Einhorn kann auch als Pferd einspringen, wenn Sie möchten – lassen Sie einfach das goldene Horn weg. Mit weichen Wolken, einer bunten Mähne, floralen Ranken, einem buschigen Schweif und der Pünktchenborte steckt dieses Einhorndesign voller Pop-up-Elemente.

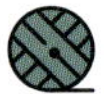 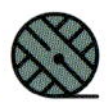 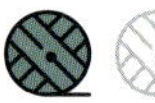 SCHWIERIGKEITSGRAD: MITTELSCHWER

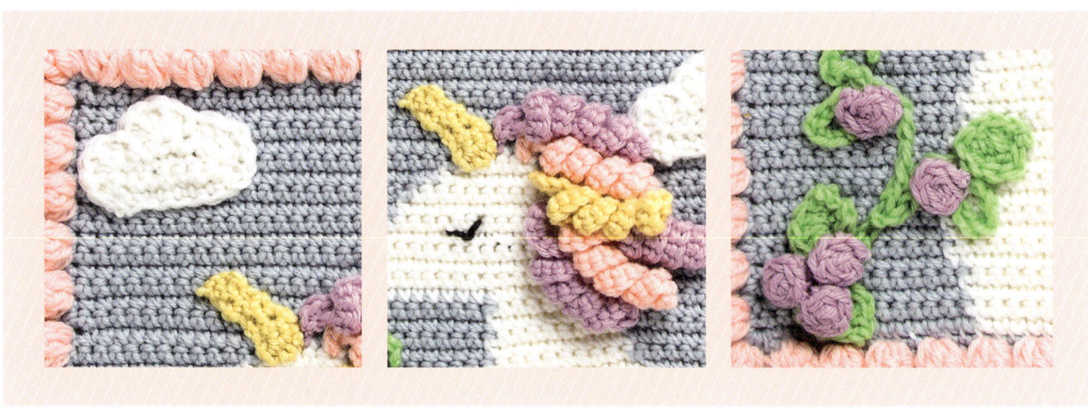

GARN
Worsted-Garn (#4 mittel)

Hier gezeigt: Valley Yarns Valley Superwash (100 % Superwash-Merinowolle; 87 m/50 g): 021 Silver (B), 2 Knäuel; 260 White (A), 022 Pink (C), 023 Soft Yellow (D), 024 Orchid (E), 694 Spring Leaf (F), 220 Black (G), je 1 Knäuel

HÄKELNADEL
Nadelstärke 4 mm

Die Nadelstärke nötigenfalls für die korrekte Spannung anpassen.

BENÖTIGTE MATERIALIEN
Nähnadel
Zwei Rundhölzer (30 cm)

MASSE
28 x 23 cm

SPANNUNG
18 fM und 20 Reihen = 10 cm

SPEZIELLE MASCHEN

Unsichtbare Abnahme mit festen Maschen
Anstatt beim Rundhäkeln mit 2 fM zus häkeln abzunehmen, häkeln Sie eine „unsichtbare" Abnahme. Die Nd ins hMg der nächsten 2 M stechen, U und das Garn durch die 2 Schlingen auf der Nd ziehen (1 M abgenommen).

Noppe
(U, die Nd in die angegebene M stechen, U und eine Schlinge hochziehen, U, das Garn durch 2 Schl ziehen) 3-mal, U, das Garn durch die 4 Schlingen auf der Nd ziehen.

ANMERKUNGEN
Der Hintergrund wird in Reihen hin- und hergehäkelt, die Farben dabei dem Diagramm entsprechend gewechselt (*Abb. 1*). Reihen auf der VS im Muster von rechts nach links lesen und Reihen auf der RS von links nach rechts.

Um die Farbe zu wechseln, die letzte M der alten Farbe bis zum letzten U häkeln. Zum Fertigstellen der M Umschlag mit der neuen Farbe und das Garn durch alle Schlingen auf der Nadel durchziehen. Mit der neuen Farbe fortfahren. Die alte Farbe nicht befestigen. Beim Häkeln der M in der neuen Farbe über den Faden der alten Farbe häkeln.

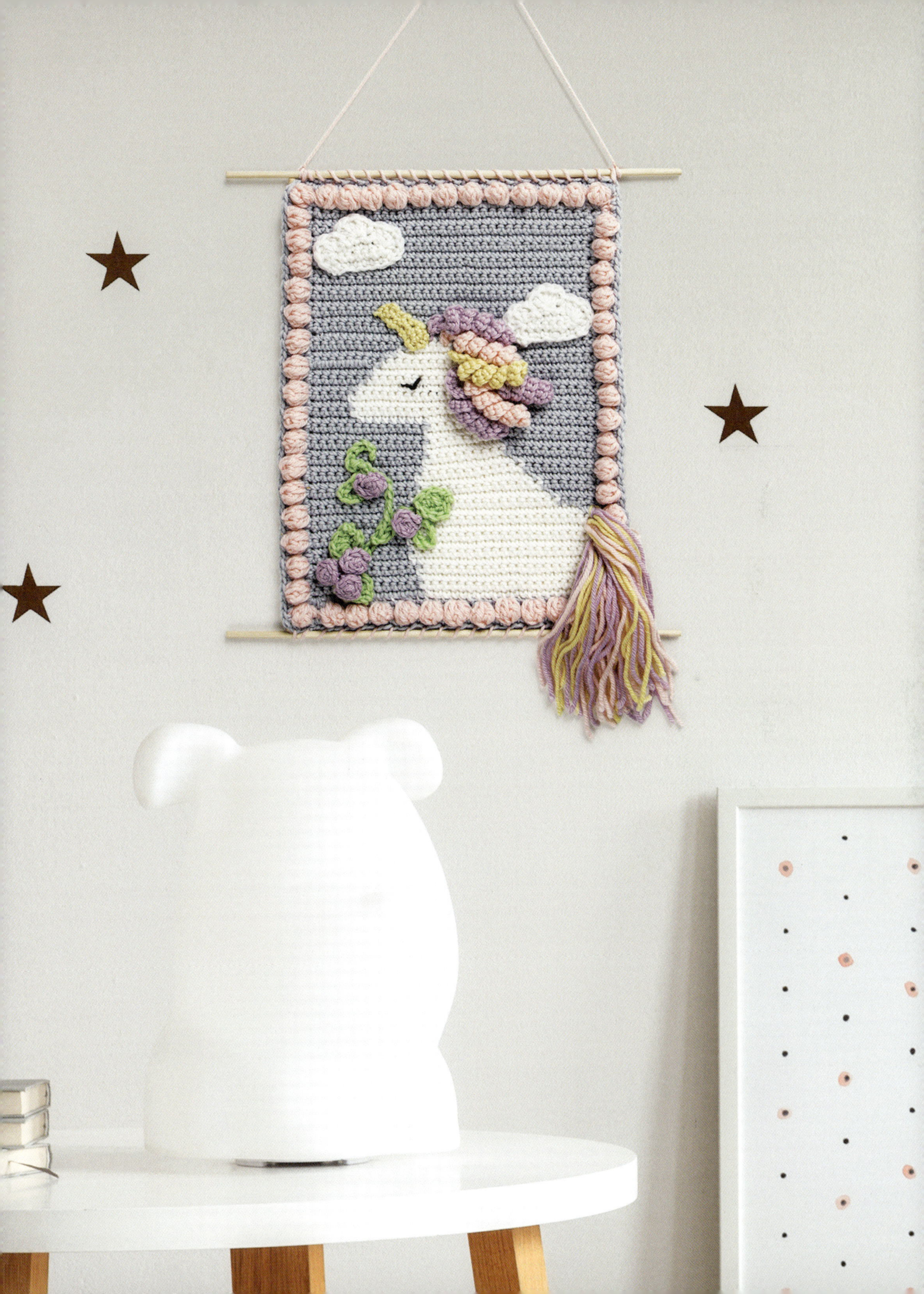

Abb. 1: Häkeldiagramm

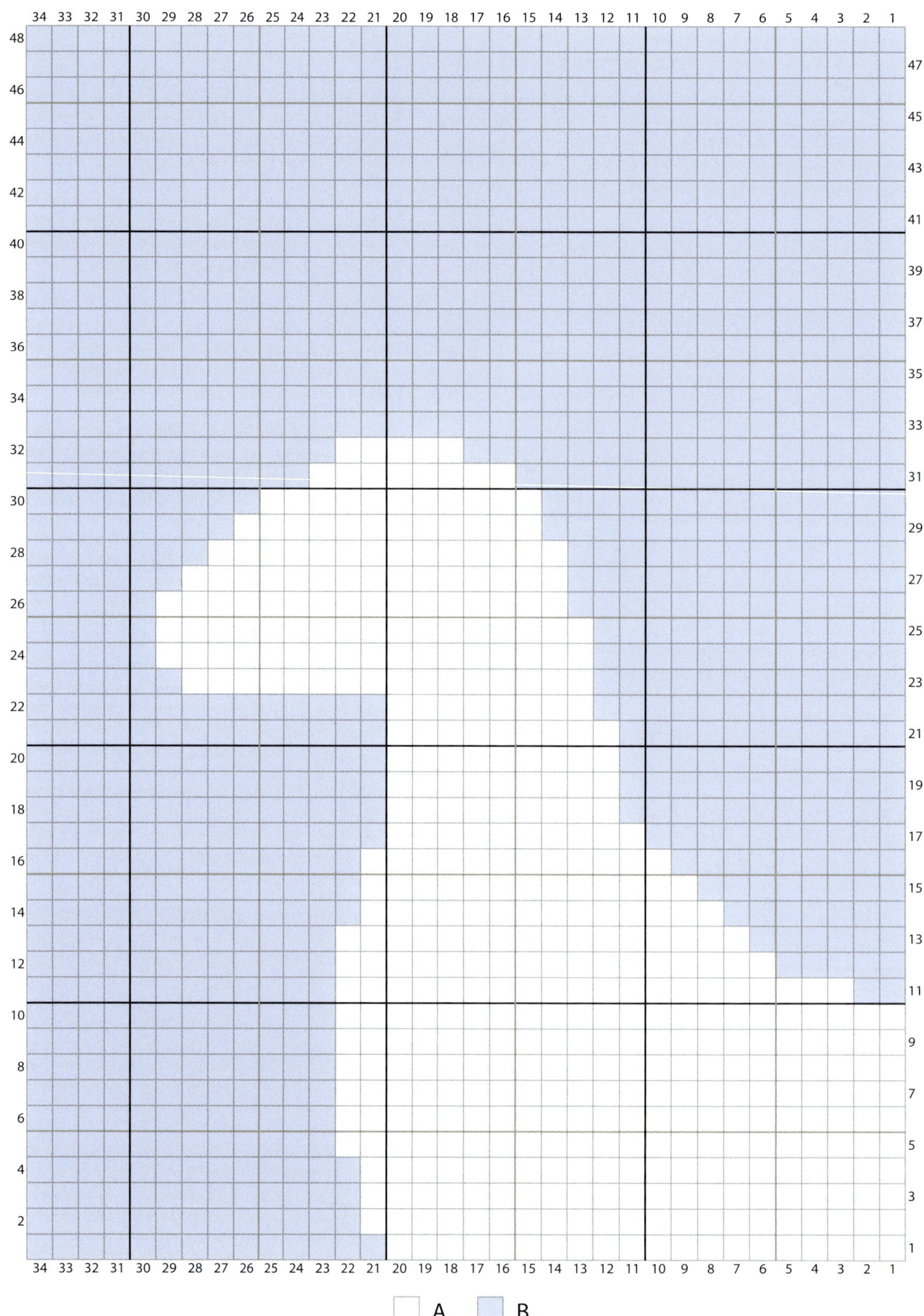

HINTERGRUND

Mit Garn in Farbe A 35 Lm häkeln.

Reihe 1 (VS): Je 1 fM in die 2. Lm von der Nd und in jd Lm bis zum Ende der R und die Garnfarbe entsprechend R 1 des Häkeldiagramms wechseln. (34 fM in dieser Reihe)

Reihe 2–48: 1 Lm, wenden, je 1 fM in jd M bis zum Ende der R und die Farbe dem Häkeldiagramm folgend wechseln.

Das Garn befestigen.

BORTE

Runde 1 (VS): Mit Garn B 1 Lm, wenden, 2 fM in die 1. M, je 1 fM in jd M bis zur letzten M, 3 fM in die letzte M, 48 fM gleichmäßig entlang des seitlichen Randes häkeln, auf der anderen Seite der Aufbaureihe arb, 3 fM in die Lm unten an der 1. fM von R 1 häkeln, je 1 fM in jd Lm bis zur Lm unten an der letzten fM, 3 fM in die letzte Lm; 48 fM gleichmäßig entlang des nächsten seitlichen Randes häkeln, 1 fM in die 1. M; die Rd mit 1 Km in die 1. fM beenden. (170 fM) Das Garn befestigen.

Runde 2: Garn C in die 2. fM in einer beliebigen Ecke einhäkeln, 1 Lm, * 3 fM in die Ecke, (1 fM in die nächste M, 1 Noppe in die nächste M) bis zur nächsten Ecke; rundherum wdh ab *, die Rd mit 1 Km in die 1. M beenden. Das Garn befestigen.

Runde 3: Garn B einhäkeln, 1 Lm, 2 fM in dieselbe M wie die Verbindungs-Km, je 1 fM in jd M rundherum mit je 3 fM in jd Ecke, 1 fM in die 1. M; die Rd mit 1 Km in die 1. fM beenden. (184 fM) Das Garn befestigen.

Auf die richtigen Maße spannen.

MÄHNE (2-mal in C, 1-mal in D und 3-mal in E häkeln)

15 Lm häkeln.

Reihe 1: Je 3 fM in die 2. Lm von der Nd und in jd Lm bis zum Ende der R.

Das Garn befestigen und einen langen Faden zum Annähen stehenlassen.

HORN

Mit Garn in Farbe D 2 Lm häkeln

Reihe 1: 2 fM in die 2. Lm von der Nd. (2 fM)

Reihe 2–4: 1 Lm, wenden, je 1 fM in jd M bis zum Ende der Reihe.

Reihe 5: 1 Lm, wenden, 2 fM in die 1. M, 1 fM in die nächste M. (3 M)

Reihe 6: 1 Lm, wenden, je 1 fM in jd M bis zum Ende der R.

Das Garn befestigen und einen langen Faden zum Annähen stehenlassen.

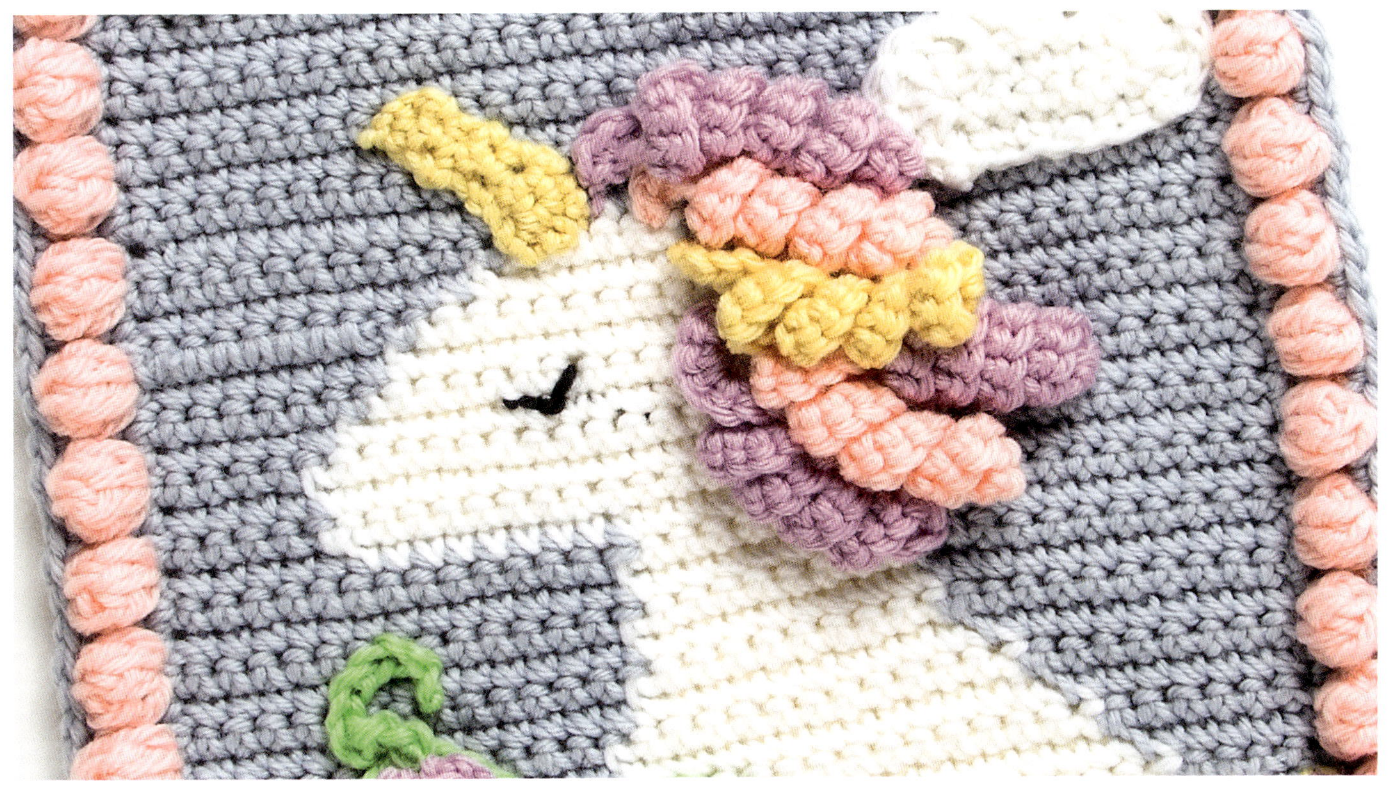

WOLKE (2-mal häkeln)

Mit Garn in Farbe A 8 Lm häkeln

Reihe 1: Je 1 fM in die 2. Lm von der Nd und in jd Lm bis zum Ende der R. (7 fM)

Reihe 2: 1 Lm, wenden, je 1 fM in jd M bis zum Ende der R.

Reihe 3: Wenden, 2 fM zus häkeln, je 1 fM in die nächsten 3 M, 2 fM zus häkeln. (5 fM)

Reihe 4: Wenden, 2 fM zus häkeln, 1 fM in die nächste M, 2 fM zus häkeln. (3 fM)

Das Garn befestigen. Umrandung anfügen.

UMRANDUNG

Runde 1: Mit der VS nach oben Garn A in die letzte M aus Reihe 1 einhäkeln, 1 Lm, das Ende von Reihe 2 ausl, 5 Stb in das Ende von Reihe 3, 1 Km in die 1. M in Reihe 4, 5 Stb in die nächste M, 1 Km in die nächste M in Reihe 4, das Ende von Reihe 3 ausl, 5 Stb in das Ende von Reihe 2, 1 Km in die letzte M von Reihe 1.

Das Garn befestigen und einen langen Faden zum Annähen stehenlassen.

SPIRALFÖRMIGE REBEN

LANG

Mit Garn in Farbe F 25 Lm häkeln.

Das Garn befestigen und einen langen Faden zum Annähen stehenlassen.

MITTEL

Mit Garn in Farbe F 15 Lm häkeln.

Das Garn befestigen und einen langen Faden zum Annähen stehenlassen.

KURZ

Mit Garn in Farbe F 10 Lm häkeln.

Das Garn befestigen und einen langen Faden zum Annähen stehenlassen.

BLÄTTER (3-mal häkeln)

Mit Garn in Farbe F 5 Lm häkeln.

Runde 1: 1 fM in die 2. Lm von der Nd, je 1 fM in die nächsten 2 Lm, (1 Stb, 1 Lm, 1 Stb) in die letzte Lm, auf der anderen Seite der Aufbaureihe arb, je 1 Stb in die nächsten 2 M, 1 Km in die nächste M; die Rd mit 1 Km in die 1. fM beenden.

Das Garn befestigen und einen langen Faden zum Annähen stehenlassen.

BLUMEN (5-mal häkeln)

Mit Garn in Farbe E 20 Lm häkeln.

Reihe 1: 1 fM in die 2. Lm von der Nd und in jd M bis zum Ende der R.

Das Garn befestigen und einen langen Faden stehenlassen. Das Garn in die Nähnadel einfädeln, den Streifen zu einer Blume einrollen und mit einer Nähnadel befestigen.

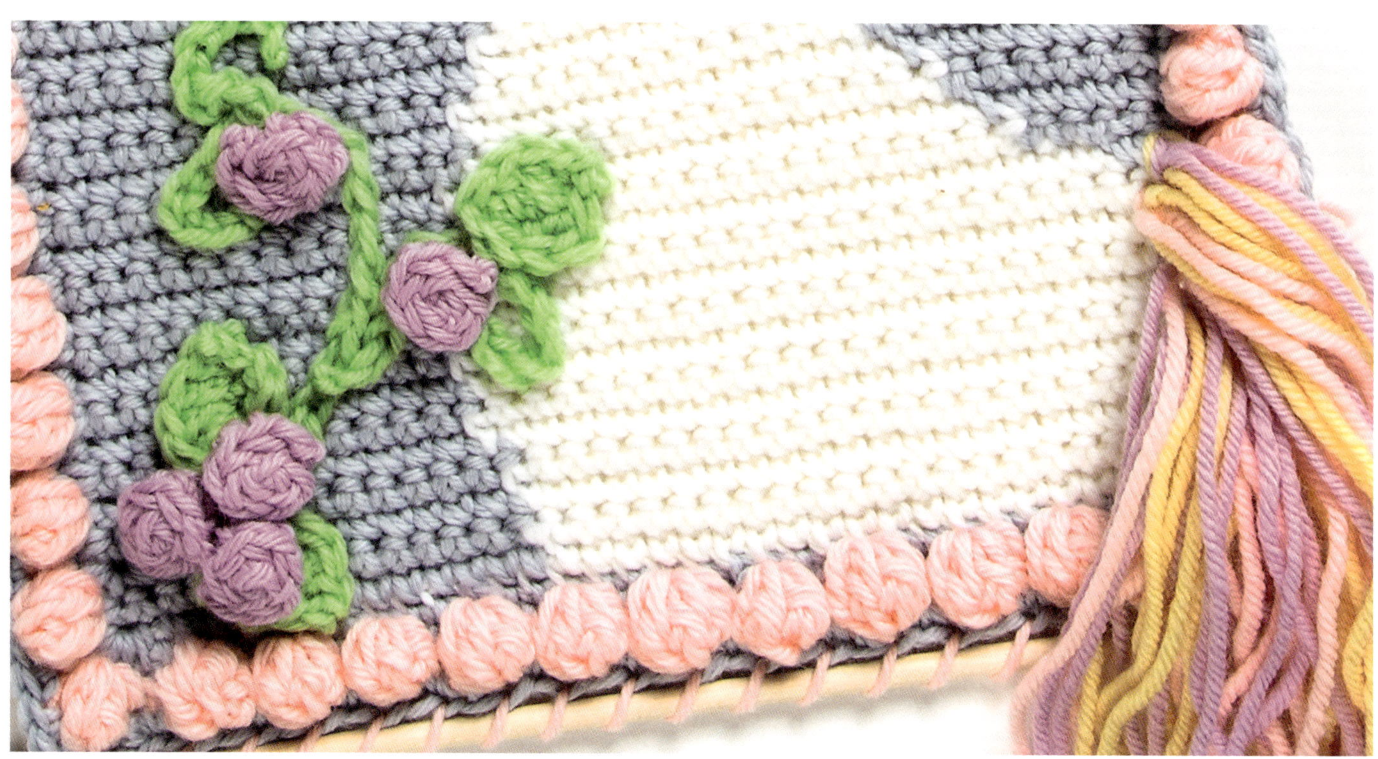

FERTIGSTELLUNG

Die Fotos zu Hilfe nehmen und das Horn auf den Hintergrund aufnähen (*Abb. 2*). Die einzelnen Mähnenteile wie gewünscht auf dem Einhornhals anordnen und annähen (*Abb. 3, 4*). Wolken, Ranken, Blätter und Blumen auf den Hintergrund (*Abb. 5*) aufnähen. Garn G in die Nähnadel einfädeln und die Augen aufsticken. Die Enden vernähen.

Abb. 2

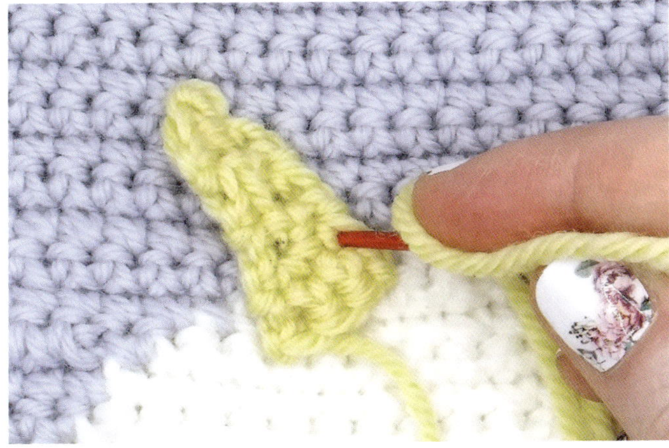

Abb. 3

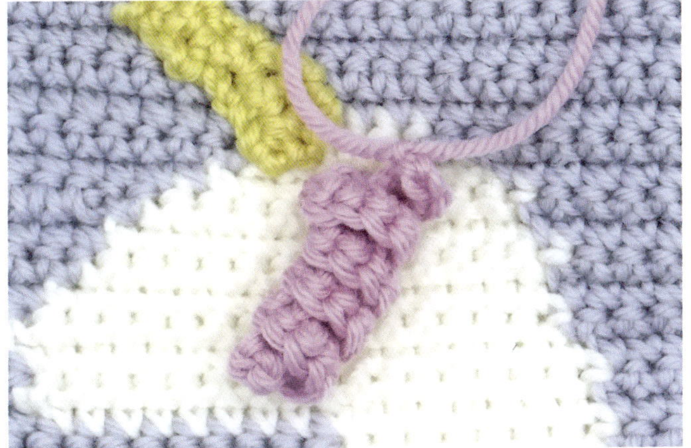

Abb. 4

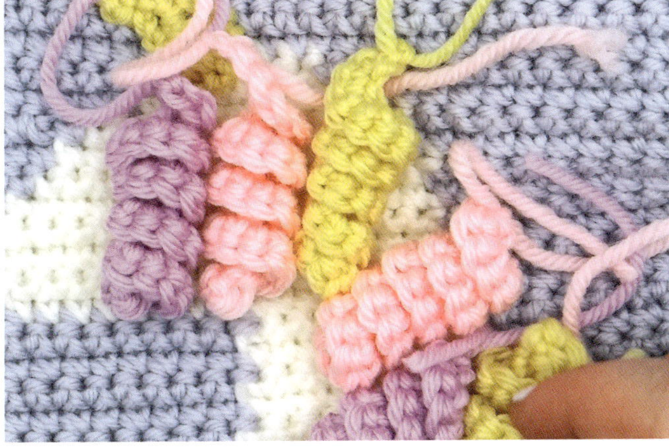

Abb. 5

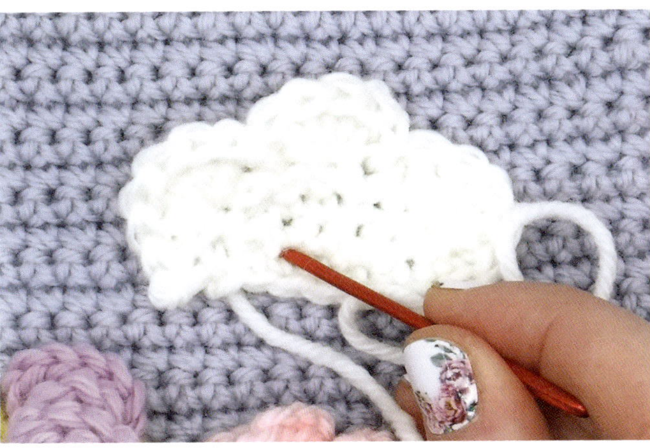

SCHWANZ

Abwechselnd je zwei 30 cm lange Fäden in Farbe C, D und E zuschneiden. Die Fäden zusammennehmen und in der Mitte falten. Die gefaltete Seite durch das Maschenende links der Noppenreihe an der Umrandung durchschieben, sodass sich eine Schlinge bildet. Die Fransenenden durch diese Schlinge durchziehen und das Garn festziehen. Entlang des Endes des Körpers am Hintergrund wiederholen. Die Fransen gerade zuschneiden.

AM RUNDHOLZ BEFESTIGEN

Ein langes Garnstück in einer beliebigen Farbe zuschneiden. Ein Garnende an eine der oberen Ecken des Wandbehangs binden. Das andere Ende in die stumpfe Nadel einfädeln. Den Stab oben an den Wandbehang halten. * Das Garn um den Stab schlingen, 1 M an der Oberkante des Wandbehangs auslassen, die Nadel durch die nächste M stechen, das Garn durchziehen; wdh ab * bis zum Ende der Reihe. Das Fadenende an die obere Ecke des Wandbehangs knoten. An der Unterkante des Wandbehangs wdh.

AUFHÄNGUNG

Ein langes Garnstück in einer beliebigen Farbe zuschneiden. Die Garnenden um die Enden des Rundholzes binden.

HIPPIE, DER IGEL

Verleihen Sie Ihrem Wandbehang Hippie-Flair und häkeln Sie diesen unternehmungslustigen Igel mit Federdetail. Das Stirnband, das ein Büschel Stirnfransen an seinem Platz hält, könnte süßer nicht sein.

 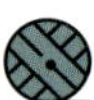 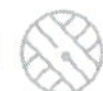 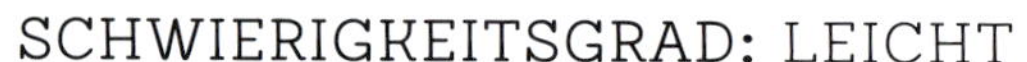 SCHWIERIGKEITSGRAD: LEICHT

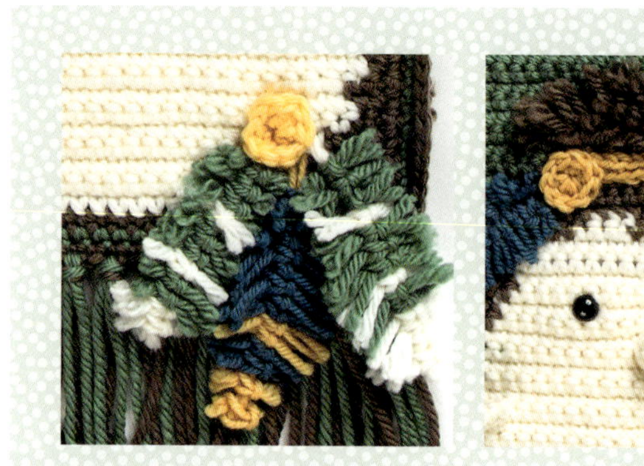

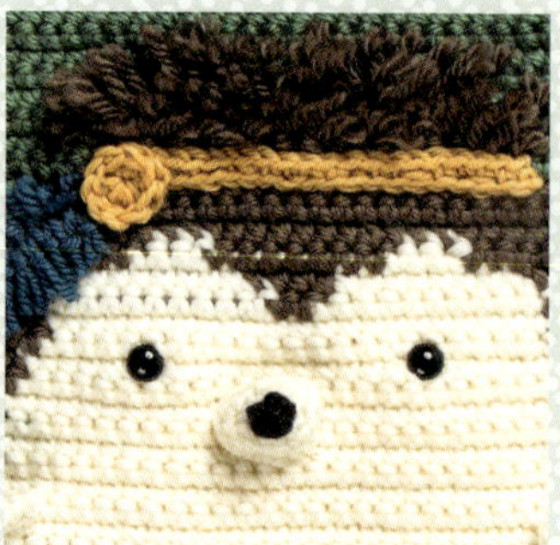

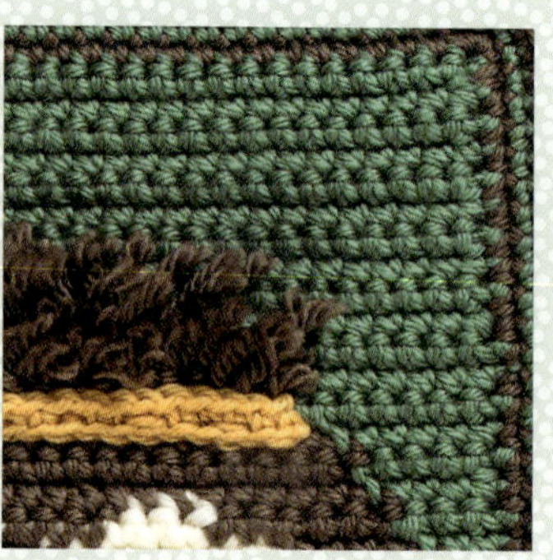

GARN
Aran-Garn (#4 mittel)

Hier gezeigt: Cascade Yarns 220 Superwash Aran (100 % Superwash-Merinowolle; 137,5 m/100 g): 200 Cafe Au Lait (A), 817 Ecru (B), 891 Dark Ivy (C), 1999 Majolica Blue (D), 821 Daffodil (E), 815 Black (F), je nur 1 Knäuel

HÄKELNADEL
Nadelstärke 4 mm

Die Nadelstärke nötigenfalls für die korrekte Spannung anpassen.

BENÖTIGTE MATERIALIEN
Nähnadel
2 Sicherheitsaugen (10 mm)
Rundholz (30 cm)

MASSE
28 x 23 cm

SPANNUNG
18 fM und 20 Reihen = 10 cm

ANMERKUNGEN
Der Hintergrund wird in Reihen hin- und hergehäkelt, die Farben dabei dem Diagramm entsprechend gewechselt (*Abb. 1*). Reihen auf der VS im Muster von rechts nach links lesen und Reihen auf der RS von links nach rechts.

Um die Farbe zu wechseln, die letzte M der alten Farbe bis zum letzten U häkeln. Zum Fertigstellen der M Umschlag mit der neuen Farbe und das Garn durch alle Schlingen auf der Nadel durchziehen. Mit der neuen Farbe fortfahren. Die alte Farbe nicht befestigen. Beim Häkeln der M in der neuen Farbe über den Faden der alten Farbe häkeln.

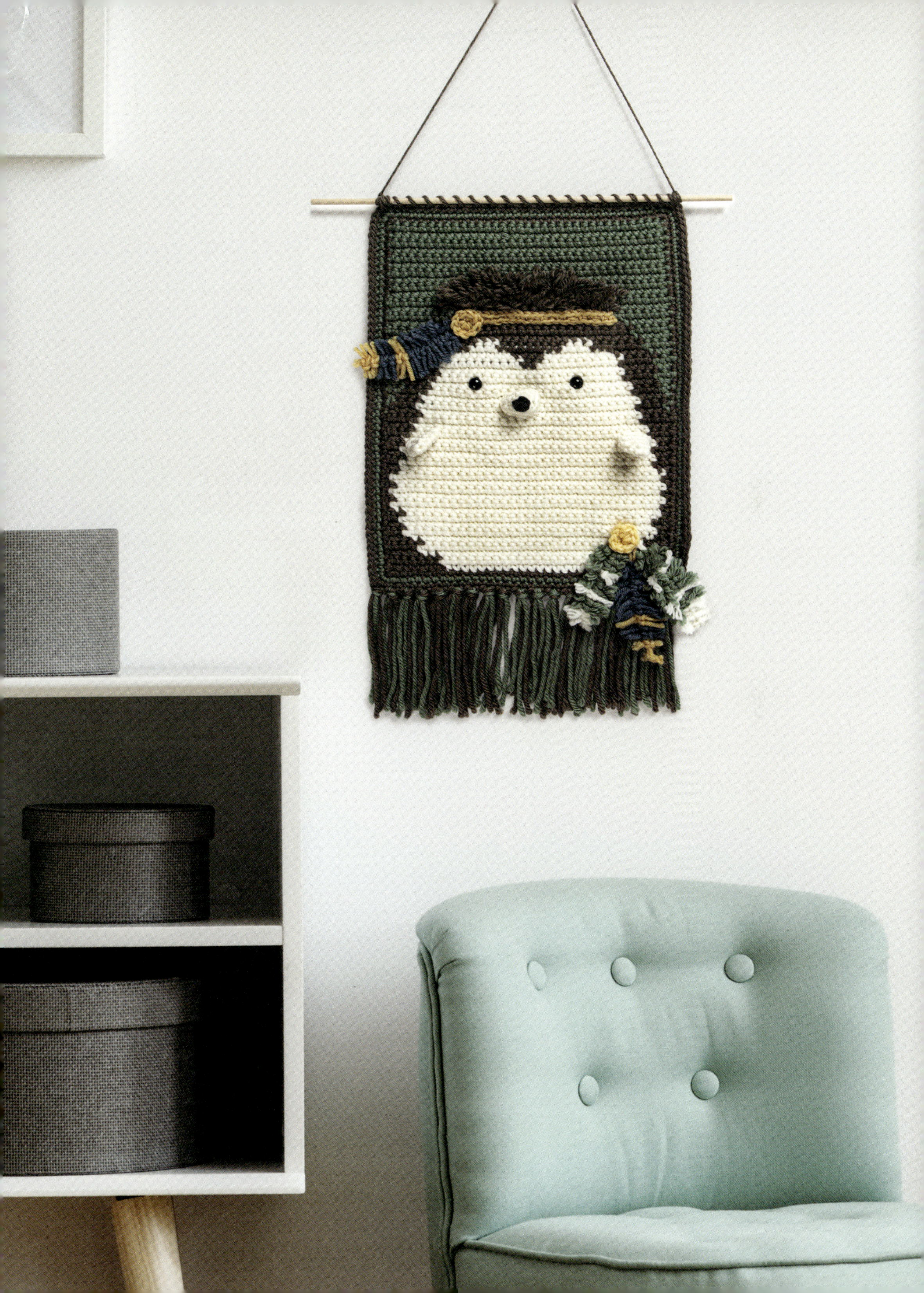

Abb. 1: Häkeldiagramm

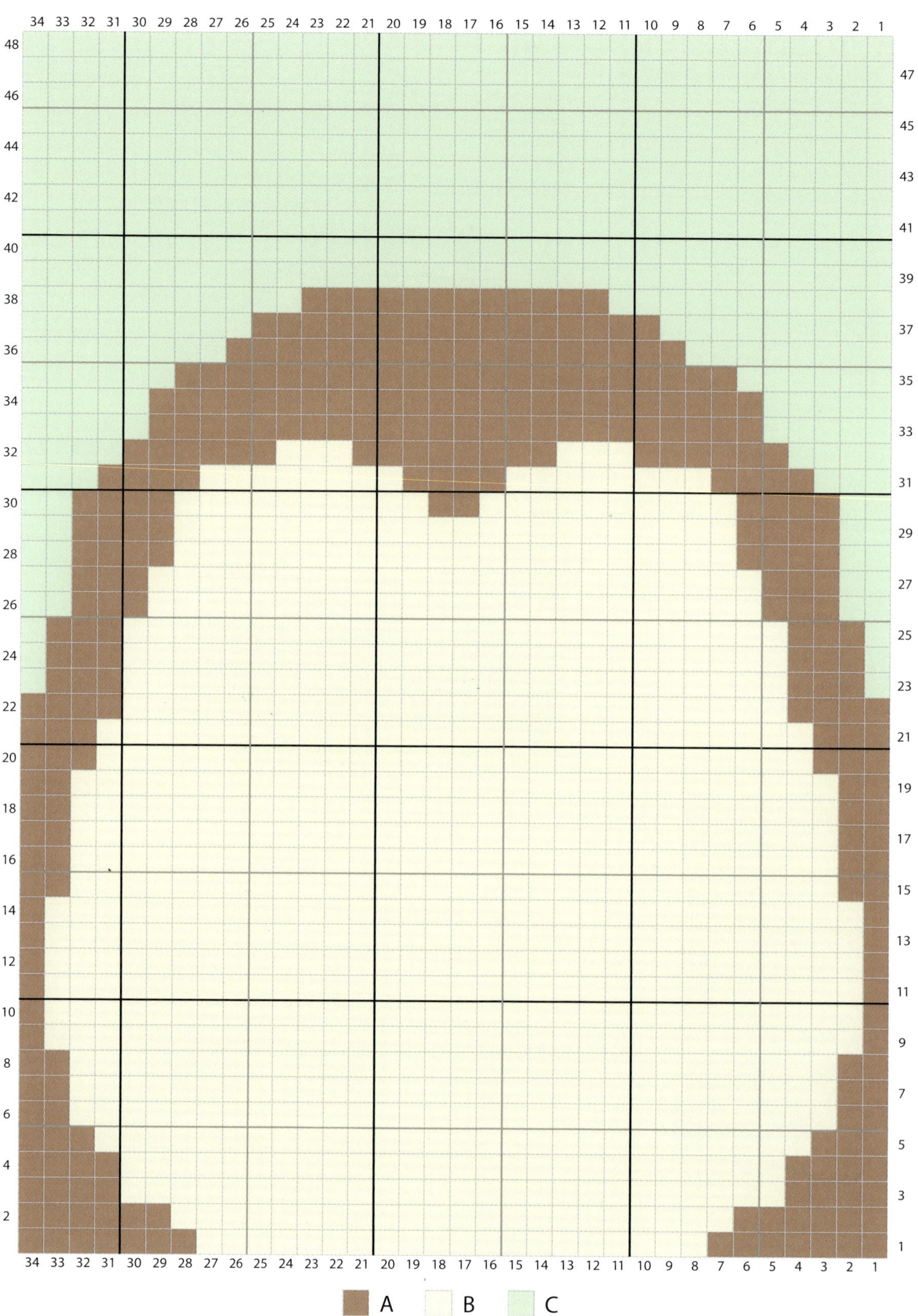

HINTERGRUND

Mit Garn in Farbe A 35 Lm häkeln.

Reihe 1 (VS): Je 1 fM in die 2. Lm von der Nd und in jd Lm bis zum Ende der R und die Farbe entsprechend R 1 des Diagramms wechseln. (34 fM in dieser Reihe)

Reihe 2–48: 1 Lm, wenden, je 1 fM in jd M bis zum Ende der R und die Farbe dem Häkeldiagramm folgend wechseln. Das Garn befestigen.

BORTE

Runde 1 (VS): Mit Garn A 1 Lm, wenden, 2 fM in die 1. M, je 1 fM in jd M bis zur letzten M, 3 fM in die letzte M, 48 fM gleichmäßig entlang des seitlichen Randes häkeln, auf der anderen Seite der Aufbaureihe arb, 3 fM in die Lm unten an der 1. fM von R 1 häkeln, je 1 fM in jd Lm bis zur Lm unten an der letzten fM, 3 fM in die letzte Lm; 48 fM gleichmäßig entlang des nächsten seitlichen Randes häkeln, 1 fM in die 1. M; die Rd mit 1 Km in die 1. fM beenden. (170 fM) Das Garn befestigen.

Runde 2: Garn C einhäkeln, 1 Lm, 2 fM in dieselbe M wie die Verbindungs-Km, je 1 fM in jd M rundherum mit je 3 fM in jd Ecke, 1 fM in die 1. M; die Rd mit 1 Km in die 1. fM beenden. (184 fM) Das Garn befestigen.

Runde 3: Mit Garn A Rd 2 wdh. Das Garn befestigen.

Auf die richtigen Maße spannen.

HAARE

35 Längen (7,5 cm) in Farbe A zuschneiden. Die Fäden zusammennehmen und in der Mitte falten. Die gefaltete Seite durch die oberen beiden Reihen in Farbe A des Kopfes auf dem Hintergrund durchziehen, sodass sich eine Schlinge bildet. Die Enden erst durch diese Schlinge und dann festziehen. Die Reihe gleichmäßig zurechtschneiden, dabei die vordere Reihe 6 mm kürzer, aber gerade über die Reihe hinweg schneiden (*Abb. 2*).

Abb. 2

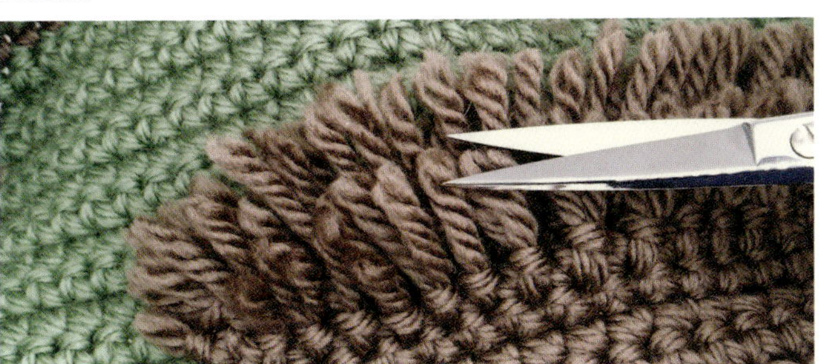

STIRNBAND

Mit Garn in Farbe E 22 Lm häkeln.

Reihe 1: 1 fM in die 2. Lm von der Nadel und in jd Lm bis zum Ende der R. (21 fM)

Das Garn befestigen und einen langen Faden zum Annähen stehenlassen.

KNÖPFE (2-mal häkeln)

Mit Garn in Farbe E 4 Lm häkeln.

Runde 1: 9 Stb in die 4. Lm von der Nadel; die Rd mit 1 Km in der 3. Lm der 4 Anfangs-Lm schließen. (10 Stb)

Das Garn befestigen und einen langen Faden zum Annähen stehenlassen.

NASE

Mit Garn in Farbe B 2 Lm häkeln.

Runde 1: 4 fM in die 2. Lm von der Nadel; die Rd nicht verbinden, sondern durchgehende Rd häkeln. (4 fM)

Runde 2: Je 2 fM in jd M rundherum. (8 fM)

Runde 3: * 1 fM in die nächste M, 2 fM in die nächste M; rundherum wdh ab *. (12 fM)

Runde 4: Je 1 fM in jd M rundherum.

Das Garn befestigen und einen langen Faden zum Annähen stehenlassen. Garn F in die Nähnadel einfädeln und die Details der Nase aufsticken (*Abb. 3*).

Abb. 3

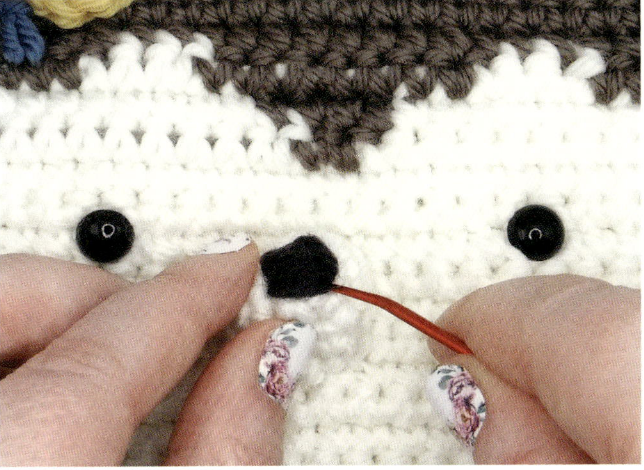

FEDERN (4-mal häkeln)

***Anmerkung**: Häkeln Sie so viele Federn, wie Sie möchten, und ändern Sie auch die Farben, wie gewünscht.*

Garnlängen zu je 25 cm in einer beliebigen Farbe zuschneiden. Eine Länge in der Mitte falten und vertikal auflegen (Faden 1). Die 2. Länge in der Mitte falten und horizontal hinter Faden 1 legen (*Abb. 4*). Die 3. Länge in der Mitte falten und horizontal über Faden 1 (ggü. von Faden 2) legen. Die Enden durch jd horizontale Schlinge an jd Seite durchziehen (*Abb. 5*). Festziehen (*Abb. 6*). Wdh, bis die Feder mit Garn in den gewünschten Farben gefüllt ist. Am unteren Ende (nicht an der Schlinge) spitz zuschneiden.

ARME (2-mal häkeln)

Mit Garn in Farbe B 2 Lm häkeln.

Runde 1: 3 fM in die 2. Lm von der Nd; die Rd nicht verbinden, durchgehende Rd häkeln. (3 fM)

Runde 2: Je 2 fM in jd M rundherum. (6 fM)

Runde 3: * 1 fM in die nächste M, 2 fM in die nächste M. (9 fM)

Runde 4: Je 1 fM in jd M rundherum.

Das Garn befestigen und einen langen Faden zum Annähen stehenlassen.

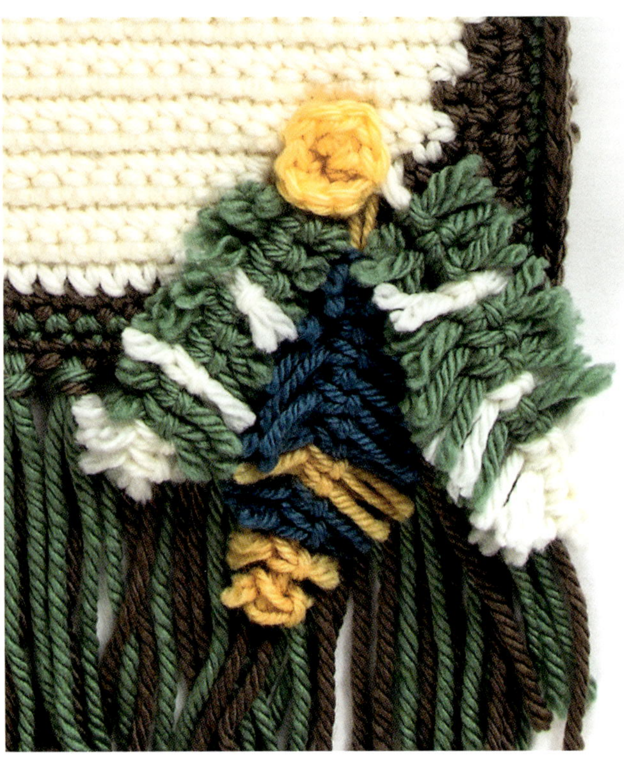

Abb. 4

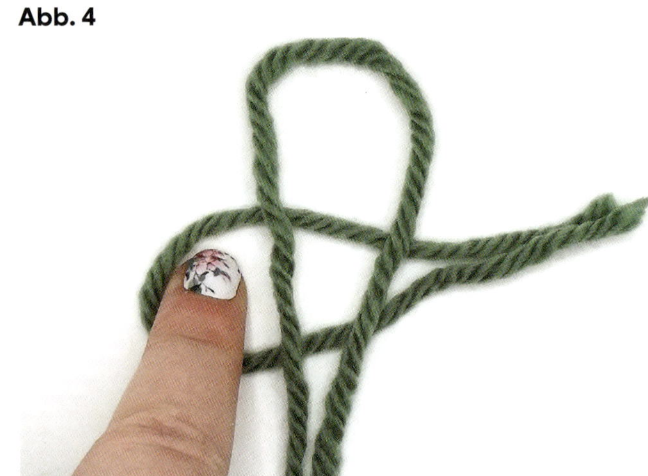

Abb. 5

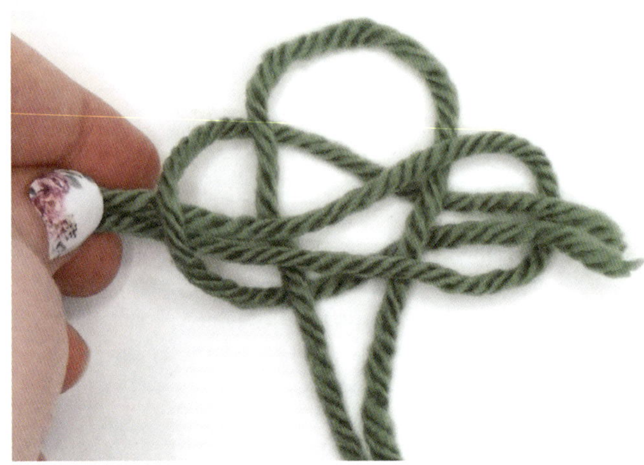

Abb. 6

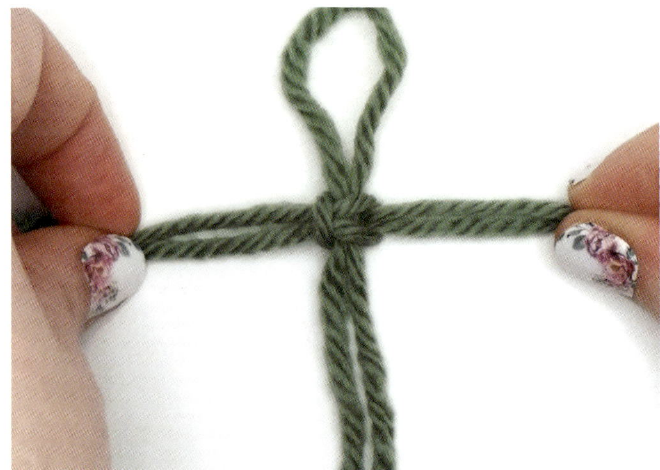

FERTIGSTELLUNG

Die Fotos zu Hilfe nehmen und die Sicherheitsaugen anbringen. Die Nase annähen, das Stirnband über den Haaren und die Arme auf den Hintergrund aufnähen (*Abb. 7, 8*). Die Federn an ihren Platz bringen und die Knöpfe über den Schlingen zum Befestigen annähen. (*Abb. 9*).

FRANSEN

40 cm lange Fäden in Garn A und C zuschneiden und in der Mitte zusammenlegen, diese durch die M durchschieben und die Enden durch die Schlinge durchziehen – dann festziehen. Gleichmäßig entlang der Unterseite des Hintergrunds wiederholen. Gleichmäßig zuschneiden.

AM RUNDHOLZ BEFESTIGEN

Ein langes Garnstück in einer beliebigen Farbe zuschneiden. Ein Garnende an eine der oberen Ecken des Wandbehangs binden. Das andere Ende in die stumpfe Nadel einfädeln. Den Stab oben an den Wandbehang halten. * Das Garn um den Stab schlingen, 1 M an der Oberkante des Wandbehangs auslassen, die Nadel durch die nächste M stechen, das Garn durchziehen; wdh ab * bis zum Ende der Reihe. Das Fadenende an die obere Ecke des Wandbehangs knoten.

AUFHÄNGUNG

Ein langes Garnstück in einer beliebigen Farbe zuschneiden. Die Garnenden um die Enden des Rundholzes binden.

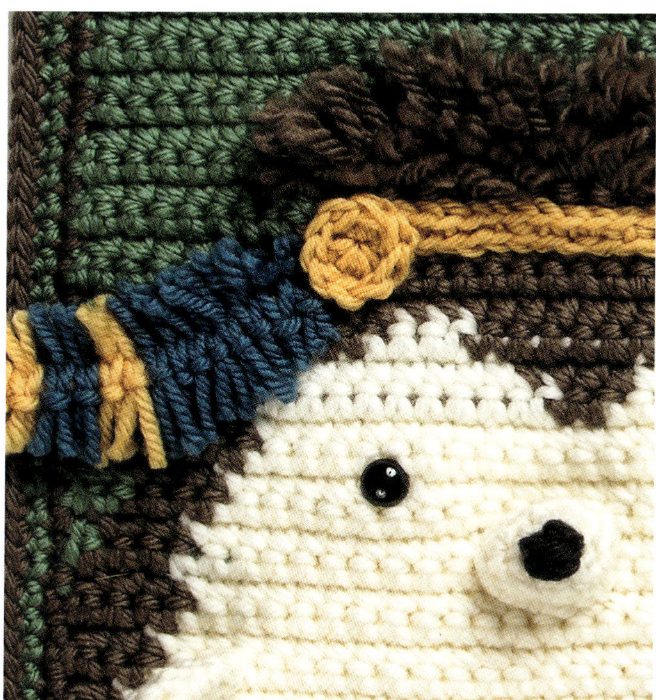

Abb. 7

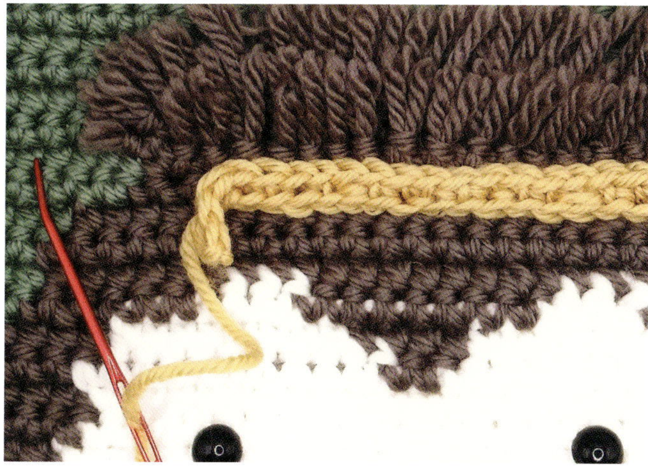

Abb. 8

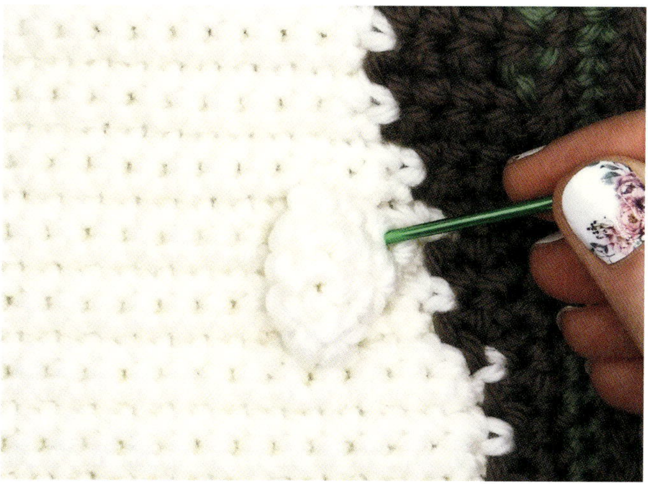

Abb. 9

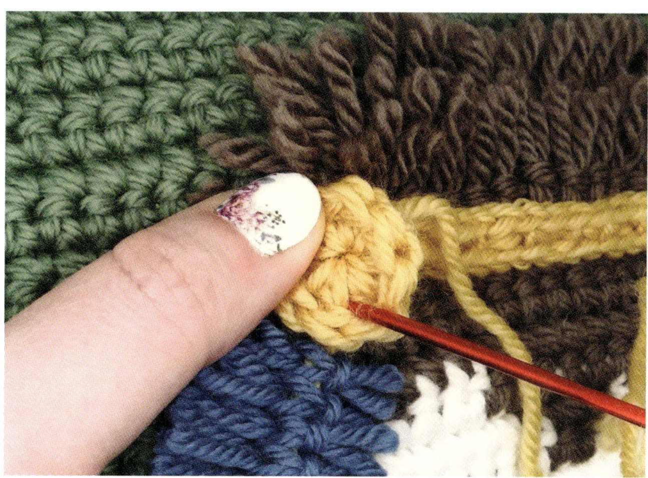

RORY, DAS DINOMÄDCHEN

Die plastischen Grasbüschel entlang der Unterkante des Dino-Wandbehangs sorgen für Urzeit-Feeling – ein Detail, das die kleinen Saurierfreunde lieben werden. Die Sonne ist gefüllt, damit sie noch stärker heraussticht.

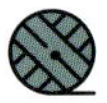  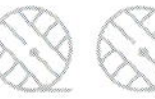 SCHWIERIGKEITSGRAD: NEULING

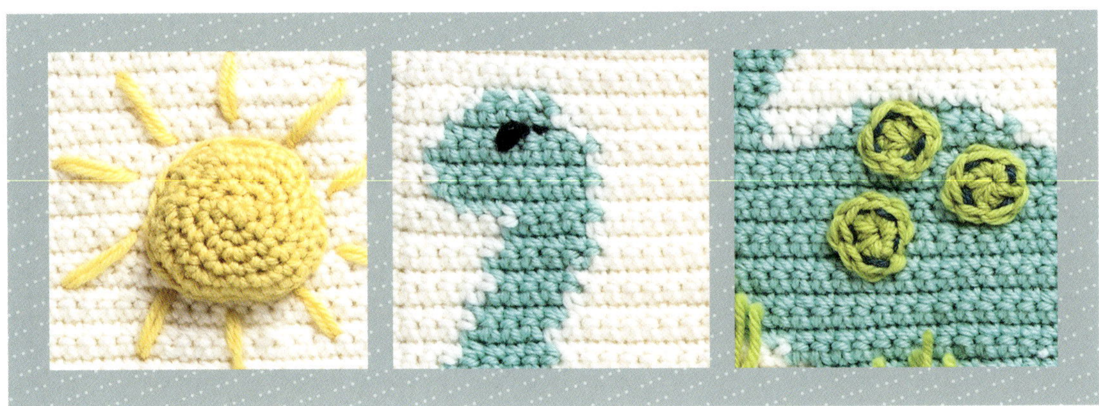

GARN
Worsted-Garn (#4 mittel)

Hier gezeigt: Valley Yarns Valley Superwash (100 % Superwash-Merinowolle; 87 m/50 g): 260 White (A), 303 Daquiri Ice (B), 694 Spring Leaf (C), 023 Soft Yellow (D), 391 Blue Mist (E), 220 Black (F), je 1 Knäuel

HÄKELNADEL
Nadelstärke 4 mm

Die Nadelstärke nötigenfalls für die korrekte Spannung anpassen.

BENÖTIGTE MATERIALIEN
Nähnadel
Stofftierfüllung aus Polyester
Rundholz (30 cm)

MASSE
28 x 23 cm

SPANNUNG
18 fM und 20 Reihen = 10 cm

ANMERKUNGEN
Der Hintergrund wird in Reihen hin- und hergehäkelt, die Farben dabei dem Diagramm entsprechend gewechselt (*Abb. 1*). Reihen auf der VS im Muster von rechts nach links lesen und Reihen auf der RS von links nach rechts.

Um die Farbe zu wechseln, die letzte M der alten Farbe bis zum letzten U häkeln. Zum Fertigstellen der M Umschlag mit der neuen Farbe und das Garn durch alle Schlingen auf der Nadel durchziehen. Mit der neuen Farbe fortfahren. Die alte Farbe nicht befestigen. Beim Häkeln der M in der neuen Farbe über den Faden der alten Farbe häkeln.

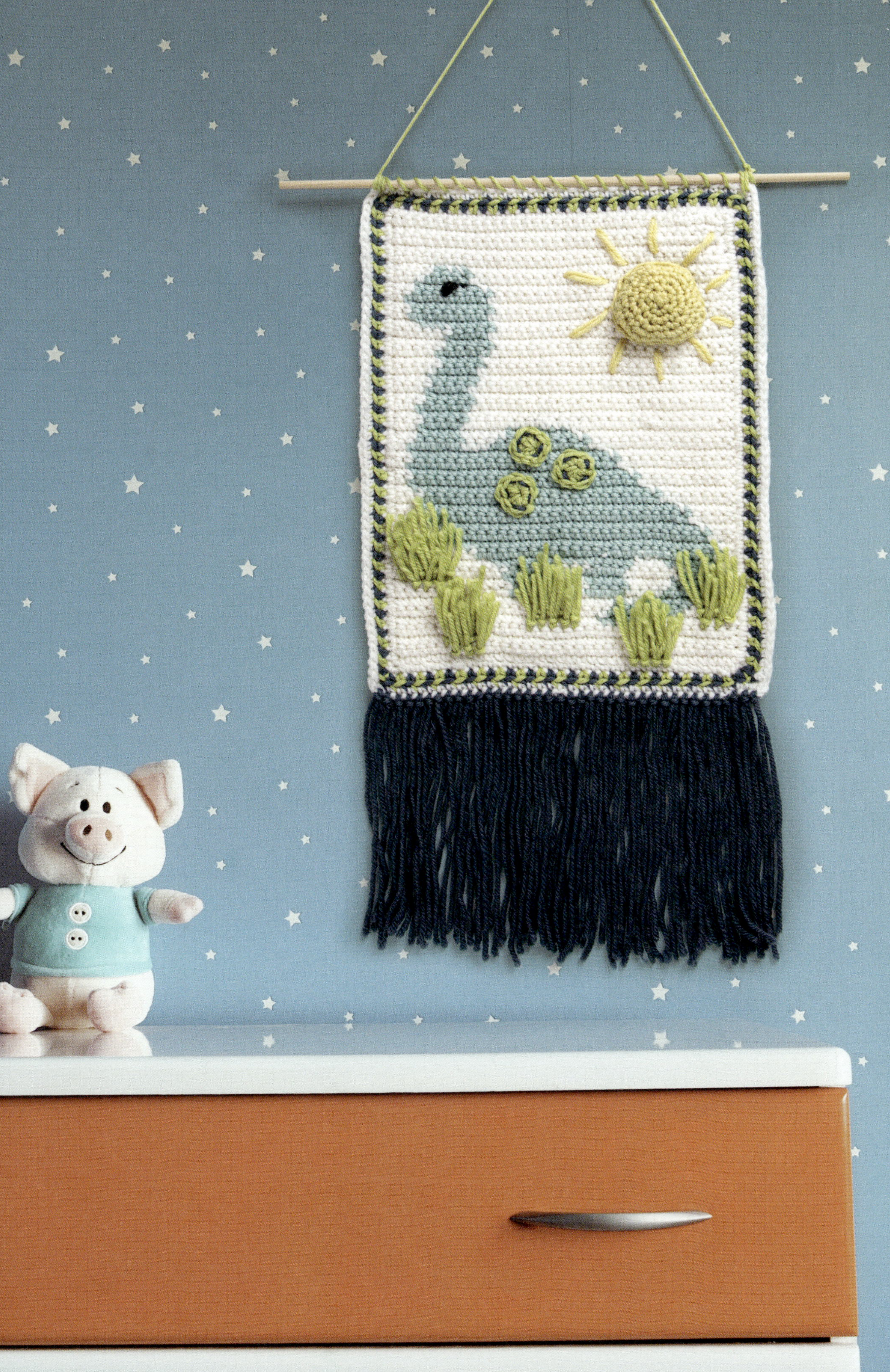

Abb. 1: Häkeldiagramm

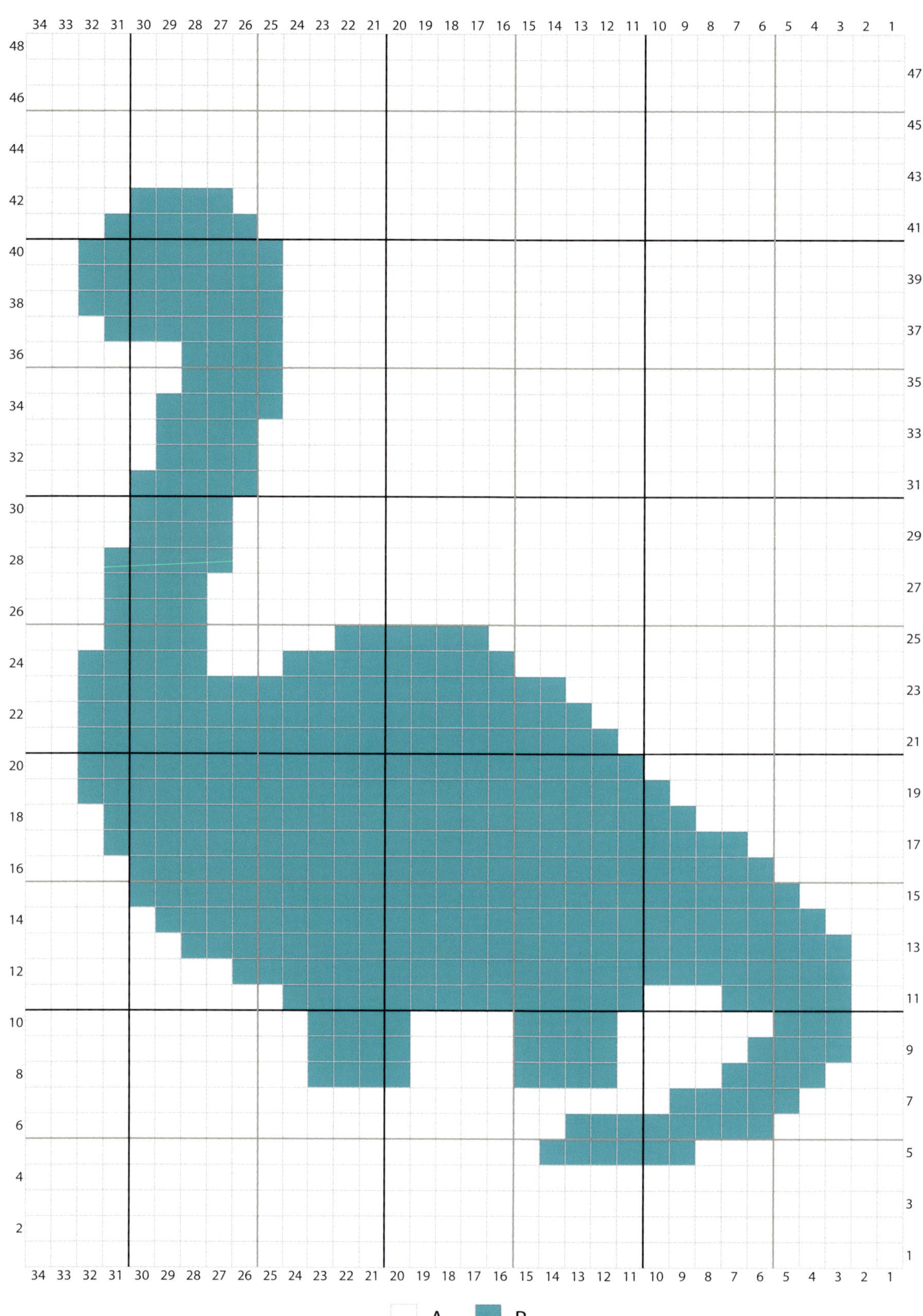

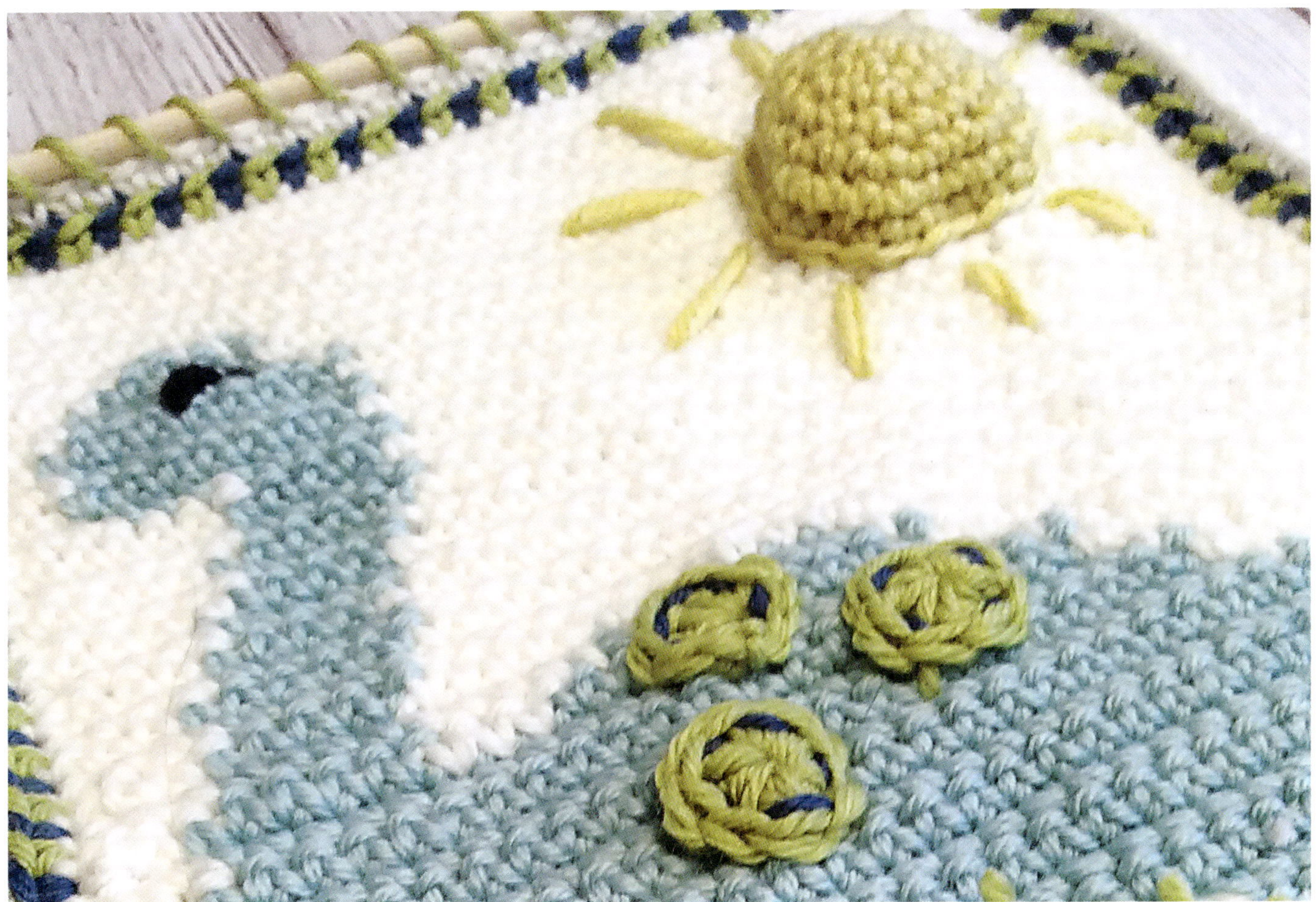

HINTERGRUND

Mit Garn in Farbe A 35 Lm häkeln.

Reihe 1 (VS): Je 1 fM in die 2. Lm von der Nd und in jd Lm bis zum Ende der R. (34 fM in dieser Reihe)

Reihe 2–48: 1 Lm, wenden, je 1 fM in jd M bis zum Ende der R und die Farbe dem Häkeldiagramm folgend wechseln.

Das Garn nicht befestigen.

BORTE

Runde 1 (VS): Mit Garn A weiterarbeiten, 1 Lm, wenden, 2 fM in die 1. M, je 1 fM in jd M bis zur letzten M, 3 fM in die letzte M, 48 fM gleichmäßig entlang des seitlichen Randes häkeln, auf der anderen Seite der Aufbaureihe arb, 3 fM in die Lm unten an der 1. fM von R 1 häkeln, je 1 fM in jd Lm bis zur Lm unten an der letzten fM, 3 fM in die letzte Lm; 48 fM gleichmäßig entlang des nächsten seitlichen Randes häkeln, 1 fM in die 1. M; die Rd mit 1 Km in die 1. fM beenden. (170 fM)

Runde 2: Garn C und E in einer beliebigen Ecke einhäkeln und die Farben für jd M abwechseln, 1 Lm, * 3 fM in die Ecke, (1 fM, 1 Lm, 1 M ausl, 1 fM in die nächste M) bis zur nächsten Ecke; rundherum wdh ab *; die Rd mit 1 Km in die 1. fM beenden. Garn C und E befestigen.

Runde 3: Garn A in der Ecke einhäkeln, 1 Lm, * 3 fM in die Ecke, (je 1 fM in jd M und in jd Lm) bis zur nächsten Ecke; rundherum wdh ab *; die Rd mit 1 Km in die 1. fM beenden. (184 fM) Das Garn befestigen.

Auf die richtigen Maße spannen.

DINOFLECKEN (3-mal häkeln)

Mit Garn in Farbe C 2 Lm häkeln.

Runde 1: 4 fM und 4 Stb in die 2. Lm von der Nadel; die Rd mit 1 Km in die 1. fM beenden.

Das Garn befestigen und einen langen Faden zum Annähen stehenlassen.

SONNE

Mit Garn in Farbe D 2 Lm häkeln.

Runde 1: 6 fM in die 2. Lm von der Nadel. (6 fM)

Runde 2: 2 fM in jd M rundherum. (12 fM)

Runde 3: * 1 fM in die nächste M, 2 fM in die nächste M; rundherum wdh ab *. (18 fM)

Runde 4: * Je 1 fM in die nächsten 2 M, 2 fM in die nächste M; rundherum wdh ab *. (24 fM)

Runde 5: * Je 1 fM in die nächsten 3 M, 2 fM in die nächste M; rundherum wdh ab *. (30 fM)

Runde 6: Je 1 fM in jd M rundherum.

Runde 7: * Je 1 fM in die nächsten 3 M, 2 fM zus häkeln; rundherum wdh ab *. (24 fM)

Das Garn befestigen und einen langen Faden zum Vernähen stehenlassen. Leicht füllen.

FERTIGSTELLUNG

Die Fotos zu Hilfe nehmen und die Sonne auf den Hintergrund aufnähen. Garn D in die Nähnadel einfädeln und um die Sonne herum Sonnenstrahlen sticken. Mit Garn E die Flecken auf den Körper aufnähen. Garn F in die Nähnadel einfädeln und ein Auge auf den Dinokopf aufsticken.

GRAS

Das Foto zur Orientierung für die Platzierung des Grases nutzen. Für jedes Grasbüschel 10 cm lange Fäden in Farbe C zuschneiden. Die Fäden zusammennehmen und in der Mitte falten. Die gefaltete Seite durch den Maschenkörper durchschieben, sodass sich eine Schlinge bildet. Die Fransen durch diese Schlinge durchstecken und festziehen. In 2 oder 3 Reihen über 5 M wdh, um den Abschnitt aufzufüllen. Das Gras auf die gleiche Länge zuschneiden.

FRANSEN

Für jede Franse 30 cm lange Fäden aus Garn E zuschneiden. Diese zusammennehmen und in der Mitte falten. Die gefaltete Seite durch das Ende des Hintergrunds durchziehen, sodass eine Schlinge entsteht. Die Fransenenden durch diese Schlinge durchschieben und festziehen. Die Fransen gerade zuschneiden.

AM RUNDHOLZ BEFESTIGEN

Ein langes Garnstück in einer beliebigen Farbe zuschneiden. Ein Garnende an eine der oberen Ecken des Wandbehangs binden. Das andere Ende in die stumpfe Nadel einfädeln. Den Stab oben an den Wandbehang halten. * Das Garn um den Stab schlingen, 1 M an der Oberkante des Wandbehangs auslassen, die Nadel durch die nächste M stechen, das Garn durchziehen; wdh ab * bis zum Ende der Reihe. Das Fadenende an die obere Ecke des Wandbehangs knoten.

AUFHÄNGUNG

Ein langes Garnstück in einer beliebigen Farbe zuschneiden. Die Garnenden um die Enden des Rundholzes binden.

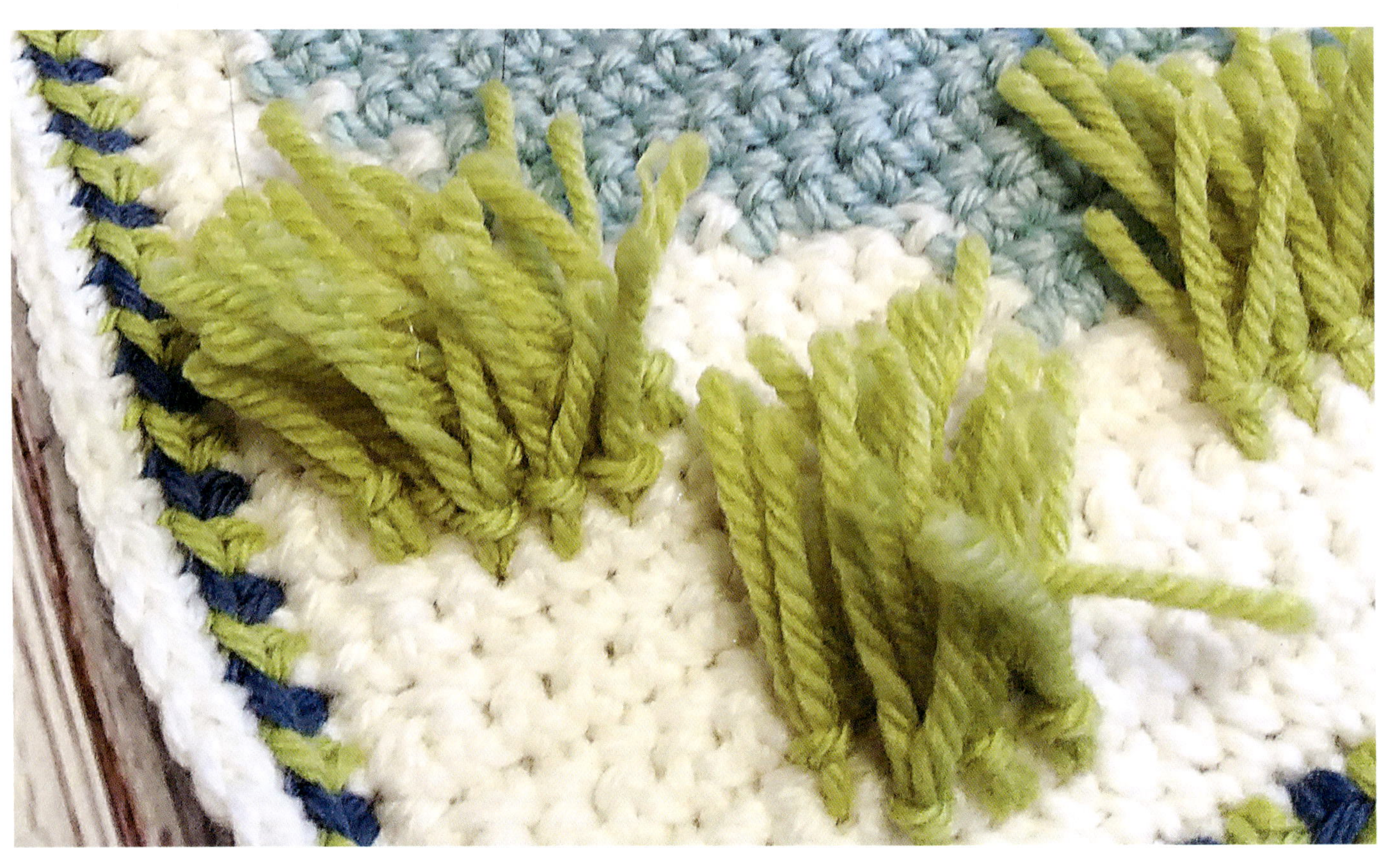

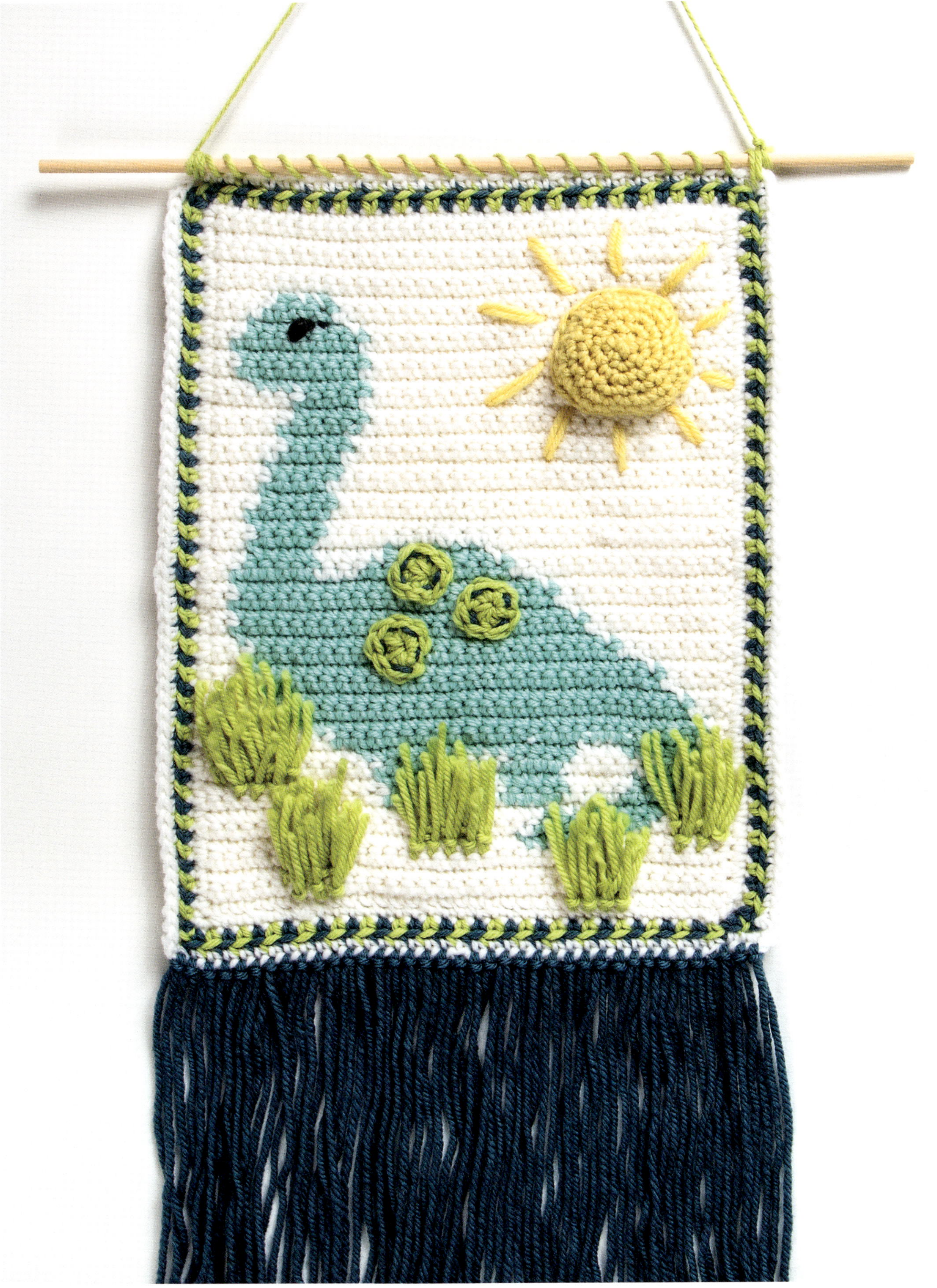

PÜNKTCHEN, DAS HÜHNCHEN

3D-Blumen in unterschiedlichen Größen wirbeln rund um dieses herumstolzierende kleine Hühnchen. Flauschige Bommel aus Garnen in derselben Farbe nehmen die Form der Blütenpunkte auf und bringen alle Elemente dieses hübschen Wandbehangs auf den Punkt.

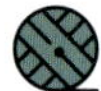  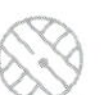 SCHWIERIGKEITSGRAD: LEICHT

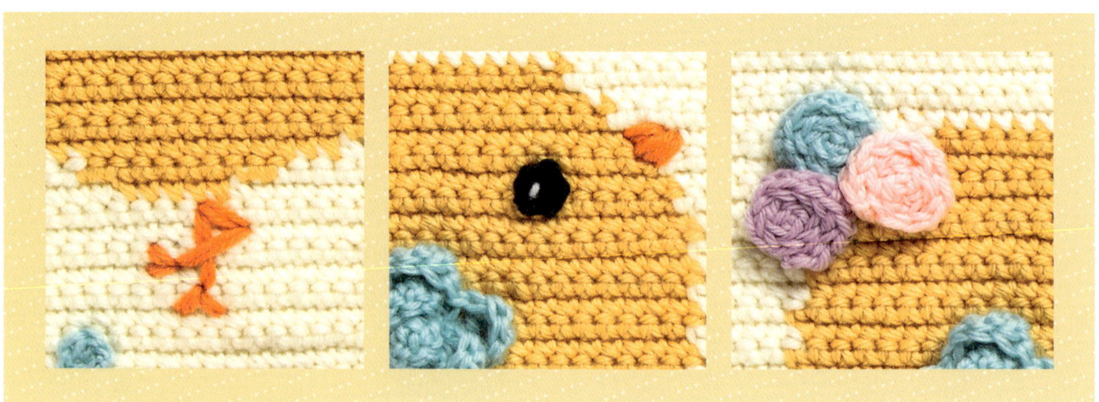

GARN

Aran-Garn (#4 mittel)

Hier gezeigt: Cascade Yarns 220 Superwash Aran (100 % Superwash-Merinowolle; 137,5 m/100 g): 871 White (A), 820 Lemon (B), 198 Aqua (C), 328 Wisteria (D), 836 Pink Ice (E), 822 Pumpkin (F), 815 Black (G), je 1 Knäuel

HÄKELNADEL

Nadelstärke 4 mm

Die Nadelstärke nötigenfalls für die korrekte Spannung anpassen.

BENÖTIGTE MATERIALIEN

Nähnadel
Großer Bommelmacher
Rundholz (30 cm)

MASSE

28 x 23 cm

SPANNUNG

18 fM und 20 Reihen = 10 cm

SPEZIELLE MASCHEN

Kettmaschen aufhäkeln (Km auf)

Mit dem Garn auf der RS die Nd in einen Zwr zw 2 M in einer Reihe stechen, eine Anfangsschlinge erzeugen, * die Nd in den nächsten Zwr zw 2 M in einer Reihe stechen, U, eine Schlinge durch das Gewebe nach vorn ziehen und diese durch die Schlinge auf der Nadel durchziehen; ab * wdh, bis der Bereich der OKm fertig ist.

ANMERKUNGEN

Der Hintergrund wird in Reihen hin- und hergehäkelt, die Farben dabei dem Diagramm entsprechend gewechselt (*Abb. 1*). Reihen auf der VS im Muster von rechts nach links lesen und Reihen auf der RS von links nach rechts.

Um die Farbe zu wechseln, die letzte M der alten Farbe bis zum letzten U häkeln. Zum Fertigstellen der M Umschlag mit der neuen Farbe und das Garn durch alle Schlingen auf der Nadel durchziehen. Mit der neuen Farbe fortfahren. Die alte Farbe nicht befestigen. Beim Häkeln der M in der neuen Farbe über den Faden der alten Farbe häkeln.

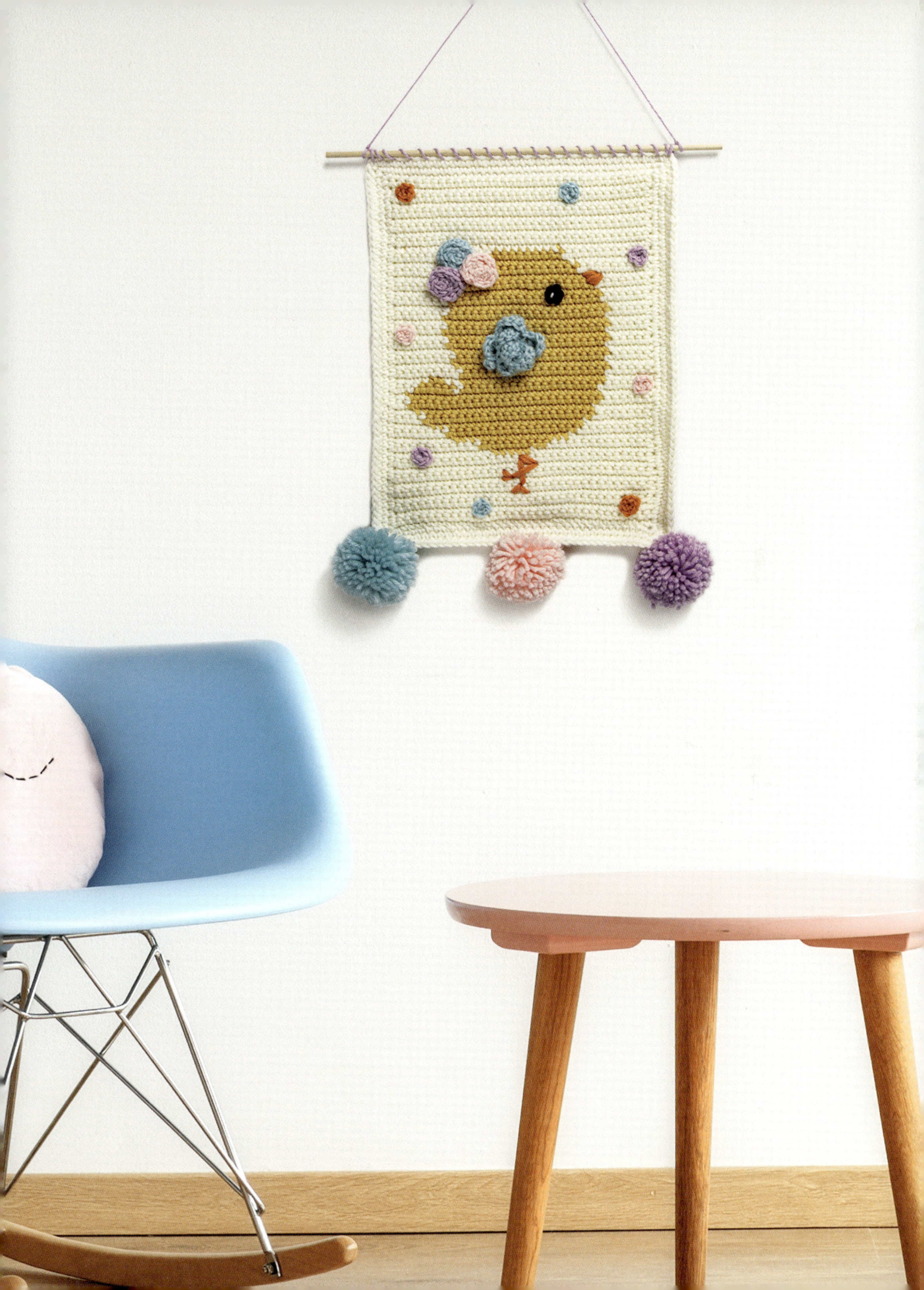

Abb. 1: Häkeldiagramm

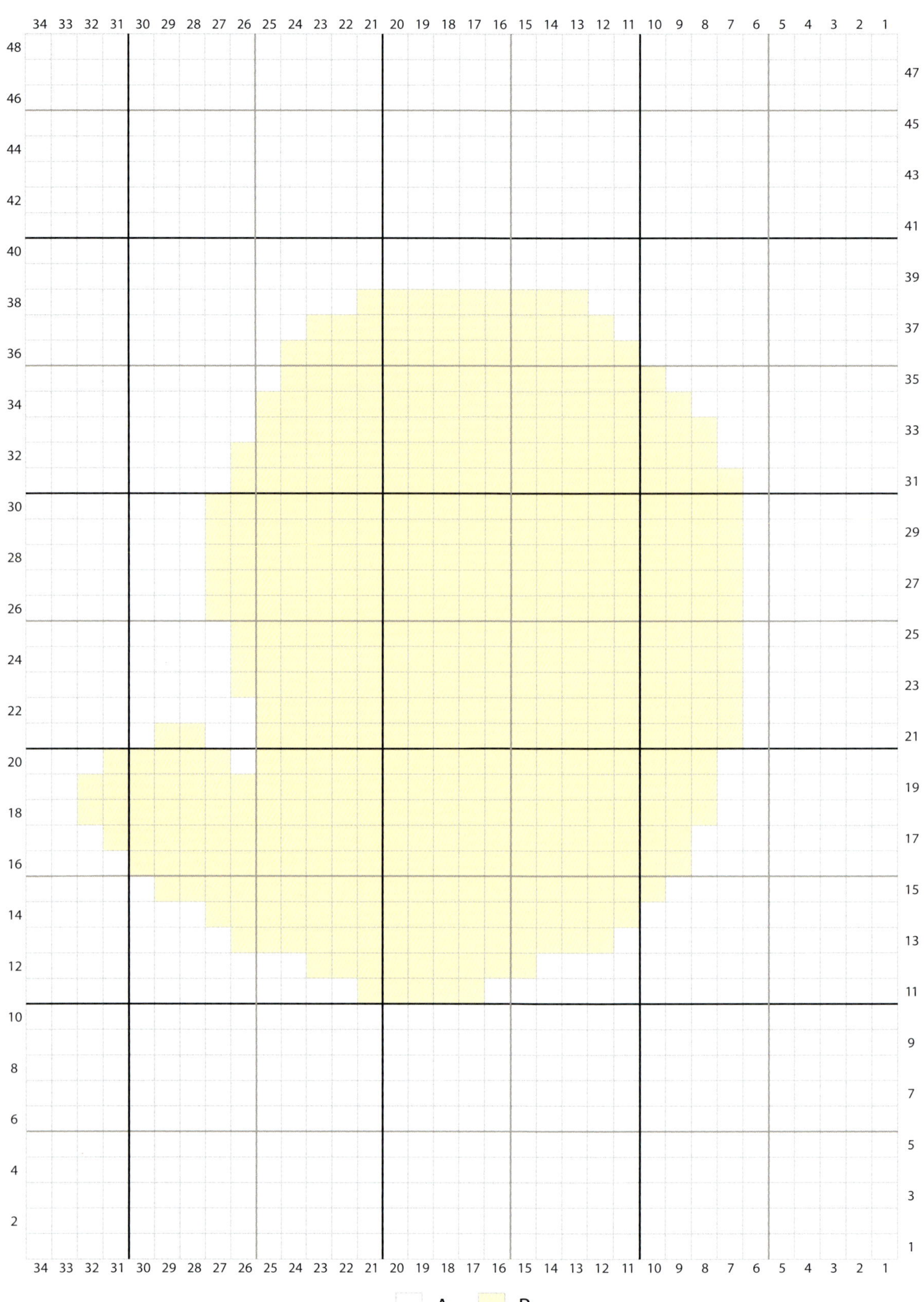

HINTERGRUND

Mit Garn in Farbe A 35 Lm häkeln.

Reihe 1 (VS): Je 1 fM in die 2. Lm von der Nd und in jd Lm bis zum Ende der R. (34 fM in dieser Reihe)

Reihe 2–48: 1 Lm, wenden, je 1 fM in jd M bis zum Ende der R und die Farbe dem Häkeldiagramm folgend wechseln.

Das Garn nicht befestigen.

BORTE

Runde 1 (VS): Mit Garn A weiterarbeiten, 1 Lm, wenden, 2 fM in die 1. M, je 1 fM in jd M bis zur letzten M, 3 fM in die letzte M, 48 fM gleichmäßig entlang des seitlichen Randes häkeln, auf der anderen Seite der Aufbaureihe arb, 3 fM in die Lm unten an der 1. fM von R 1 häkeln, je 1 fM in jd Lm bis zur Lm unten an der letzten fM, 3 fM in die letzte Lm; 48 fM gleichmäßig entlang des nächsten seitlichen Randes häkeln, 1 fM in die 1. M; die Rd mit 1 Km in die 1. fM beenden. (170 fM)

Runde 2–3: 1 Lm, 2 fM in dieselbe M wie die Verbindungs-Km, je 1 fM in jd M rundherum mit je 3 fM in jd Ecke, 1 fM in die 1. M; die Rd mit 1 Km in die 1. fM beenden. (184 fM) Das Garn befestigen.

Auf die richtigen Maße spannen.

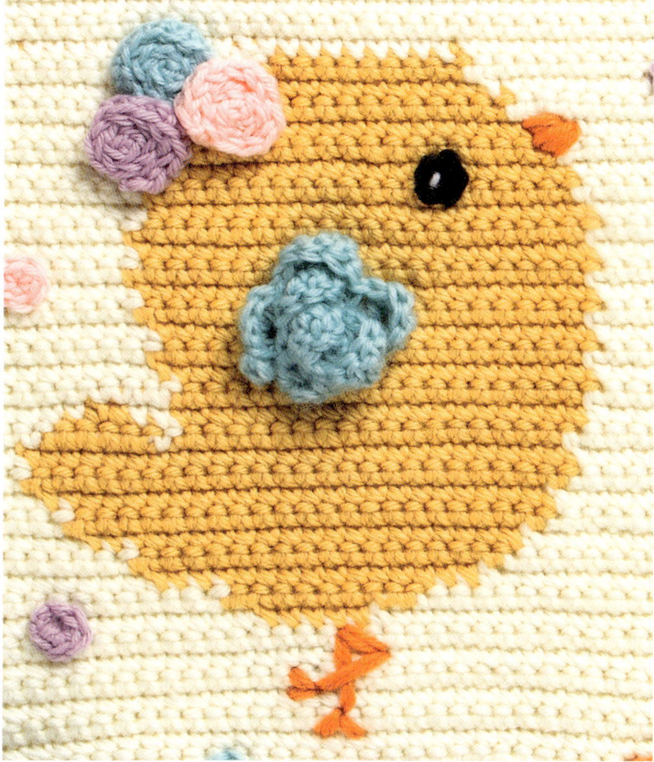

BLUME AUF DEM FLÜGEL

Mit Garn in Farbe C 30 Lm häkeln.

Reihe 1: 1 fM in die 2. Lm von der Nd, * 1 Lm ausl, 5 Stb in die nächste Lm, 1 Lm ausl, 1 Km in die nächste M, wdh ab * bis zum Ende der R. Zusammenrollen und -nähen.

BLUMEN AM KOPF (je 1-mal in C, D und E)

21 Lm häkeln.

Reihe 1: Je 1 fM in die 2. Lm von der Nadel und in jd Lm bis zum Ende der R. (20 fM)

Das Garn befestigen und einen langen Faden zum Annähen stehenlassen.

AUGE

Mit Garn in Farbe G einen Fadenring machen.

Reihe 1: 5 fM in den Fadenring; die Rd mit 1 Km in die 1. fM beenden.

Das Garn befestigen und einen langen Faden zum Annähen stehenlassen (*Abb. 2*). Garn A in die Nähnadel einfädeln und ein Pünktchen als Reflexion aufsticken.

Abb. 2

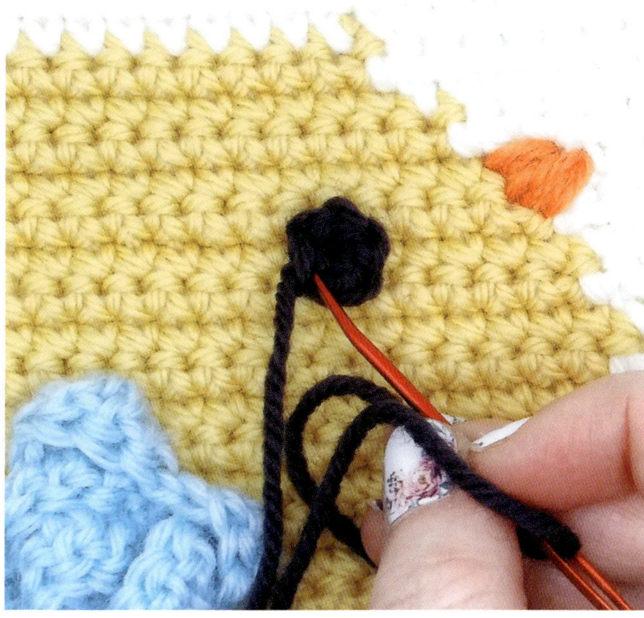

KLEINE BLUMEN (je 2-mal häkeln in C, D, E und F)

Einen Fadenring machen.

Runde 1: 6 fM in den Fadenring häkeln; die Rd mit 1 Km in die 1. fM beenden.

Das Garn befestigen und einen langen Faden zum Annähen stehenlassen.

BEINE

Die Fotos zu Hilfe nehmen. Mit Garn F Beine aus Km auf den Hintergrund aufhäkeln.

FERTIGSTELLUNG

Die Fotos zu Hilfe nehmen und Auge, Blumen für Flügel, Kopf und Hintergrund aufnähen (*Abb. 3, 4*). Garn F in die Nähnadel einfädeln und den Schnabel aufsticken (*Abb. 5*).

BOMMEL

Je 1 Bommel in Garn C, D und E herstellen und an der untersten Reihe des Hintergrunds anbringen. Die Enden vernähen.

AM RUNDHOLZ BEFESTIGEN

Ein langes Garnstück in einer beliebigen Farbe zuschneiden. Ein Garnende an eine der oberen Ecken des Wandbehangs binden. Das andere Ende in die stumpfe Nadel einfädeln. Den Stab oben an den Wandbehang halten. * Das Garn um den Stab schlingen, 1 M an der Oberkante des Wandbehangs auslassen, die Nadel durch die nächste M stechen, das Garn durchziehen; wdh ab * bis zum Ende der Reihe. Das Fadenende an die obere Ecke des Wandbehangs knoten.

AUFHÄNGUNG

Ein langes Garnstück in einer beliebigen Farbe zuschneiden. Die Garnenden um die Enden des Rundholzes binden.

Abb. 3

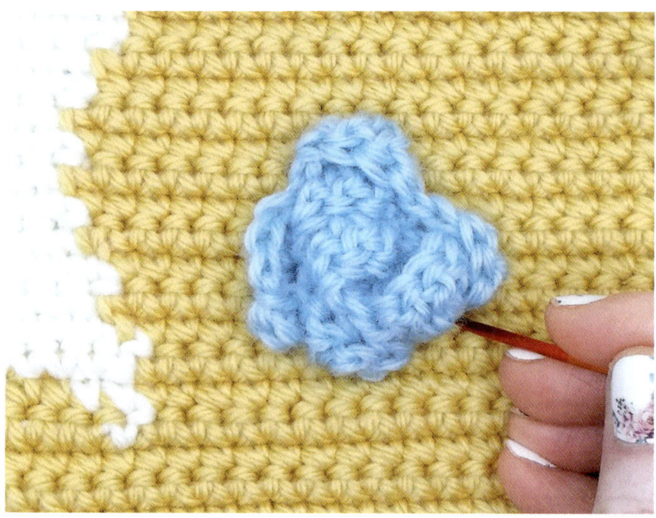

Abb. 4

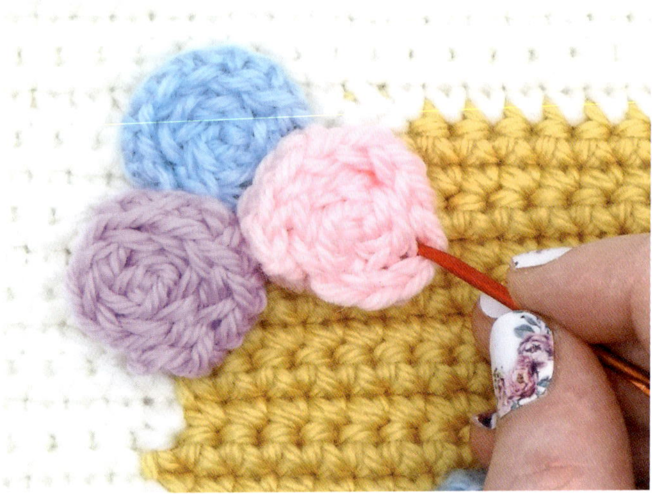

Abb. 5

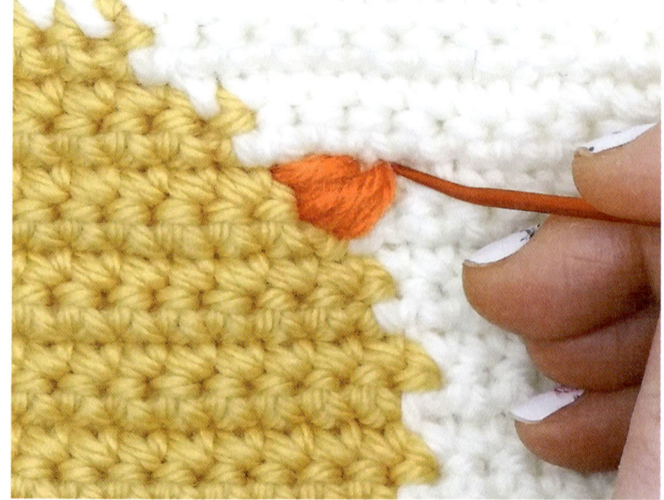

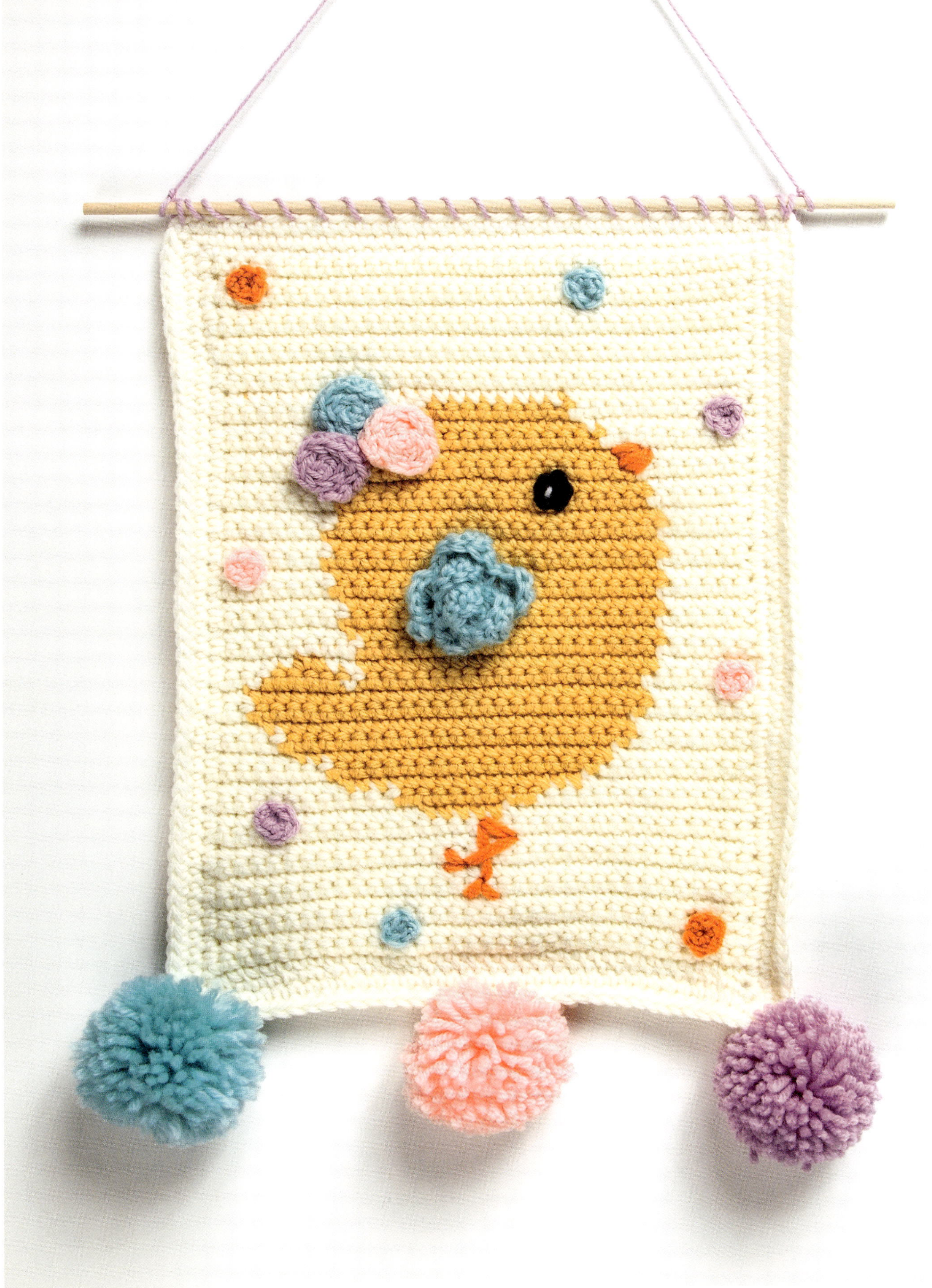

HERR FUCHS

Unter den plastischen Elementen ist die Fliege unseres adretten Fuchses – häkeln Sie sie in der Farbe, die Sie sich wünschen – ebenso wie Ohren, Schwanz und Nase. Vielleicht probieren Sie ein bisschen kuschliges weißes Garn für die Schwanzspitze, damit sie noch mehr Struktur bekommt.

 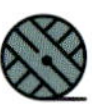 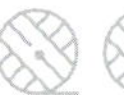 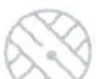 SCHWIERIGKEITSGRAD: LEICHT

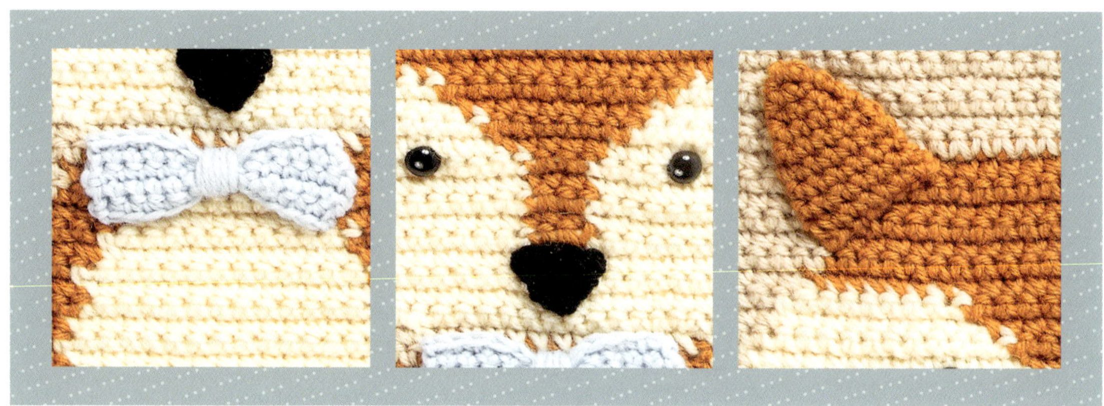

GARN
Worsted-Garn (#4 mittel)

Hier gezeigt: Knit Picks Wool of the Andes Worsted (100 % Superwash-Merinowolle; 100 m/50 g): 24649 Oyster Heather (A), 2 Knäuel; 23430 Pumpkin (B), 23432 Cloud (C), 23876 Black (D), 25632 Clarity (E), je 1 Knäuel

HÄKELNADEL
Nadelstärke 4 mm

Die Nadelstärke nötigenfalls für die korrekte Spannung anpassen.

BENÖTIGTE MATERIALIEN
Nähnadel
2 Sicherheitsaugen (10 mm)
Rundholz (30 cm)

MASSE
28 x 23 cm

SPANNUNG
18 fM und 20 Reihen = 10 cm

ANMERKUNGEN
Der Hintergrund wird in Reihen hin- und hergehäkelt, die Farben dabei dem Diagramm entsprechend gewechselt (*Abb. 1*). Reihen auf der VS im Muster von rechts nach links lesen und Reihen auf der RS von links nach rechts.

Um die Farbe zu wechseln, die letzte M der alten Farbe bis zum letzten U häkeln. Zum Fertigstellen der M Umschlag mit der neuen Farbe und das Garn durch alle Schlingen auf der Nadel durchziehen. Mit der neuen Farbe fortfahren. Die alte Farbe nicht befestigen. Beim Häkeln der M in der neuen Farbe über den Faden der alten Farbe häkeln.

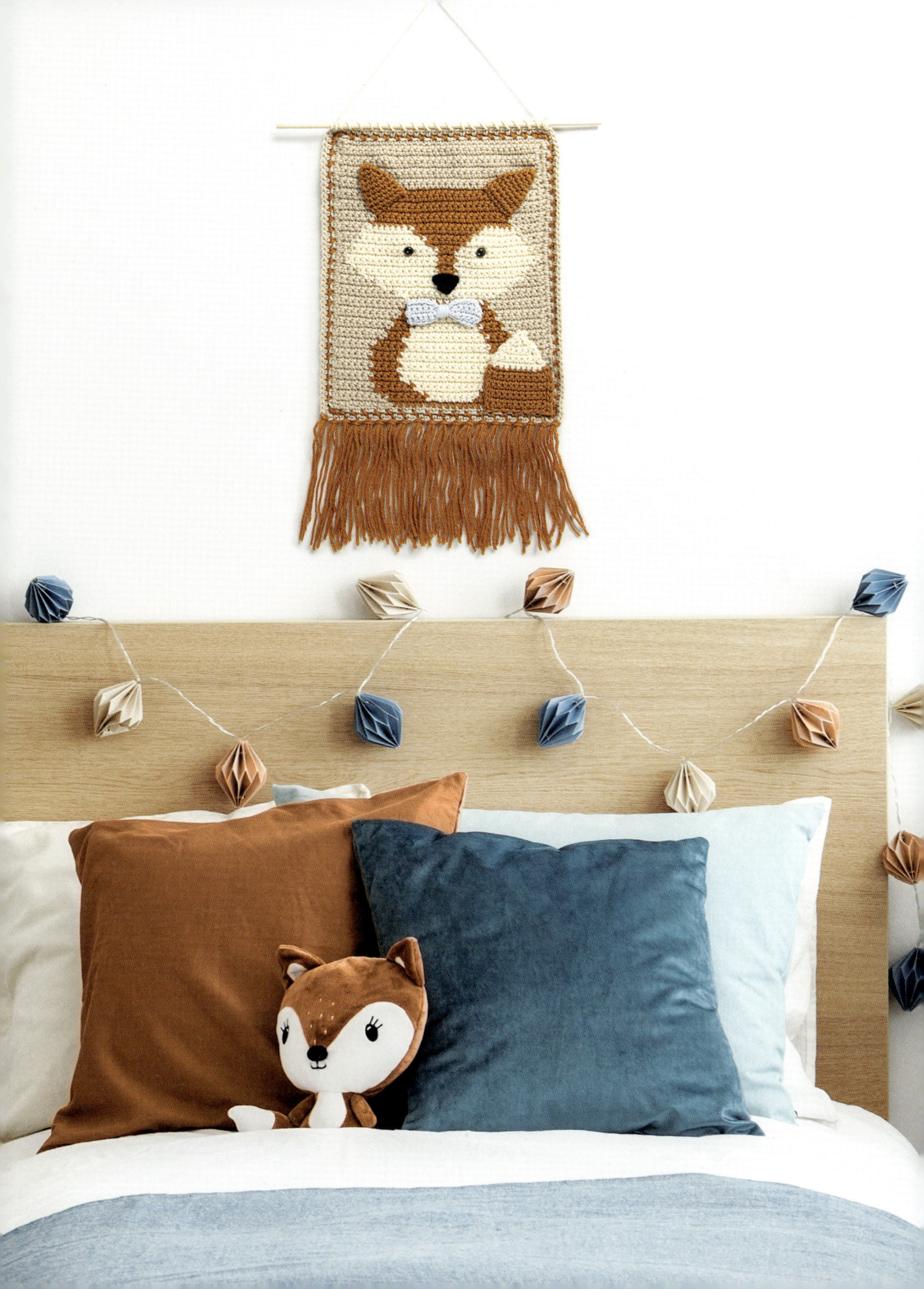

Abb. 1: Häkeldiagramm

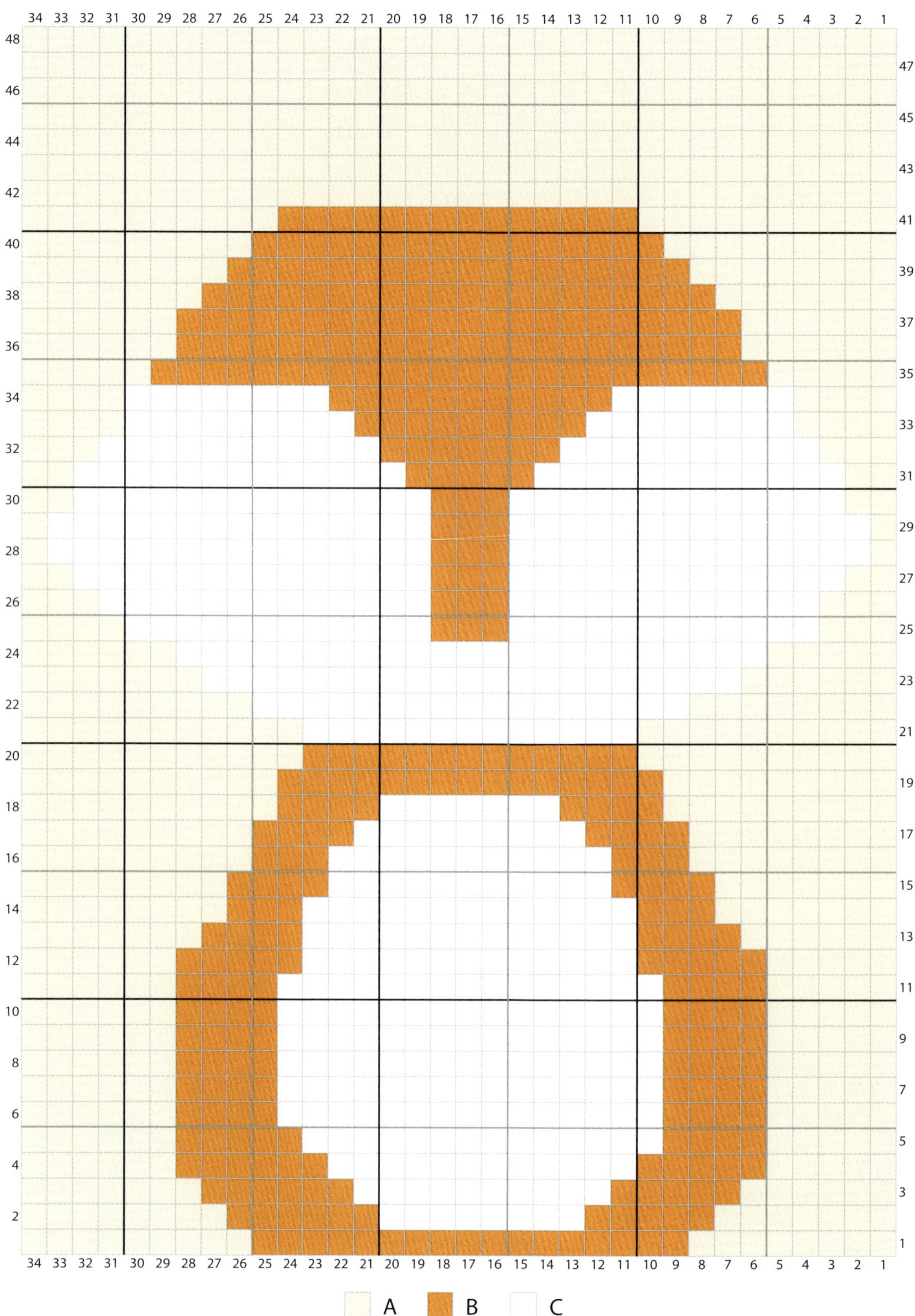

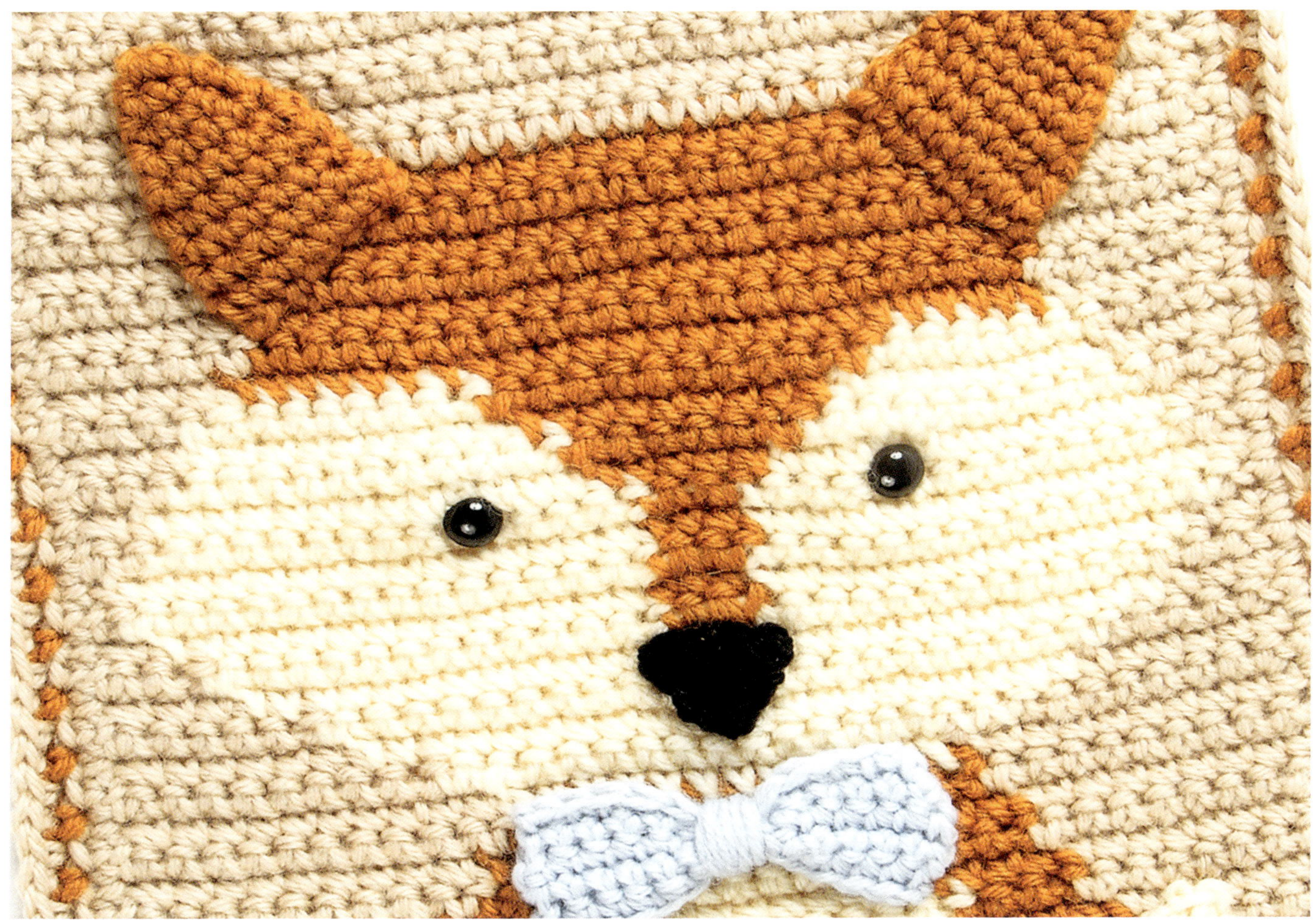

HINTERGRUND

Mit Garn in Farbe A 35 Lm häkeln.

Reihe 1 (VS): Je 1 fM in die 2. Lm von der Nd und in jd Lm bis zum Ende der R; die Farbe wechseln, wie im Diagramm für R 1 angegeben. (34 fM in dieser Reihe)

Reihe 2–48: 1 Lm, wenden, je 1 fM in jd M bis zum Ende der R und die Farbe dem Häkeldiagramm folgend wechseln.

Das Garn nicht befestigen.

BORTE

Runde 1 (VS): Mit Garn A 1 Lm, wenden, 2 fM in die 1. M, je 1 fM in jd M bis zur letzten M, 3 fM in die letzte M, 48 fM gleichmäßig entlang des seitlichen Randes häkeln, auf der anderen Seite der Aufbaureihe arb, 3 fM in die Lm unten an der 1. fM von R 1 häkeln, je 1 fM in jd Lm bis zur Lm unten an der letzten fM, 3 fM in die letzte Lm; 48 fM gleichmäßig entlang des nächsten seitlichen Randes häkeln, 1 fM in die 1. M; die Rd mit 1 Km in die 1. fM beenden. (170 fM)

Runde 2: Garn A und B in einer beliebigen Ecke einhäkeln, die Farben für jd M abwechseln, 1 Lm, * 3 fM in die Ecke, (1 fM, 1 Lm, 1 M ausl, 1 fM in die nächste M) bis zur nächsten Ecke; rundherum wdh ab *; die Rd mit 1 Km in die 1. fM beenden. Garn B befestigen.

Runde 3: Garn A in der Ecke einhäkeln, 1 Lm, * 3 fM in die Ecke, (je 1 fM in jd M und in jd Lm) bis zur nächsten Ecke; rundherum wdh ab *; die Rd mit 1 Km in die 1. fM beenden. (184 fM)

Das Garn befestigen.

Auf die richtigen Maße spannen.

NASE

Mit Garn in Farbe D 2 Lm häkeln.

Reihe 1: 1 fM in die 2. Lm von der Nd. (1 fM)

Reihe 2: 1 Lm, wenden, 2 fM in die M. (2 fM)

Reihe 3: 1 Lm, wenden, 2 fM in jd M bis zum Ende der Reihe (4 fM)

Reihe 4: 1 Lm, wenden, je 1 fM in jd M bis zum Ende der R.

Das Garn befestigen und einen langen Faden zum Annähen stehenlassen.

OHREN (2-mal häkeln)

Mit Garn B einen Fadenring machen.

Runde 1: 4 fM in den Fadenring; die Rd nicht verbinden, durchgehende Rd häkeln. (4 fM)

Runde 2: * 1 fM in die nächste M, 2 fM in die nächste M; rundherum wdh ab *. (6 fM)

Runde 3: * Je 1 fM in die nächsten 2 M, 2 fM in die nächste M; rundherum wdh ab *. (8 fM)

Runde 4: * Je 1 fM in die nächsten 3 M, 2 fM in die nächste M; rundherum wdh ab *. (10 fM)

Runde 5: * Je 1 fM in die nächsten 4 M, 2 fM in die nächste M; rundherum wdh ab *. (12 fM)

Runde 6–7: Je 1 fM in jd M rundherum.

Runde 8: * Je 1 fM in die nächsten 5 M, 2 fM in die nächste M; rundherum wdh ab *. (14 fM)

Runde 9: Je 1 fM in jd M rundherum.

Das Garn befestigen und einen langen Faden zum Annähen stehenlassen.

SCHWANZ

Mit Garn in Farbe C 2 Lm häkeln.

Reihe 1 (RS): 2 fM in die 2. Lm von der Nd. (2 fM)

Reihe 2 (VS): 1 Lm, je 2 fM in jd M bis zum Ende der R. (4 fM)

Runde 3: 1 Lm, wenden, 2 fM in die 1. M, je 1 fM in die nächsten 2 M, 2 fM in die letzte M. (6 fM)

Runde 4: 1 Lm, wenden, je 1 fM in jd M bis zum Ende der R.

Runde 5: 1 Lm, wenden, 2 fM in die 1. M, je 1 fM in die nächsten 4 M, 2 fM in die letzte M. (8 fM)

Runde 6: 1 Lm, wenden, je 1 fM in jd M bis zum Ende der R.

Runde 7: 1 Lm, wenden, 2 fM in die 1. M, je 1 fM in die nächsten 6 M, 2 fM in die letzte M. (10 fM) Das Garn befestigen.

Runde 8: Mit Garn B 1 Lm häkeln, wenden, 2 fM in die 1. M, je 1 fM in die nächsten 8 M, 2 fM in die letzte M (12 fM)

Runde 9–16: 1 fM in jd M bis zum Ende der R.

Das Garn befestigen und einen langen Faden zum Annähen stehenlassen.

FLIEGE

Mit Garn in Farbe E 13 Lm häkeln.

Runde 1: Je 1 fM in die 2. Lm von der Nd und in jd Lm bis zum Ende der R. (12 fM)

Runde 2–5: 1 Lm, wenden, je 1 fM in jd M bis zum Ende der R. Das Garn befestigen und einen langen Faden zum Annähen stehenlassen. Den langen Faden 8–10-mal um die Mitte des Häkelstücks wickeln.

FERTIGSTELLUNG

Sicherheitsaugen am Kopf anbringen. Ohren, Schwanz, Nase und Fliege auf den Hintergrund aufnähen (*Abb. 2–5*).

Abb. 2

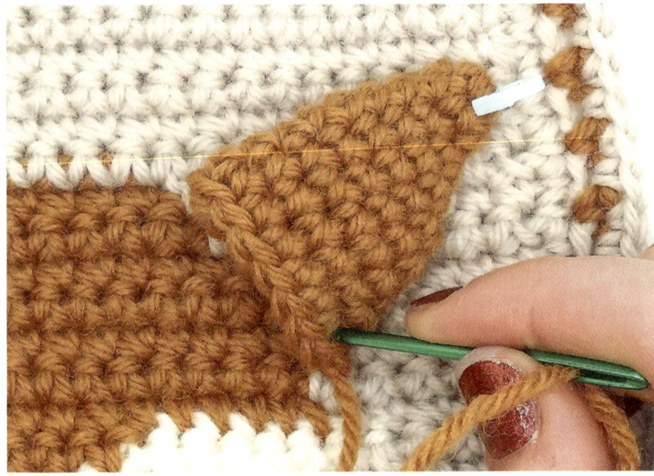

Abb. 3

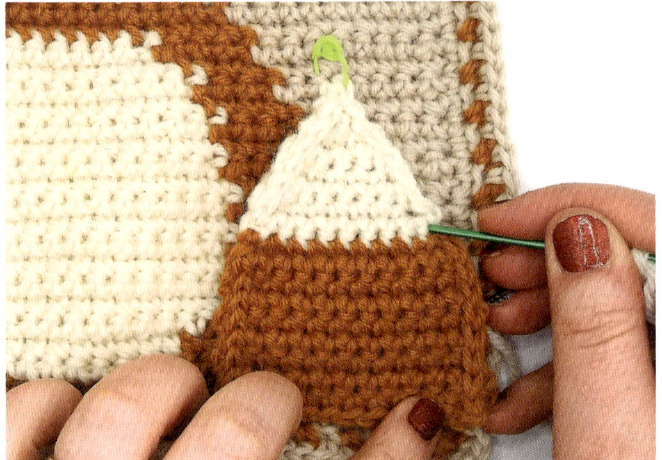

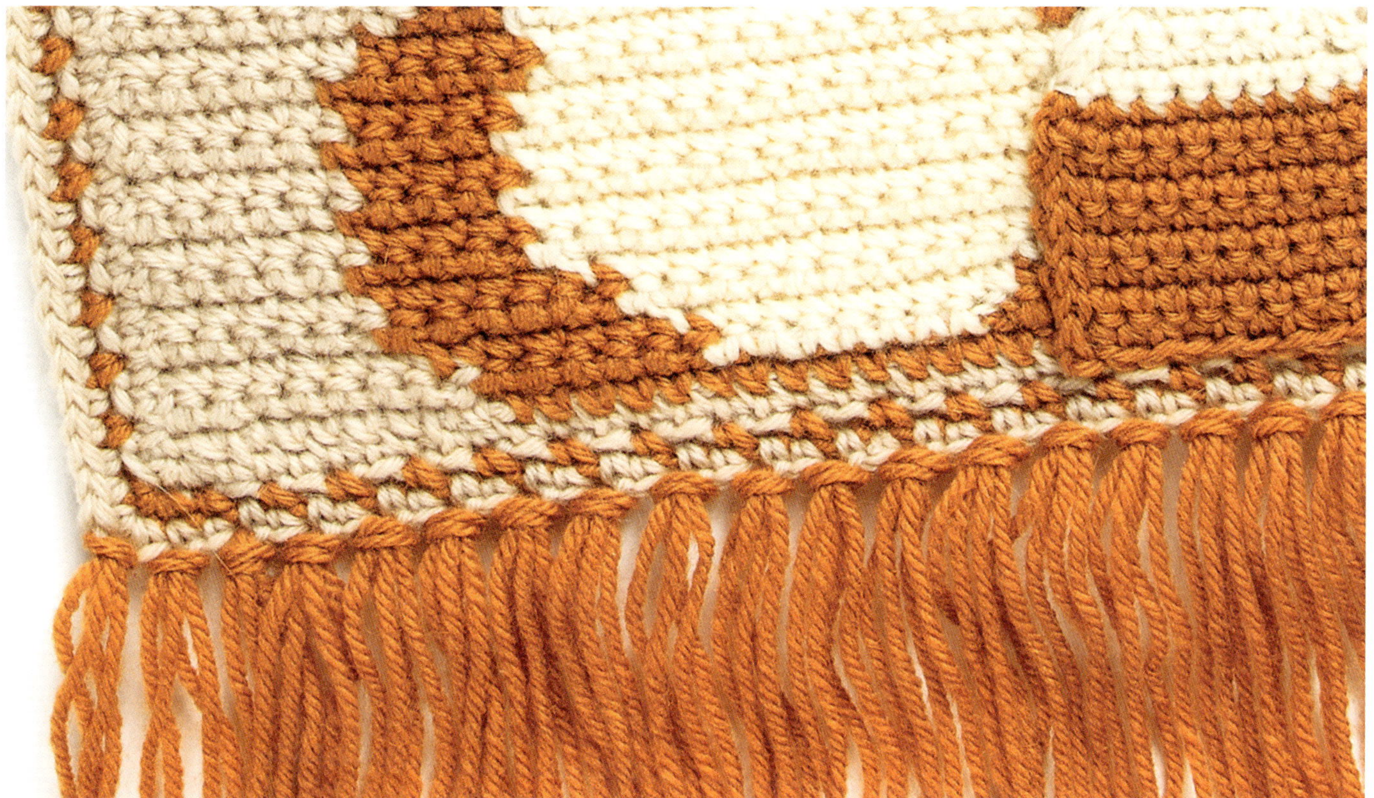

Abb. 4

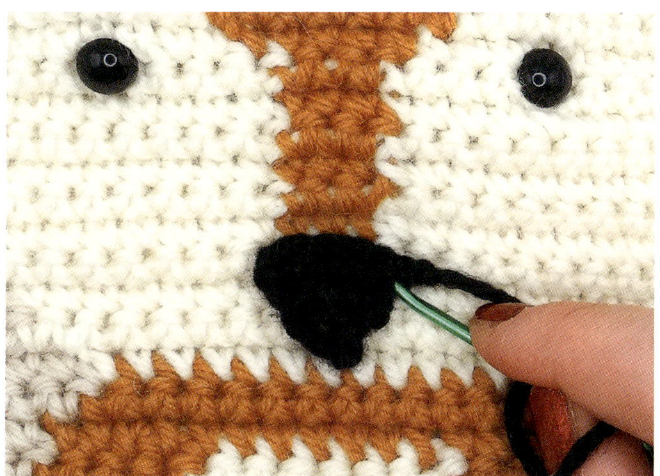

Abb. 5

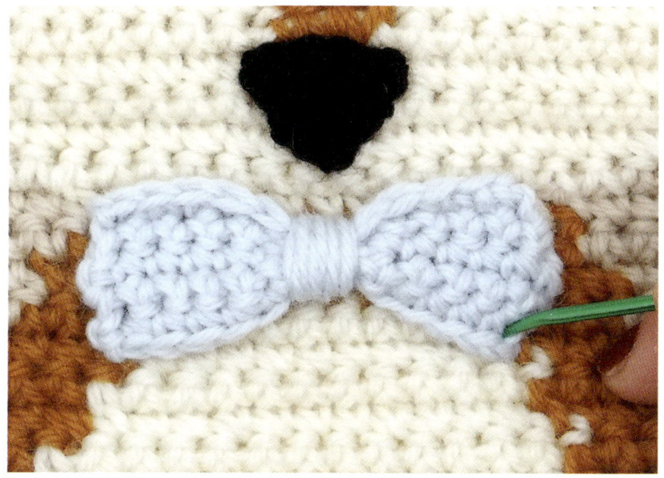

FRANSEN

Für jede Franse zwei 30 cm lange Fäden in Farbe B zuschneiden. Die Fäden zusammennehmen und in der Mitte falten. Die gefaltete Seite durch den unteren Rand des Hintergrunds durchziehen, sodass eine Schlinge entsteht. Die Fransenenden durch diese Schlinge durchschieben. Festziehen. Die Fransen gerade zuschneiden.

AM RUNDHOLZ BEFESTIGEN

Ein langes Garnstück in einer beliebigen Farbe zuschneiden. Ein Garnende an eine der oberen Ecken des Wandbehangs binden. Das andere Ende in die stumpfe Nadel einfädeln. Den Stab oben an den Wandbehang halten. * Das Garn um den Stab schlingen, 1 M an der Oberkante des Wandbehangs auslassen, die Nadel durch die nächste M stechen, das Garn durchziehen; wdh ab * bis zum Ende der Reihe. Das Fadenende an die obere Ecke des Wandbehangs knoten.

AUFHÄNGUNG

Ein langes Garnstück in einer beliebigen Farbe zuschneiden. Die Garnenden um die Enden des Rundholzes binden.

SCHORSCH, DIE GIRAFFE

Ein bisschen Füllung im Maul der gefleckten Giraffe, abstehende Ohren und rund aufgenähte Ossicons (Hörner) mit Dreheffekt sorgen für den Pop-up-Look. Leicht herstellbare Quasten an der Unterkante sorgen für den letzten Schliff.

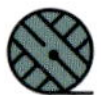 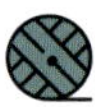 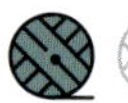 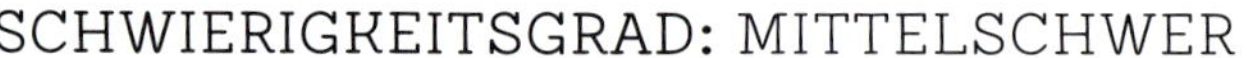

SCHWIERIGKEITSGRAD: MITTELSCHWER

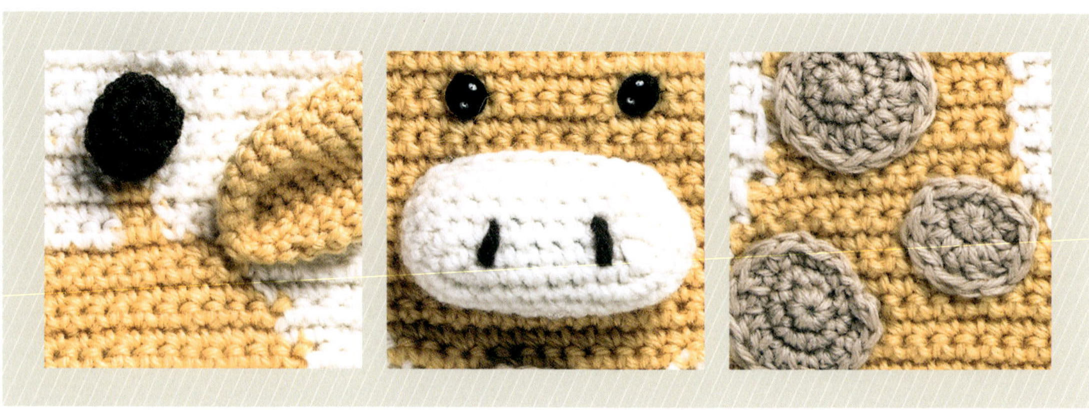

GARN

Worsted-Garn (#4 mittel)

Hier gezeigt: Knit Picks Wool of the Andes Worsted (100 % Superwash-Merinowolle; 100 m/50 g): 24065 White (A), 2 Knäuel; 25975 Creme Brulee (B), 23774 Chocolate (C), 24649 Oyster Heather (D), 28286 Pinguin (E), je 1 Knäuel

HÄKELNADEL

Nadelstärke 4 mm

Die Nadelstärke nötigenfalls für die korrekte Spannung anpassen.

BENÖTIGTE MATERIALIEN

Nähnadel
Stofftierfüllung aus Polyester
2 Sicherheitsaugen (10 mm)
Rundholz (30 cm)

MASSE

28 x 23 cm

SPANNUNG

18 fM und 20 Reihen = 10 cm

ANMERKUNGEN

Der Hintergrund wird in Reihen hin- und hergehäkelt, die Farben dabei dem Diagramm entsprechend gewechselt (*Abb. 1*). Reihen auf der VS im Muster von rechts nach links lesen und Reihen auf der RS von links nach rechts.

Um die Farbe zu wechseln, die letzte M der alten Farbe bis zum letzten U häkeln. Zum Fertigstellen der M Umschlag mit der neuen Farbe und das Garn durch alle Schlingen auf der Nadel durchziehen. Mit der neuen Farbe fortfahren. Die alte Farbe nicht befestigen. Beim Häkeln der M in der neuen Farbe über den Faden der alten Farbe häkeln.

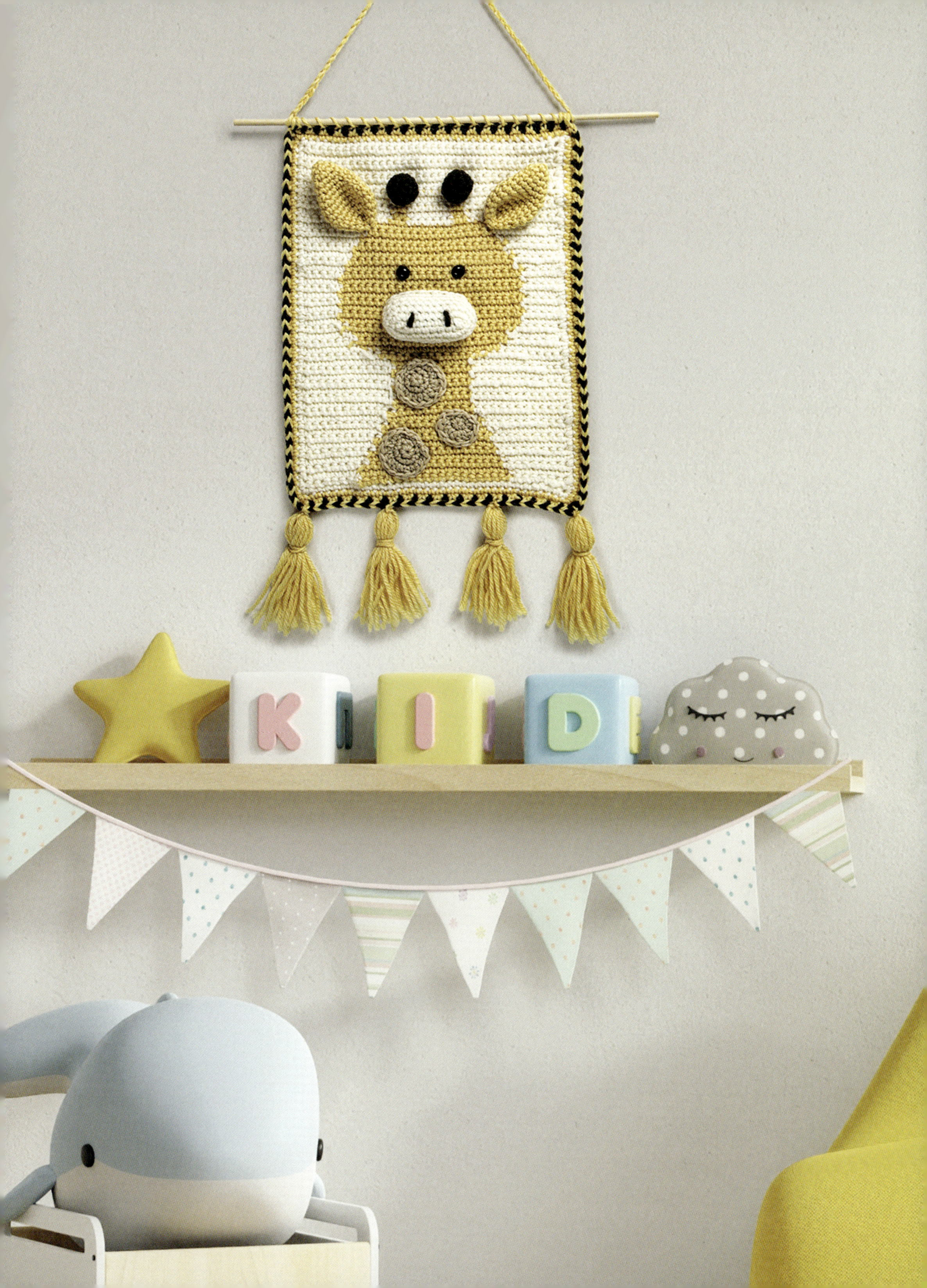
K
I
D

Abb. 1: Häkeldiagramm

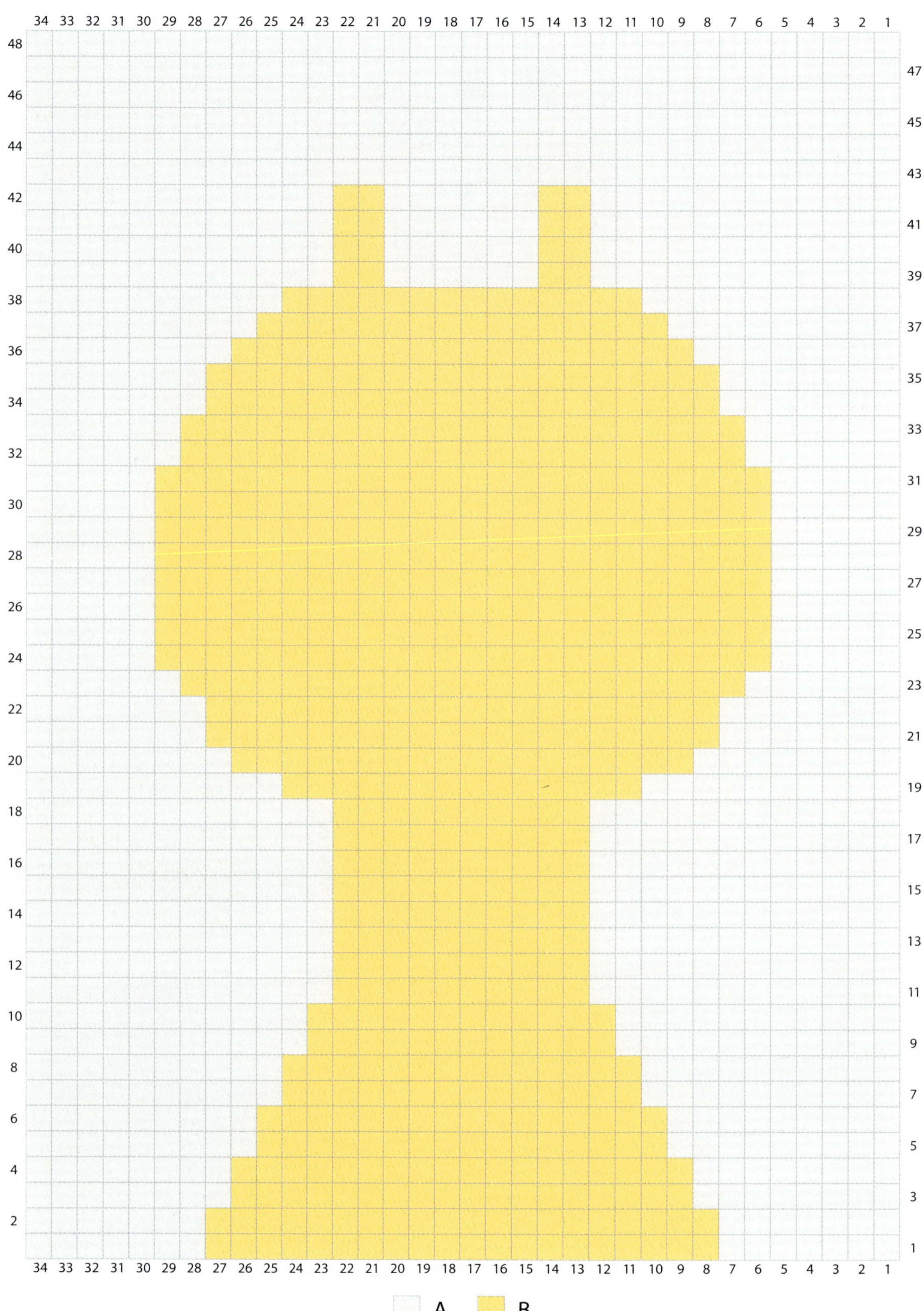

HINTERGRUND

Mit Garn in Farbe A 35 Lm häkeln.

Reihe 1 (VS): Je 1 fM in die 2. Lm von der Nd und in jd Lm bis zum Ende der R und die Farbe entsprechend R 1 des Diagramms wechseln. (34 fM in dieser Reihe)

Reihe 2–48: 1 Lm, wenden, je 1 fM in jd M bis zum Ende der R und die Farbe dem Häkeldiagramm folgend wechseln.

Das Garn nicht befestigen.

BORTE

Reihe 1 (VS): Mit Garn A 1 Lm, wenden, 2 fM in die 1. M, je 1 fM in jd M bis zur letzten M, 3 fM in die letzte M, 48 fM gleichmäßig entlang des seitlichen Randes häkeln, auf der anderen Seite der Aufbaureihe arb, 3 fM in die Lm unten an der 1. fM von R 1 häkeln, je 1 fM in jd Lm bis zur Lm unten an der letzten fM, 3 fM in die letzte Lm; 48 fM gleichmäßig entlang des nächsten seitlichen Randes häkeln, 1 fM in die 1. M; die Rd mit 1 Km in die 1. fM beenden. (170 fM)

Das Garn befestigen.

Reihe 2: Garn B in einer beliebigen Ecke einhäkeln, 1 Lm, * 3 fM in die Ecke, (1 fM, 1 Lm, 1 M ausl, 1 fM in die nächste M) bis zur nächsten Ecke; rundherum wdh ab *; die Rd mit 1 Km in die 1. fM beenden.

Reihe 3: Garn B und C in der Ecke einhäkeln und die Farben mit jd Masche abwechseln, 1 Lm, * 3 fM in die Ecke, (1 fM, 1 Lm, 1 M ausl, 1 fM in die nächste M) bis zur nächsten Ecke; rundherum wdh ab *; die Rd mit 1 Km in die 1. fM beenden.

Garn B und C befestigen. Auf die richtigen Maße spannen.

OHREN (2-mal häkeln)

Mit Garn in Farbe B einen Fadenring machen.

Runde 1: 4 fM in den Fadenring; die Rd nicht verbinden, durchgehende Rd häkeln. (4 fM)

Runde 2: 2 fM in jd M rundherum. (8 fM)

Runde 3: Je 1 fM in jd M rundherum.

Runde 4: * 1 fM in die nächste M, 2 fM in die nächste M; rundherum wdh ab *. (12 fM)

Runde 5: Je 1 fM in jd M rundherum.

Runde 6: * Je 1 fM in die nächsten 2 M, 2 fM in die nächste M; rundherum wdh ab *. (16 fM)

Runde 7: * Je 1 fM in die nächsten 3 M, 2 fM in die nächste M; rundherum wdh ab *. (20 fM)

Abb. 2

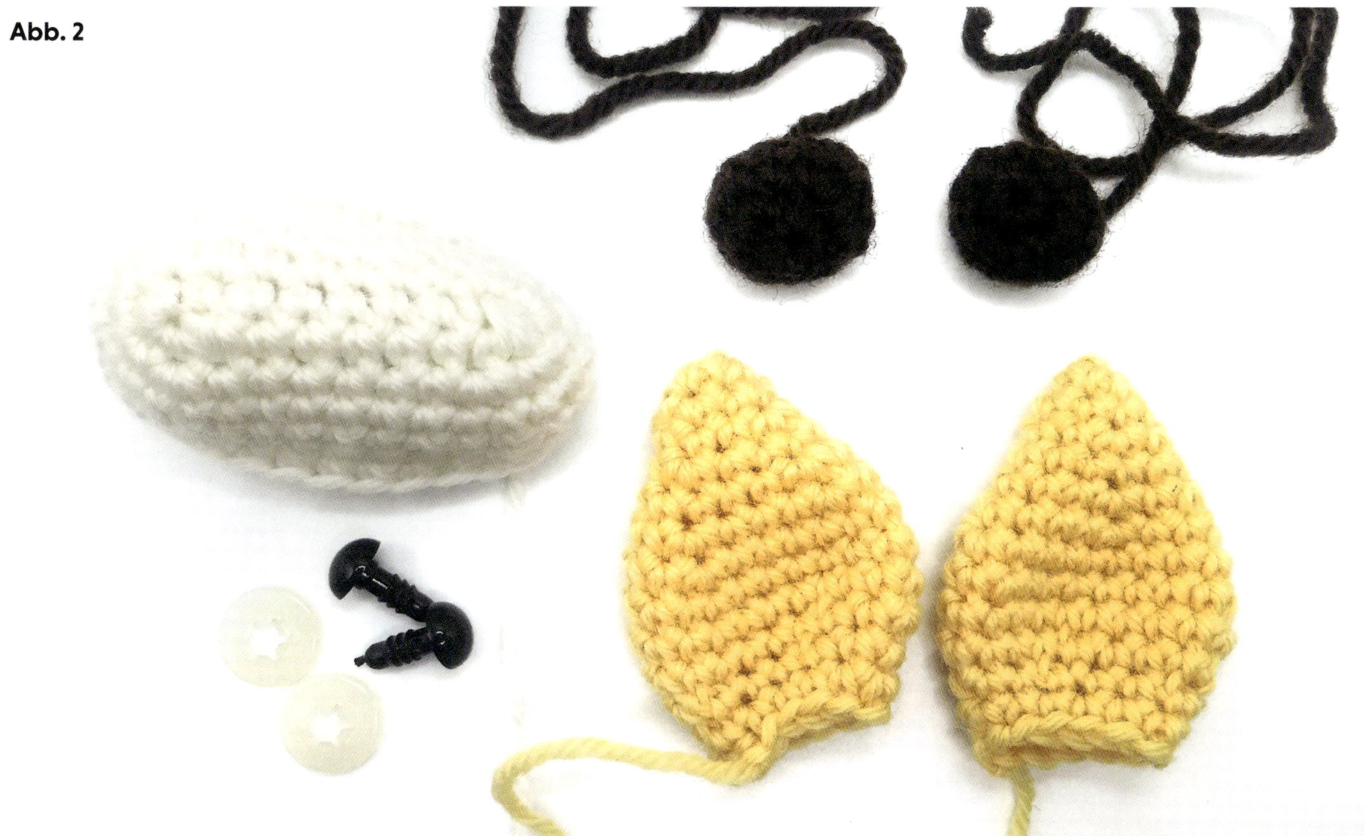

Runde 8–10: Je 1 fM in jd M rundherum.

Runde 11: * Je 1 fM in die nächsten 3 M, 2 fM zus häkeln; rundherum wdh ab *. (16 fM)

Runde 12: * Je 1 fM in die nächsten 2 M, 2 fM zus häkeln; rundherum wdh ab *. (12 fM)

Runde 13: Je 1 fM in jd M rundherum.

Das Garn befestigen und einen langen Faden zum Annähen stehenlassen (*Abb. 2*).

HÖRNER (2-mal häkeln)

Mit Garn in Farbe C einen Fadenring machen.

Runde 1: 6 fM in den Fadenring; die Rd nicht verbinden, durchgehende Rd häkeln. (6 fM)

Runde 2: 2 fM in jd M rundherum. (12 fM)

Runde 3: Je 1 fM in jd M rundherum.

Runde 4: * 1 fM in die nächste M, 2 fM zus häkeln; rundherum wdh ab *. (8 fM)

Das Garn befestigen und einen langen Faden zum Annähen stehenlassen (*Abb. 2*).

GROSSER FLECK (2-mal häkeln)

Mit Garn in Farbe D einen Fadenring machen.

Runde 1: 6 fM in den Fadenring; die Rd mit 1 Km in die 1. fM beenden. (6 fM)

Runde 2: 1 Lm, je 2 fM in jd M rundherum; die Rd mit 1 Km in die 1. fM beenden. (12 fM)

Runde 3: 1 Lm, 1 fM in die nächste M, 2 fM in die nächste M, 1 hStb in die nächste M, 2 hStb in die nächste M, (1 Stb in die nächste M, 2 Stb in die nächste M) 2-mal, 1 hStb in die nächste M, 2 hStb in die nächste M, 1 fM in die nächste M, 2 fM in die nächste M; die Rd mit 1 Km in die 1. fM beenden.

Das Garn befestigen und einen langen Faden zum Annähen stehenlassen.

KLEINER FLECK (1-mal häkeln)

Mit Garn in Farbe D einen Fadenring machen.

Runde 1: 4 fM, 2 hStb in den Fadenring; die Rd mit 1 Km in die 1. fM beenden. (6 M)

Runde 2: 1 Lm, 2 fM in die 1. M, 2 hStb in die nächste M, je 2 Stb in die letzten 4 M; die Rd mit 1 Km in die 1. fM beenden. (12 M).

Das Garn befestigen und einen langen Faden zum Annähen stehenlassen.

NASE

Mit Garn in Farbe A 9 Lm häkeln.

Runde 1: 2 fM in die 2. Lm von der Nadel, je 1 fM in die nächsten 6 Lm, 4 fM in die letzte Lm, auf der anderen Seite der Aufbaureihe arb, je 1 fM in die nächsten 6 Lm, 2 fM in die letzte Lm; die Rd mit 1 Km in die 1. fM beenden.

Runde 2: 1 Lm, 2 fM in dieselbe M wie die Verbindungs-Km, 2 fM in die nächste M, je 1 fM in die nächsten 6 M, 2 fM in die nächsten 4 M, je 1 fM in die nächsten 6 M, die Rd mit 1 Km in die 1. fM beenden.

Runde 3: 1 Lm, * (1 fM in die nächste M, 2 fM in die nächste M) 2-mal, je 1 fM in die nächsten 6 M; rundherum wdh ab *; die Rd mit 1 Km in die 1. fM beenden.

Runde 4–5: Je 1 fM in jd M rundherum; die Rd mit 1 Km in die 1. fM beenden.

Das Garn befestigen und einen langen Faden zum Annähen stehenlassen. Die Nase leicht füllen (*Abb. 3*).

Abb. 3

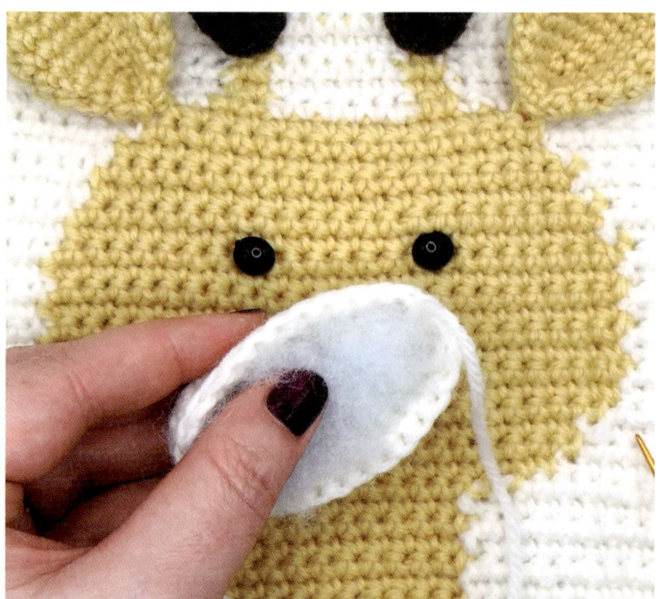

FERTIGSTELLUNG

Die Fotos zu Hilfe nehmen und die Sicherheitsaugen anbringen. Hörner, Ohren, Nase und Flecken am Hintergrund annähen (*Abb. 4–7*). Garn E in die Nähnadel einfädeln und die Nase mit zwei Strichen versehen. Die Enden vernähen.

QUASTEN (4-mal häkeln)

Garn B in die Nähnadel einfädeln und beiseitelegen. Ein 120 cm langes Stück in Farbe B nehmen und 30-mal um ein Stück Pappe wickeln. Die eingefädelte Nadel an der Oberkante der Pappe unter allen Fäden durchschieben. Festziehen und gut an den Fäden verknoten. Das Garn von der Pappe nehmen und einen weiteren Faden 1 cm unter dem Knoten herumwickeln, um die Quastenoberseite zu gestalten. Die Garnschlingen an der Unterseite zuschneiden. Die Enden der Quasten geradeschneiden. An der Oberseite einfädeln, um die Quasten gerade entlang der unteren Reihe des Hintergrunds aufzuhängen.

AM RUNDHOLZ BEFESTIGEN

Ein langes Garnstück in einer beliebigen Farbe zuschneiden. Ein Garnende an eine der oberen Ecken des Wandbehangs binden. Das andere Ende in die stumpfe Nadel einfädeln. Den Stab oben an den Wandbehang halten. * Das Garn um den Stab schlingen, 1 M an der Oberkante des Wandbehangs auslassen, die Nadel durch die nächste M stechen, das Garn durchziehen; wdh ab * bis zum Ende der Reihe. Das Fadenende an die obere Ecke des Wandbehangs knoten.

AUFHÄNGUNG

Ein langes Garnstück in einer beliebigen Farbe zuschneiden. Die Garnenden um die Enden des Rundholzes binden.

Abb. 4

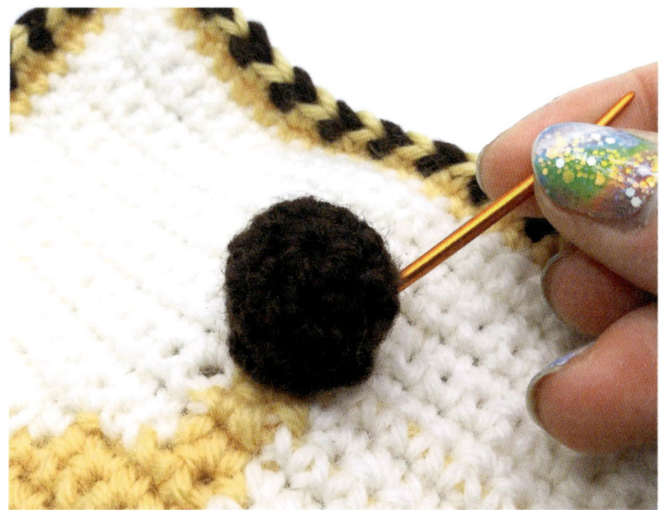

Abb. 5

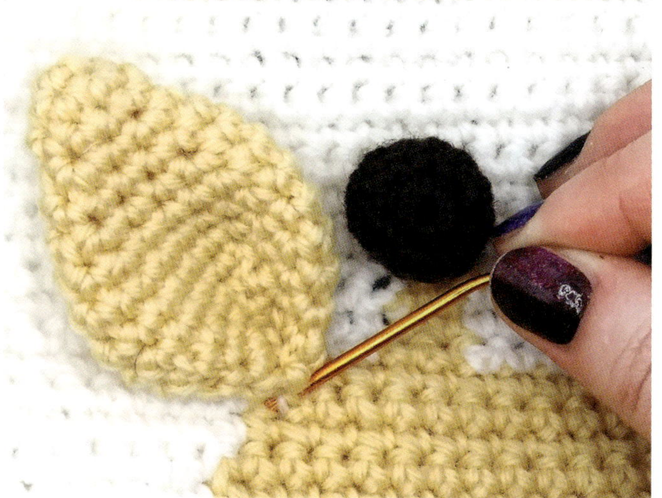

Abb. 6

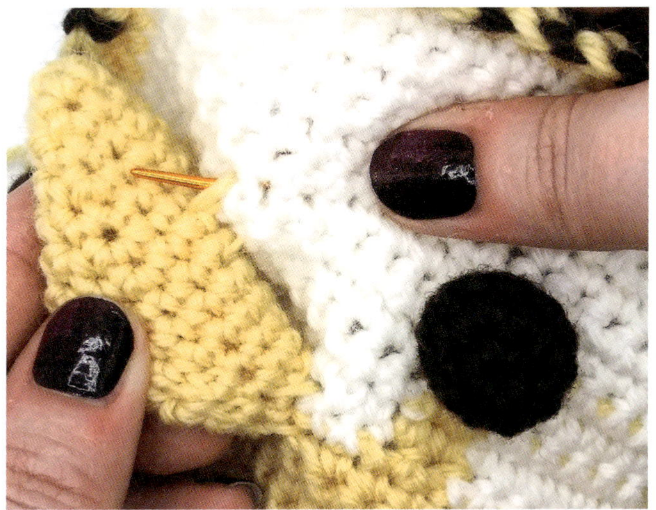

Abb. 7

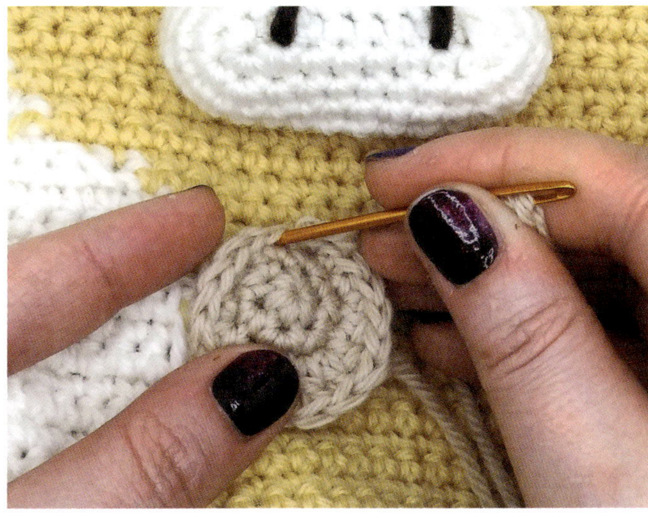

POLLY, DER PANDA

Die Pandakönigin sitzt auf einem Thron aus Pop-up-Blumen. Wählen Sie als Kontrast zu dem schwarz-weißen Panda Pastellfarben oder aber kräftigere Farbtöne, die zu Ihrer Wohnumgebung passen.

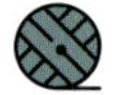 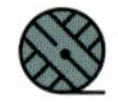 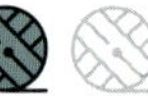 SCHWIERIGKEITSGRAD: MITTELSCHWER

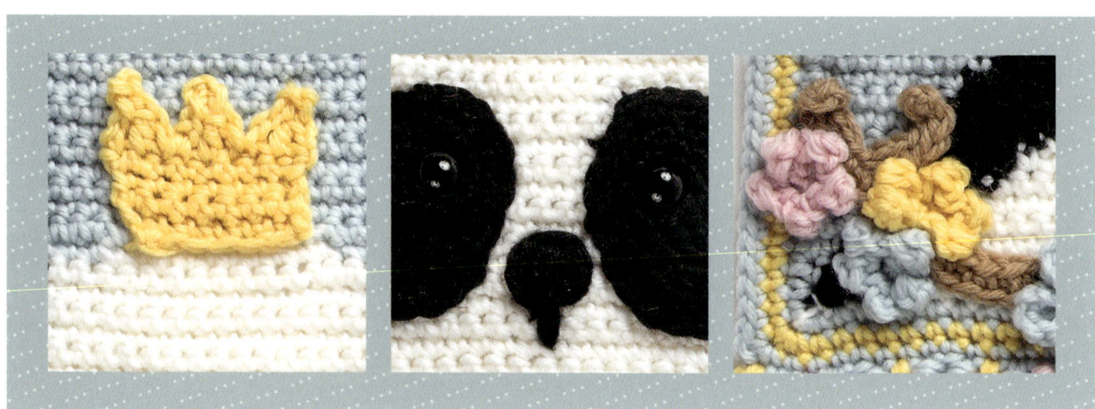

GARN
Worsted-Garn (#4 mittel)

Hier gezeigt: Berroco Ultra Wool (100 % Superwash-Merinowolle; 200 m/100 g): 3334 Cast Iron (A), 3300 Snow (B), 3318 Blue Angel (C), 3312 Butter (D), 33116 Chick Pea (E), 3310 Alyssum (F), je 1 Knäuel

HÄKELNADEL
Nadelstärke 4 mm

Die Nadelstärke nötigenfalls für die korrekte Spannung anpassen.

BENÖTIGTE MATERIALIEN
Nähnadel
Maschenmarkierer
2 Sicherheitsaugen (10 mm)
Rundholz (30 cm)

MASSE
28 x 23 cm

SPANNUNG
18 fM und 29 Reihen = 10 cm

SPEZIELLE MASCHEN
Picot
3 Lm, 1 Km in die 1. Lm.

ANMERKUNGEN
Der Hintergrund wird in Reihen hin- und hergehäkelt, die Farben dabei dem Diagramm entsprechend gewechselt (*Abb. 1*). Reihen auf der VS im Muster von rechts nach links lesen und Reihen auf der RS von links nach rechts.

Um die Farbe zu wechseln, die letzte M der alten Farbe bis zum letzten U häkeln. Zum Fertigstellen der M Umschlag mit der neuen Farbe und das Garn durch alle Schlingen auf der Nadel durchziehen. Mit der neuen Farbe fortfahren. Die alte Farbe nicht befestigen. Beim Häkeln der M in der neuen Farbe über den Faden der alten Farbe häkeln.

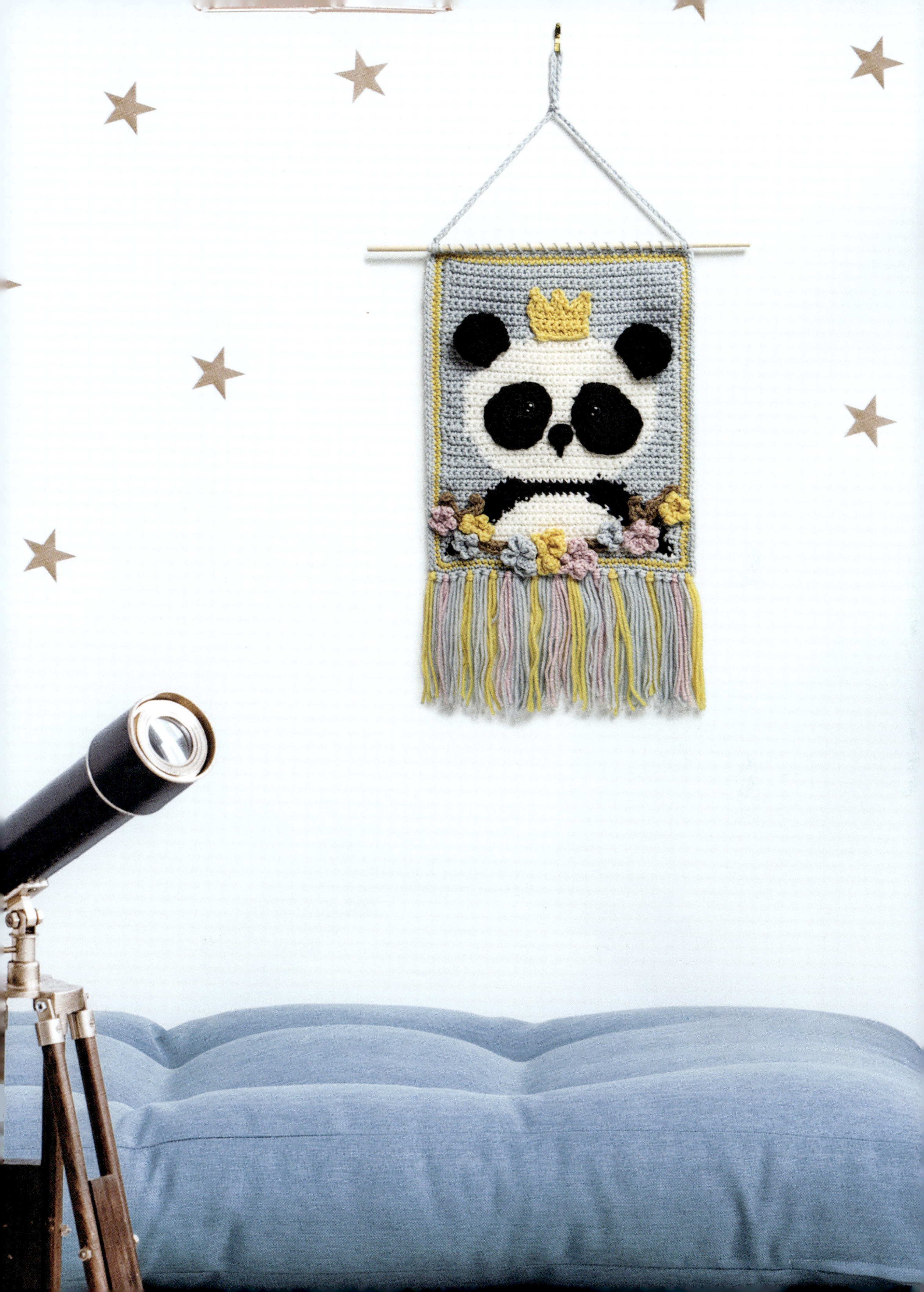

Abb. 1: Häkeldiagramm

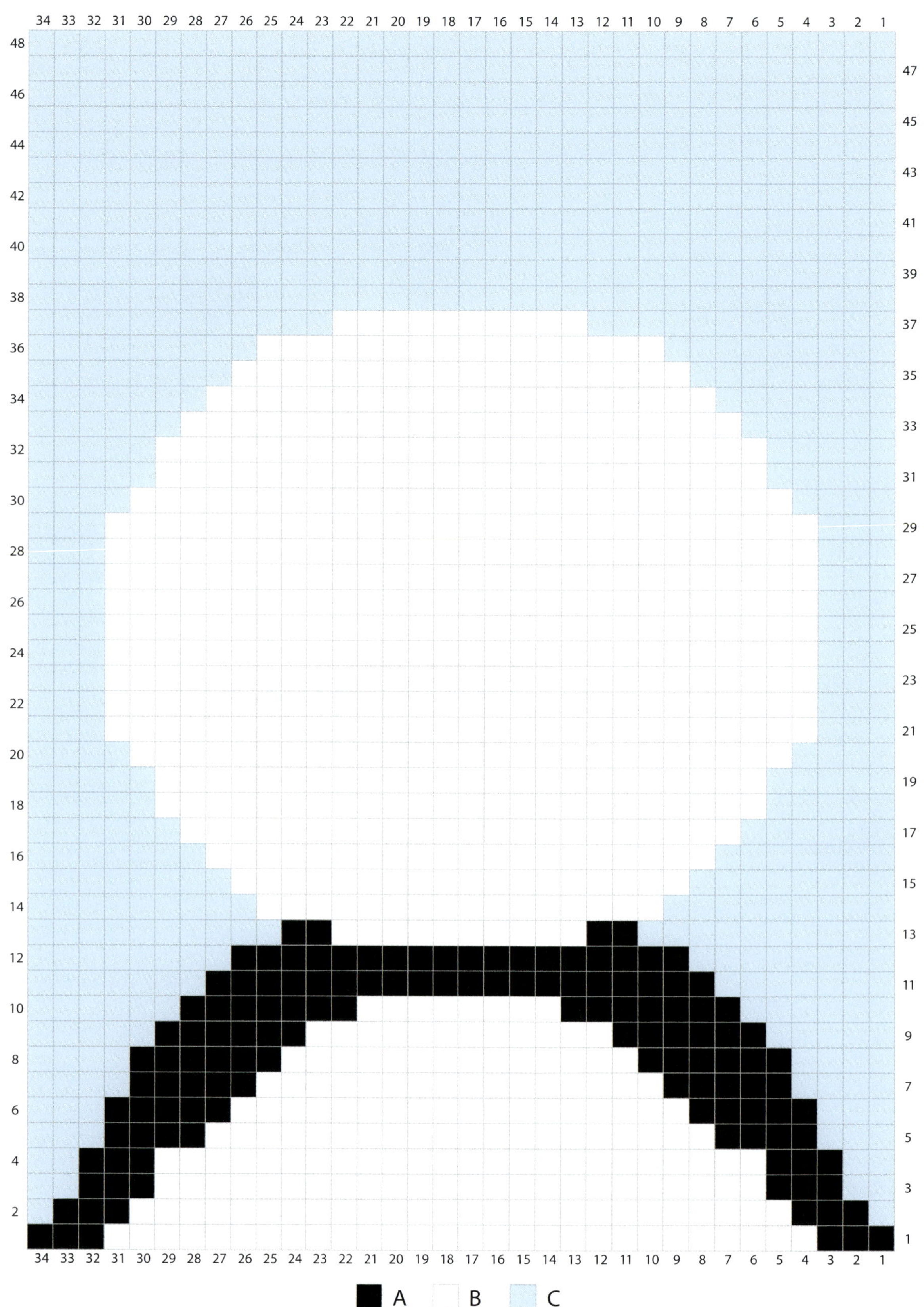

HINTERGRUND

Mit Garn in Farbe A 35 Lm häkeln.

Reihe 1 (VS): Je 1 fM in die 2. Lm von der Nd und in jd Lm bis zum Ende der R und Garnfarben entsprechend R 1 des Musters wählen. (34 fM in dieser Reihe)

Runde 2–48: 1 Lm, wenden, je 1 fM in jd M bis zum Ende der R und die Farbe dem Häkeldiagramm folgend wechseln.

Das Garn nicht befestigen.

BORTE

Reihe 1 (VS): Mit Garn C weiterarbeiten, 1 Lm häkeln, wenden, 3 fM in die 1. M, je 1 fM in jd M bis zur letzten M, 3 fM in die letzte M, 48 fM gleichmäßig entlang des seitlichen Randes häkeln, auf der anderen Seite der Aufbaureihe arb, 3 fM in die Lm unten an der 1. fM von R 1 häkeln, je 1 fM in jd Lm bis zur Lm unten an der letzten fM, 3 fM in die letzte Lm; 48 fM gleichmäßig entlang des nächsten seitlichen Randes häkeln; die Rd mit 1 Km in die 1. fM beenden. (170 fM) Das Garn befestigen.

Runde 2: Von der VS aus eine Schlinge mit Garn D in der mittleren fM einer Ecke aus 3 fM hochziehen, 1 Lm, 3 fM in dieselbe M, je 1 fM in jd M rundherum häkeln und dabei je 3 fM in die mittlere fM der 3 fM in jd Ecke; die Rd mit 1 Km in die 1. fM beenden. (178 fM) Das Garn befestigen.

Runde 3: Mit Garn C Rd 2 wdh. (186 fM) Das Garn befestigen.

Auf die richtigen Maße spannen.

OHREN (2-mal häkeln)

Mit Garn in Farbe A 2 Lm häkeln.

Reihe 1 (VS): 6 fM in die 2. Lm von der Nd häkeln; die Rd nicht verbinden und in durchgehenden Rd häkeln. Den MM in die 1. M setzen, um den Beg der Rd zu markieren. MM mit jd fertiggestellten Rd nach oben versetzen.

Runde 2: Je 2 fM in jd M rundherum häkeln. (12 fM)

Runde 3: * 1 fM in die nächste M, 2 fM in die nächste M; rundherum wdh ab *. (18 fM)

Runde 4–6: Je 1 fM in jd M rundherum.

Runde 7: * 1 fM in die nächste M, 2 fM zus häkeln; rundherum wdh ab *. (12 fM)

Runde 8: Je 1 fM in jd M rundherum; die Rd mit 1 Km in die 1. fM beenden.

Das Garn befestigen und einen langen Faden zum Annähen stehenlassen.

FLECK AM AUGE (2-mal häkeln)

Mit Garn in Farbe A 5 Lm häkeln.

Runde 1: 1 fM in die 2. Lm von der Nd und in die nächsten 2 Lm, 3 fM in die letzte Lm, auf der anderen Seite der Aufbaureihe arb, je 1 fM in die nächsten 2 Lm, 2 fM in die letzte Lm; die Rd nicht verbinden, sondern durchgehende Rd häkeln. (10 fM in dieser Rd). MM in die 1. M setzen, um den Beg der Rd zu markieren. MM mit jd fertiggestellten Rd nach oben versetzen.

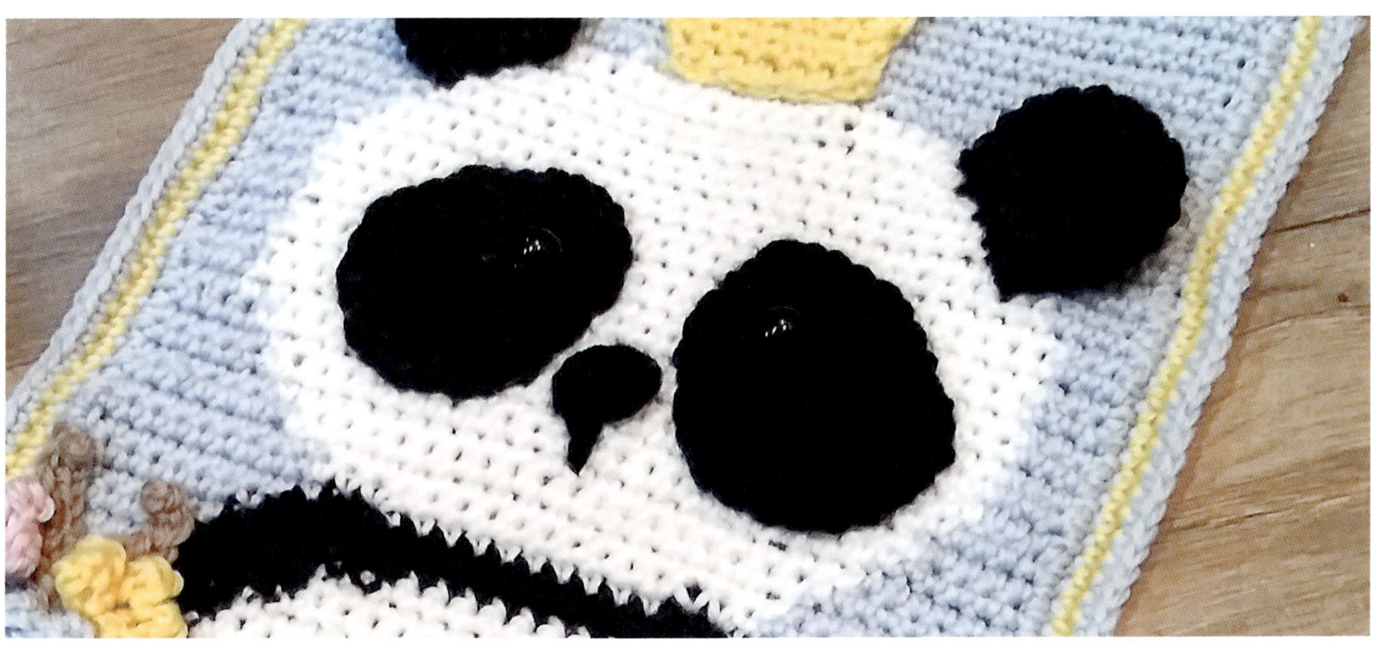

Runde 2: 2 fM in die nächste M, je 1 fM in die nächsten 2 M, 2 fM in die nächsten 3 M, je 1 fM in die nächsten 2 M, 2 fM in die nächsten 2 M. (16 fM)

Runde 3: 1 fM in die nächste M, 2 fM in die nächste M, je 1 fM in die nächsten 2 M, [1 hStb in die nächste M, 2 hStb in die nächste M] 3-mal, je 1 fM in die nächsten 2 M, [1 fM in die nächste M, 2 fM in die nächste M] 2-mal. (22 M)

Runde 4: Je 1 fM in die nächsten 2 M, 2 fM in die nächste M, je 1 hStb in die nächsten 2 M, [je 1 Stb in die nächsten 2 M, 2 Stb in die nächste M] 3-mal, je 1 hStb in die nächsten 2 M, [je 1 fM in die nächsten 2 M, 2 fM in die nächste M] 2-mal; die Rd mit 1 Km in die 1. fM beenden. (28 M)

Das Garn befestigen und einen langen Faden zum Annähen stehenlassen.

KRÖNCHEN

Mit Garn in Farbe D 8 Lm häkeln.

Reihe 1: Je 1 fM in die 2. Lm von der Nd und in jd Lm bis zum Ende der R häkeln. (7 fM)

Reihe 2–3: 1 Lm, wenden, je 1 fM in jd M bis zum Ende der R.

Reihe 4: 1 Lm, wenden, 2 fM in die 1. M, je 1 fM in die nächsten 5 M, 2 fM in die letzte M. (9 M)

Reihe 5: * 2 Lm, 1 Stb in die nächste M, 1 Picot, 2 Lm, 1 Km in die nächste M **, 1 Km in die nächste M; 2-mal wdh ab *, die letzte Wdh bei ** beenden.

Das Garn befestigen und einen langen Faden zum Annähen stehenlassen.

ÄSTE

RECHTER AST

Mit Garn in Farbe E 19 Lm häkeln.

Reihe 1: 1 Km in die 2. Lm von der Nd, je 1 Km in die nächsten 2 Lm, je 1 fM in die nächsten 4 Lm, 6 Lm (kleiner Zweig an der Seite), 1 Km in die 2. Lm von der Nd, je 1 Km in die nächsten 2 Lm, je 1 fM in die nächsten 2 Lm, 1 fM in die nächste ungehäkelte Lm vom Beg häkeln, je 1 fM in die nächsten 10 Lm.

Das Garn befestigen und einen langen Faden zum Annähen stehenlassen.

LINKER AST

Mit Garn in Farbe E 17 Lm häkeln.

Reihe 1: 1 Km in die 2. Lm von der Nd, je 1 Km in die nächsten 2 Lm, je 1 fM in die nächsten 2 Lm, 8 Lm (langer Zweig an der Seite), 1 Km in die 2. Lm von der Nd, je 1 Km in die nächsten 2 Lm, je 1 fM in die nächsten 4 Lm, 1 fM in die nächste ungehäkelte Lm vom Beg, je 1 fM in die nächsten 10 Lm.

Das Garn befestigen und einen langen Faden zum Annähen stehenlassen.

BLUMEN

GROSS (je 1-mal in Garn C, D und F häkeln)

2 Lm häkeln.

Runde 1: 5 fM in die 2. Lm von der Nd; die Rd nicht verbinden und durchgehende Rd häkeln. (5 fM in dieser Rd). MM in die 1. M setzen, um den Beg der Rd zu markieren.

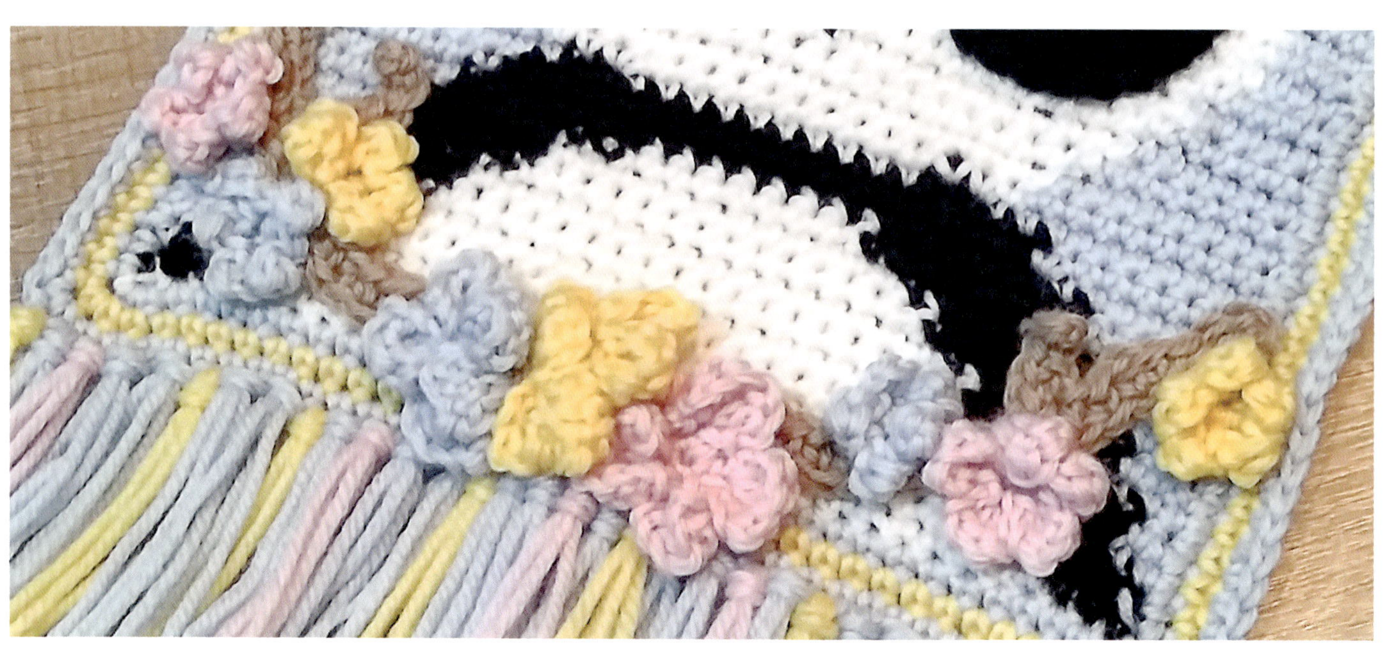

Runde 2: (1 Km, 2 Lm, 4 Stb, 2 Lm, 1 Km) in jd M rundherum. (5 Blütenblätter).

Das Garn befestigen und einen langen Faden zum Annähen stehenlassen.

KLEIN (je 2-mal in Garn C, D und F häkeln)
2 Lm häkeln.

Runde 1: 5 fM in die 2. Lm von der Nd; die Rd nicht verbinden, sondern durchgehende Rd (Spiralen) häkeln. (5 fM in dieser Rd). MM in die 1. M setzen, um den Beg der Rd zu markieren.

Runde 2: (1 Km, 1 Lm, 1 Stb, 1 Lm, 1 Km) in jd M rundherum. (5 Blütenblätter).

Das Garn befestigen und einen langen Faden zum Annähen stehenlassen.

FERTIGSTELLUNG

Die Fotos zu Hilfe nehmen und die Ohren an den gegenüberliegenden Seiten des Kopfs annähen (*Abb. 2*). Sicherheitsaugen an den Flecken für die Augen anbringen und diese am Kopf annähen (*Abb. 3*). Garn A in die Nähnadel einfädeln und die Nase aufnähen. Den rechten und den linken Ast annähen (*Abb. 4*). Die Blumen über dem Ast annähen, dabei drei große in die Mitte und drei kleine an jede Seite positionieren. Die Krone oben am Kopf festnähen. Die Enden vernähen.

FRANSEN

Für jede Franse Fäden auf 30 cm zuschneiden. Je 20 Stück in Farbe C, 8 Stück in Farbe D und 5 in Farbe F zuschneiden. Die Fäden zusammennehmen und in der Mitte falten.
Die gefaltete Seite durch das Ende des Hintergrunds durchziehen, sodass eine Schlinge entsteht. Die Fransenenden durch diese Schlinge durchschieben und festziehen. Die Farben im gewünschten Muster anordnen und die Fransen gerade zuschneiden.

AM RUNDHOLZ BEFESTIGEN

Ein langes Garnstück in einer beliebigen Farbe zuschneiden. Ein Garnende an eine der oberen Ecken des Wandbehangs binden. Das andere Ende in die stumpfe Nadel einfädeln. Den Stab oben an den Wandbehang halten. * Das Garn um den Stab schlingen, 1 M an der Oberkante des Wandbehangs auslassen, die Nadel durch die nächste M stechen, das Garn durchziehen; wdh ab * bis zum Ende der Reihe. Das Fadenende an die obere Ecke des Wandbehangs knoten.

AUFHÄNGUNG

Ein langes Garnstück in einer beliebigen Farbe zuschneiden. Die Garnenden um die Enden des Rundholzes binden.

Abb. 2

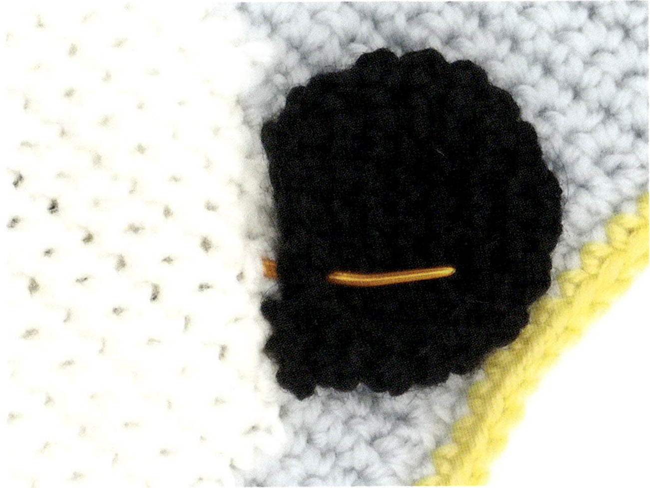

Abb. 3

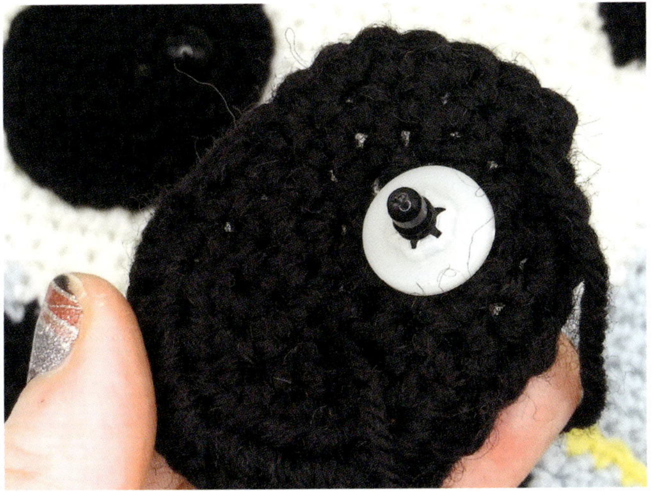

Abb. 4

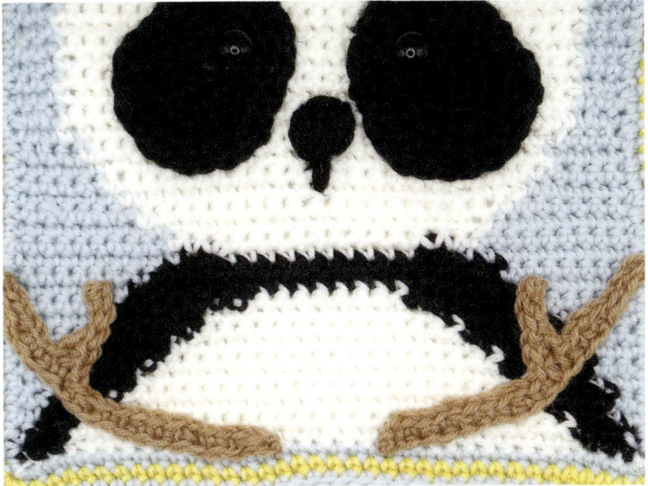

LARRY, DER LÖWE

Eine Löwenmähne ruft danach, plastisch bearbeitet zu werden! Sie können sie aus Fransen fertigen und es gut sein lassen, aber wo bleibt denn dann der ganze Spaß? Dieser Löwe scheint wie frisch vom Friseur mit seinen wohlgeformten Mähnenteilen, die einer nach dem anderen rund um seinen Kopf drapiert werden.

 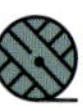 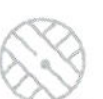 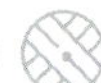 SCHWIERIGKEITSGRAD: LEICHT

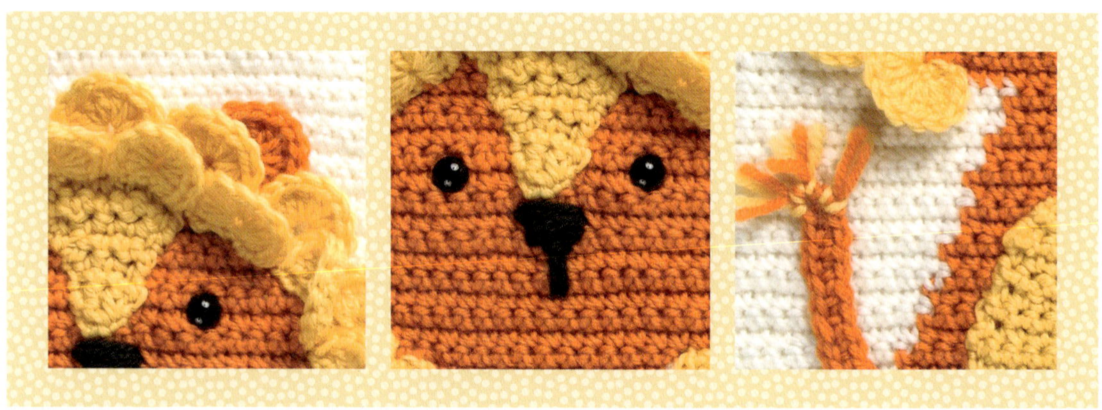

GARN
Worsted-Garn (#4 mittel)

Hier gezeigt: Berroco Ultra Wool (100 % Superwash-Merinowolle; 200 m/100 g): 3301 Cream (A), 3328 Bittersweet (B), 3325 Delicata (C), 3334 Cast Iron (D), je 1 Knäuel

HÄKELNADEL
Nadelstärke 4 mm

Die Nadelstärke nötigenfalls für die korrekte Spannung anpassen.

BENÖTIGTE MATERIALIEN
Nähnadel
2 Sicherheitsaugen (10 mm)
Rundholz (30 cm)

MASSE
28 x 23 cm

SPANNUNG
18 fM und 20 Reihen = 10 cm

ANMERKUNGEN
Der Hintergrund wird in Reihen hin- und hergehäkelt, die Farben dabei dem Diagramm entsprechend gewechselt (*Abb. 1*). Reihen auf der VS im Muster von rechts nach links lesen und Reihen auf der RS von links nach rechts.

Um die Farbe zu wechseln, die letzte M der alten Farbe bis zum letzten U häkeln. Zum Fertigstellen der M Umschlag mit der neuen Farbe und das Garn durch alle Schlingen auf der Nadel durchziehen. Mit der neuen Farbe fortfahren. Die alte Farbe nicht befestigen. Beim Häkeln der M in der neuen Farbe über den Faden der alten Farbe häkeln.

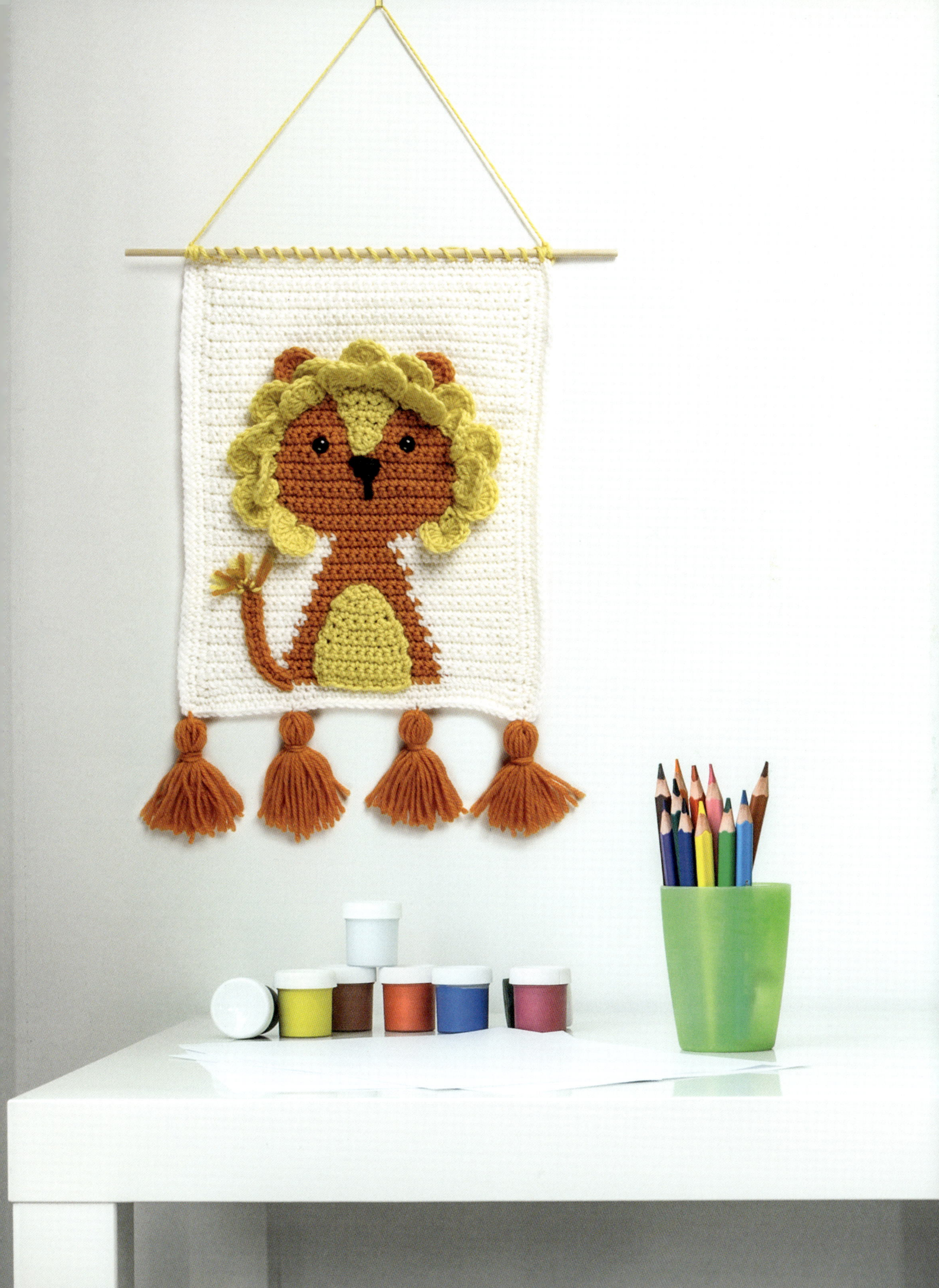

Abb. 1: Häkeldiagramm

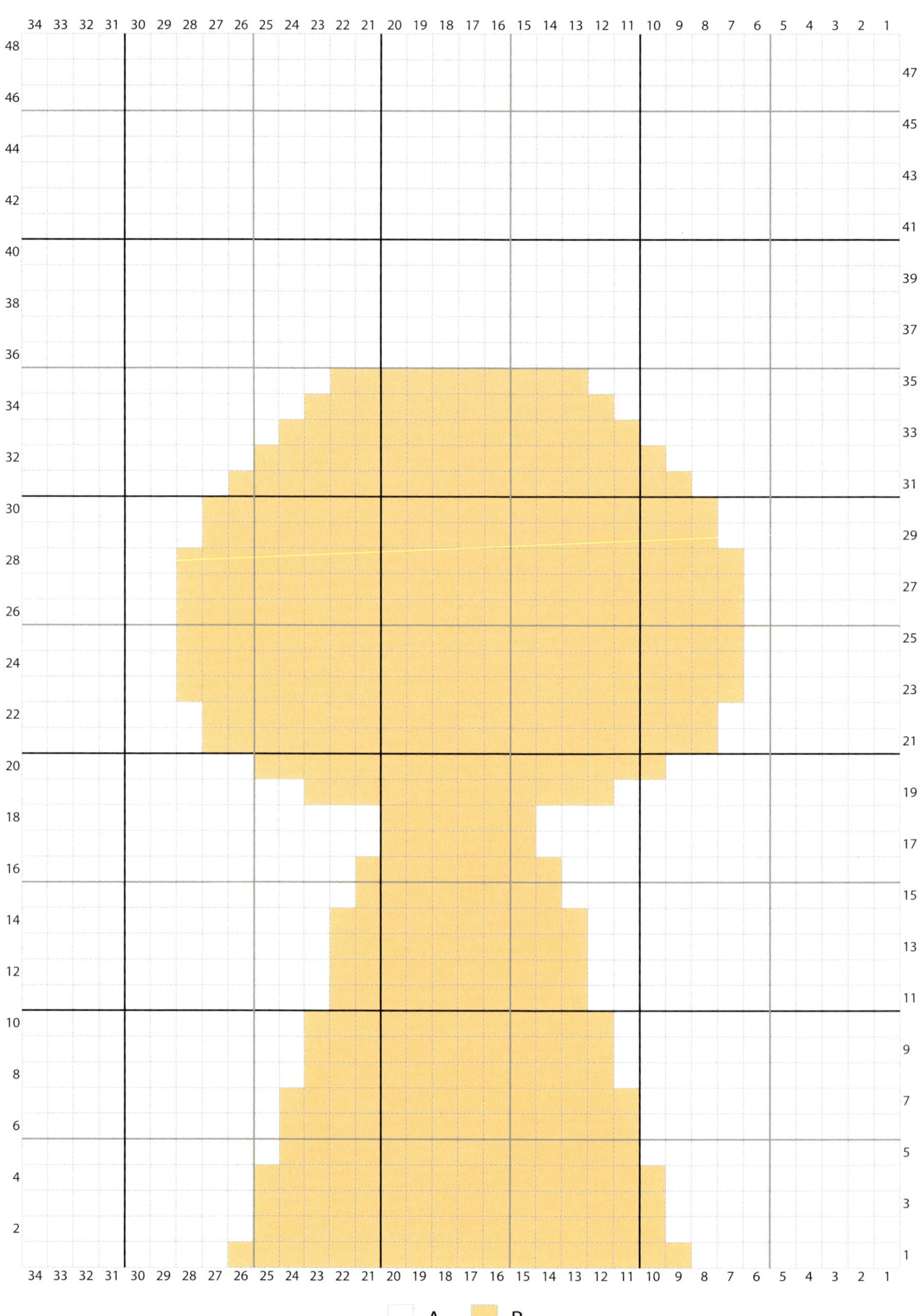

HINTERGRUND

Mit Garn in Farbe A 35 Lm häkeln.

Reihe 1 (VS): Je 1 fM in die 2. Lm von der Nd und in jd Lm bis zum Ende der R und die Farbe entsprechend R 1 des Diagramms wechseln. (34 fM in dieser Reihe)

Reihe 2–48: 1 Lm, wenden, je 1 fM in jd M bis zum Ende der R und die Farbe dem Häkeldiagramm folgend wechseln. Garn nicht befestigen.

BORTE

Reihe 1 (VS): Mit Garn A weiterarbeiten, 1 Lm, wenden, 2 fM in die 1. M, je 1 fM in jd M bis zur letzten M, 3 fM in die letzte M, 48 fM gleichmäßig entlang des seitlichen Randes häkeln, auf der anderen Seite der Aufbaureihe arb, 3 fM in die Lm unten an der 1. fM von R 1 häkeln, je 1 fM in jd Lm bis zur Lm unten an der letzten fM, 3 fM in die letzte Lm; 48 fM gleichmäßig entlang des nächsten seitlichen Randes häkeln, 1 fM in die 1. M; die Rd mit 1 Km in die 1. fM beenden. (170 fM)

Reihe 2–3: 1 Lm, 2 fM in dieselbe M wie die Verbindungs-Km, je 1 fM in jd M rundherum mit je 3 fM in jd Ecke, 1 fM in die 1. M; die Rd mit 1 Km in die 1. fM beenden. (184 fM). Das Garn befestigen.

Auf die richtigen Maße spannen.

MÄHNE (19-mal häkeln)

Mit Garn in Farbe C 3 Lm häkeln.

Reihe 1: 10 Stb in die 3. Lm von der Nd, 2 Lm, 1 Km in die mittlere der 3 Lm. (10 Stb)

Das Garn befestigen und einen langen Faden zum Annähen stehenlassen.

STIRN

Mit Garn in Farbe C 10 Lm häkeln.

Reihe 1: 1 fM in die 2. Lm, 2 fM zus häkeln, je 1 fM in die nächsten 3 Lm, 2 fM zus häkeln, 1 fM in die letzte Lm. (7 fM)

Reihe 2: 1 Lm, wenden, 1 fM in die 1. M, 2 fM zus häkeln, 1 fM in die nächste M, 2 fM zus häkeln, 1 fM in die letzte M. (5 fM)

Reihe 3: 1 Lm, wenden, je 1 fM in jd M bis zum Ende der R.

Reihe 4: 1 Lm, wenden, 2 fM zus häkeln, 1 fM, 2 fM zus häkeln. (3 fM)

Reihe 5–6: 1 Lm, wenden, je 1 fM in jd M bis zum Ende der R.

Reihe 7: 1 Lm, wenden, 2 fM zus häkeln, erneut die mittlere M verwenden und 2 fM zus häkeln. (2 fM)

Reihe 8: 1 Lm, wenden, 2 fM zus häkeln. (1 fM).

Das Garn befestigen und einen langen Faden zum Annähen stehenlassen.

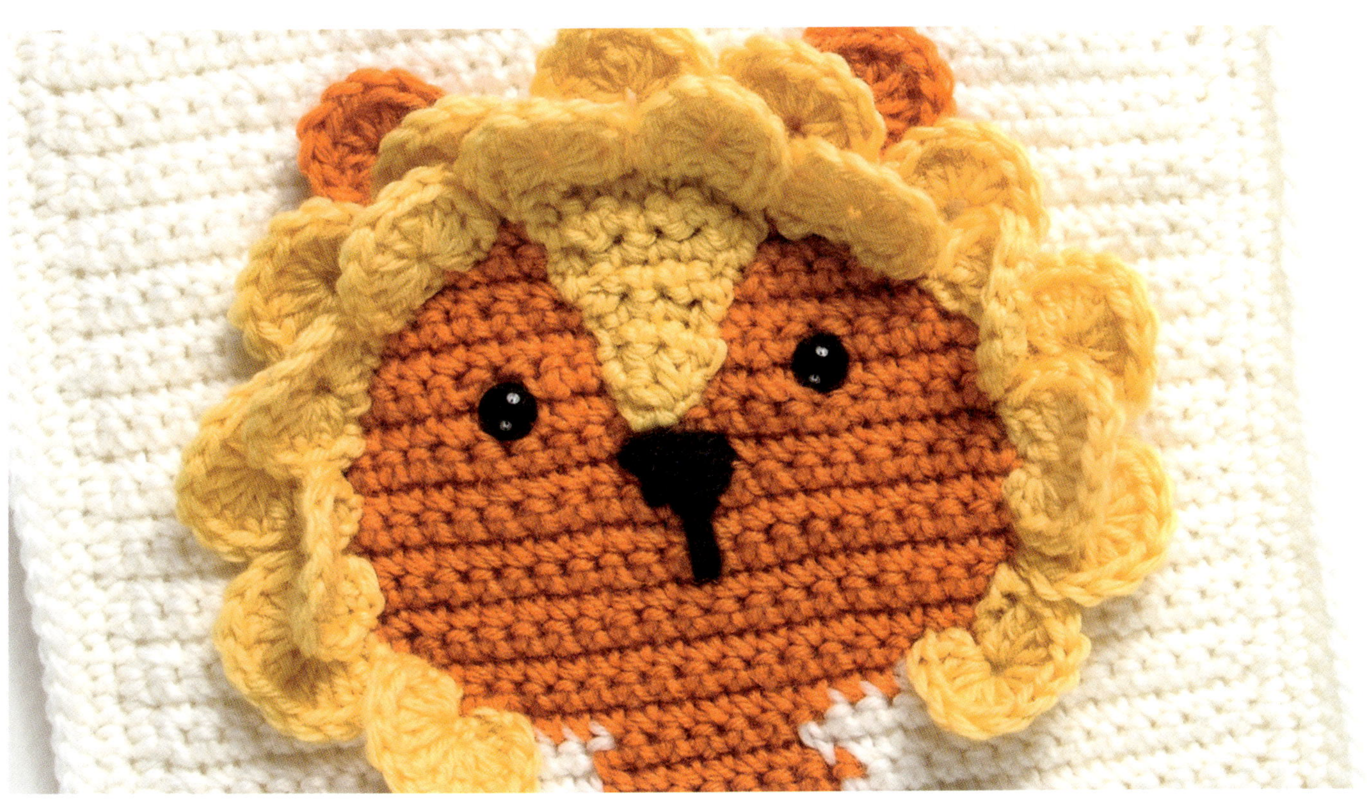

OHREN (2-mal häkeln)

Mit Garn in Farbe B 3 Lm häkeln.

Reihe 1: 10 Stb in die 3. Lm von der Nd, 2 Lm, 1 Km in die mittlere Lm der 3 Lm. (10 Stb)

Das Garn befestigen und einen langen Faden zum Annähen stehenlassen.

FLECK FÜR DEN BAUCH

Mit Garn in Farbe C 11 Lm häkeln.

Reihe 1: Je 1 fM in die 2. Lm von der Nd und in jd Lm bis zum Ende der R. (10 fM)

Reihe 2–4: 1 Lm, wenden, je 1 fM in jd M bis zum Ende der R.

Reihe 5: 1 Lm, wenden, 1 fM in die 1. M, 2 fM zus häkeln, je 1 fM in die nächsten 4 M, 2 fM zus häkeln, 1 fM in die nächste M. (8 fM)

Reihe 6–7: 1 Lm, wenden, je 1 fM in jd M bis zum Ende der R.

Reihe 8: 1 Lm, wenden, 1 fM in die 1. M, 2 fM zus häkeln, je 1 fM in die nächsten 2 M, 2 fM zus häkeln, 1 fM in die nächste M. (6 fM)

Reihe 9–10: 1 Lm, wenden, je 1 fM in jd M rundherum.

Reihe 11: 1 Lm, wenden, 2 fM zus häkeln, je 1 fM in die nächsten 2 M, 2 fM zus häkeln. (4 fM)

Reihe 12: Wenden, (2 fM zus häkeln) 2-mal. (2 fM)

Das Garn befestigen und einen langen Faden zum Annähen stehenlassen.

Abb. 2

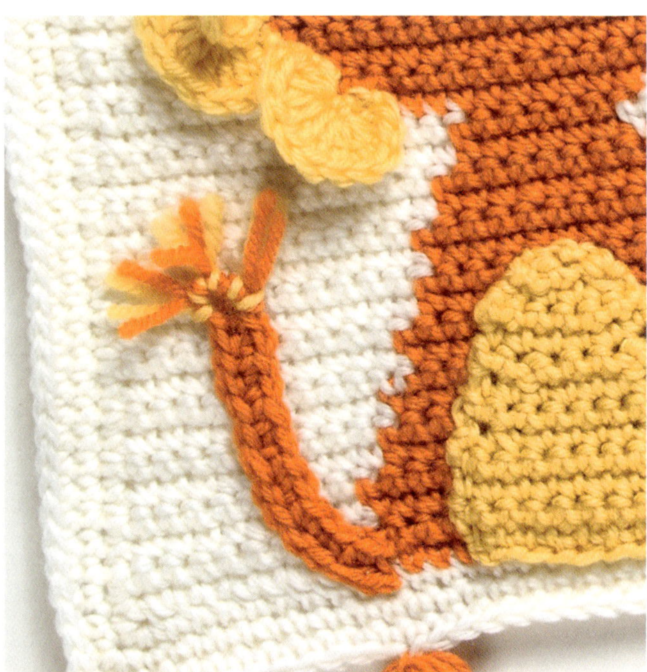

SCHWANZ

Mit Garn in Farbe B 17 Lm häkeln.

Reihe 1: 1 fM in die 2. Lm von der Nadel und in jd Lm bis zum Ende der R, 3 Lm, wenden, 1 Km in die letzte M. (16 fM, 3 Lm).

Das Garn befestigen und einen langen Faden zum Annähen stehenlassen. 3 Fransen am Schwanzende befestigen. Für jede Franse zwei 2,5 cm lange Garnstücke zuschneiden, je eines in Farbe B und C (*Abb. 2*).

FERTIGSTELLUNG

Die Fotos zu Hilfe nehmen und Stirn, Ohren, Fleck am Bauch und Schwanz auf den Hintergrund aufnähen (*Abb. 3, 4*). In der Mitte des Kopfes beginnen und die Mähne in 2 Reihen am Kopf annähen (*Abb. 5–7*). Die Sicherheitsaugen anbringen, Garn D in die Nähnadel einfädeln und die Nase aufsticken. Die Enden vernähen.

Abb. 3

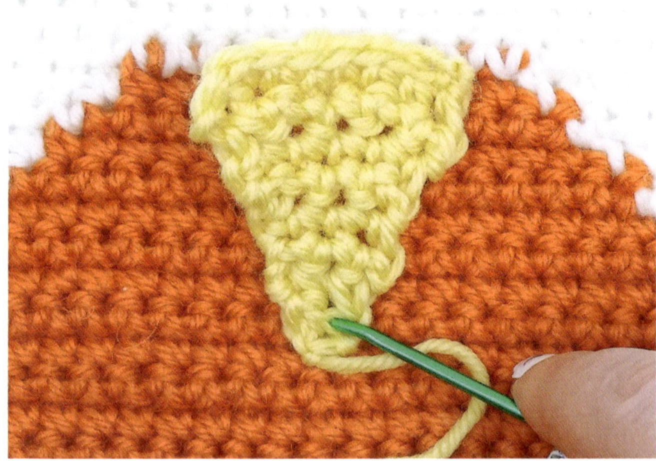

Abb. 4

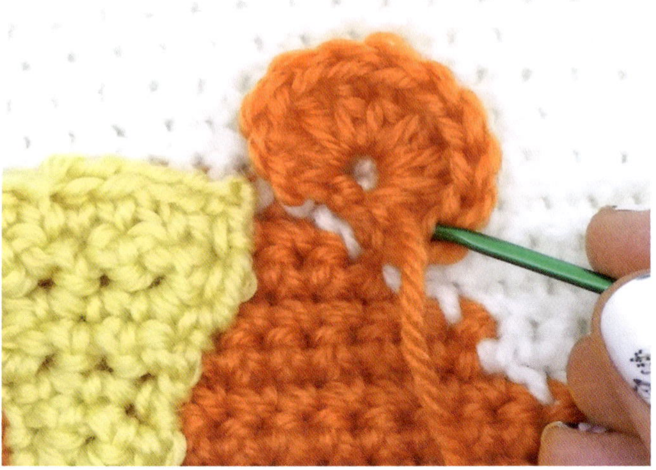

Abb. 5

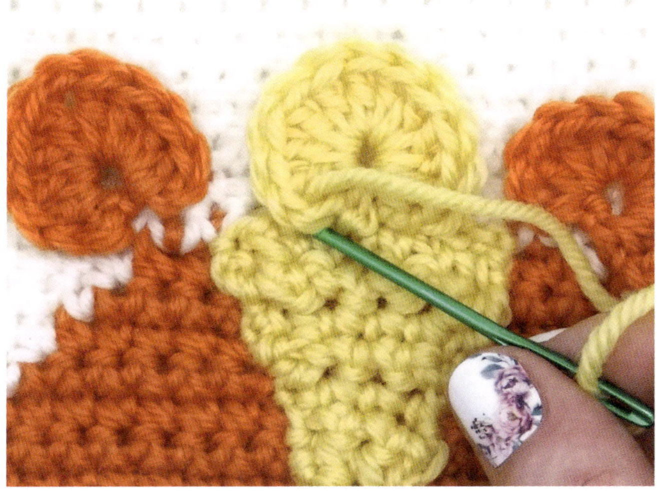

Abb. 6

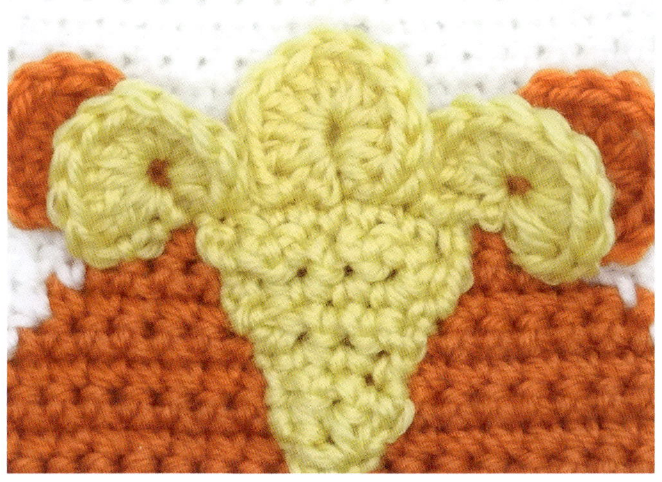

Abb. 7

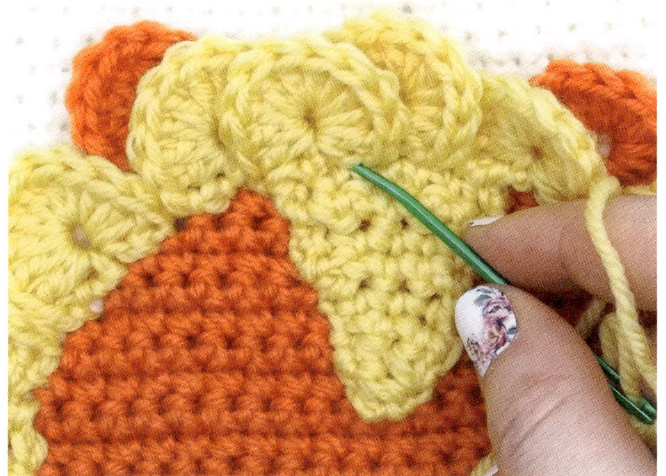

QUASTEN (4-mal häkeln)

Garn B in die Sticknadel einfädeln und beiseitelegen. Ein 120 cm langes Stück in Farbe B nehmen und 30-mal um ein Stück Pappe wickeln. Die eingefädelte Nadel an der Oberkante der Pappe unter allen Fäden durchschieben. Den Faden festziehen und gut an den Fäden verknoten. Das Garn von der Pappe nehmen und einen weiteren Faden 1 cm unter dem Knoten herumwickeln, um die Quastenoberseite zu gestalten. Die Garnschlingen an der Unterseite auf- und die Enden der Quasten geradeschneiden. An der Oberseite einfädeln, um die Quasten gerade entlang der unteren Reihe des Hintergrunds aufzuhängen (*Abb. 8*).

AM RUNDHOLZ BEFESTIGEN

Ein langes Garnstück in einer beliebigen Farbe zuschneiden. Ein Garnende an eine der oberen Ecken des Wandbehangs binden. Das andere Ende in die stumpfe Nadel einfädeln. Den Stab oben an den Wandbehang halten. * Das Garn um den Stab schlingen, 1 M an der Oberkante des Wandbehangs auslassen, die Nadel durch die nächste M stechen, das Garn durchziehen; wdh ab * bis zum Ende der Reihe. Das Fadenende an die obere Ecke des Wandbehangs knoten.

AUFHÄNGUNG

Ein langes Garnstück in einer beliebigen Farbe zuschneiden. Die Garnenden um die Enden des Rundholzes binden.

Abb. 8

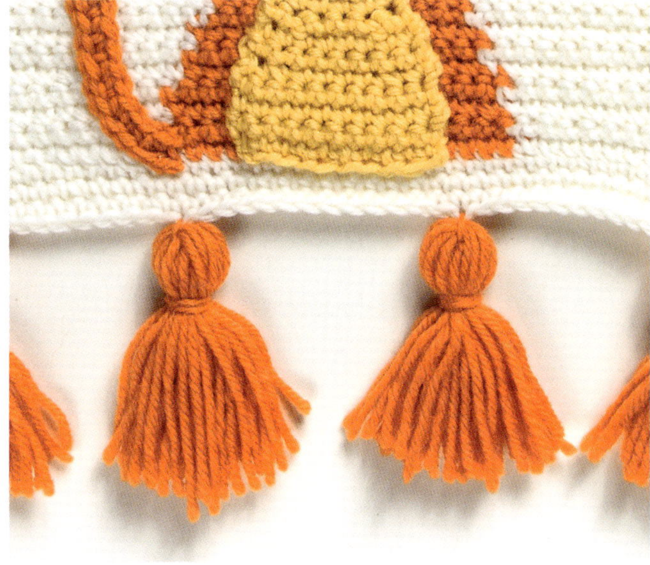

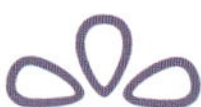

MAX, DAS ÄFFCHEN

Fluffige, plastische Herzen und Wangen sowie ein 3D-Schwanz verleihen diesem Affen sowohl Charme als auch Textur. Als wäre es so nicht schon hinreißend genug, ist dieses Design mit seinen Klappohren perfekt für kleine, erkundende Fingerchen geeignet.

 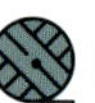 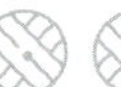 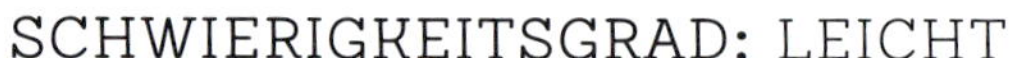

SCHWIERIGKEITSGRAD: LEICHT

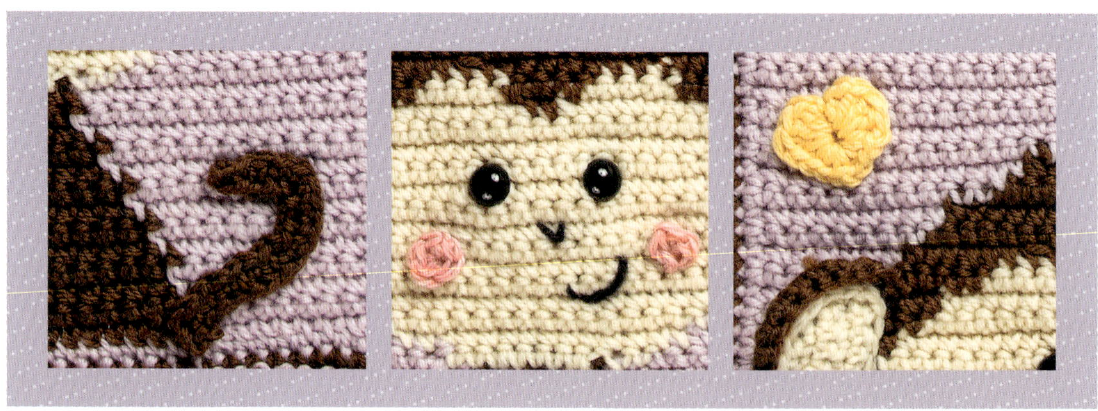

GARN
Worsted-Garn (#4 mittel)

Hier gezeigt: Berroco Ultra Wool (100 % Superwash-Wolle; 200 m/100 g): 3314 Lilac (A), 3323 Mocha (B), 2201 Cream (C), 3312 Butter (D), 33160 Peach (E), 3334 Cast Iron (F), je 1 Knäuel

HÄKELNADEL
Nadelstärke 4 mm

Die Nadelstärke nötigenfalls für die korrekte Spannung anpassen.

BENÖTIGTE MATERIALIEN
Nähnadel
2 Sicherheitsaugen (16 mm)
Rundholz (30 cm)

MASSE
28 x 23 cm

SPANNUNG
18 fM und 20 Reihen = 10 cm

SPEZIELLE MASCHEN
Unsichtbare Abnahme mit festen Maschen
Anstatt beim Rundhäkeln mit 2 fM zus häkeln abzunehmen, häkeln Sie eine „unsichtbare" Abnahme. Die Nd ins vMg der nächsten 2 M stechen, U und das Garn durch die 2 Schlingen auf der Nd durchziehen (1 M abgenommen).

ANMERKUNGEN
Der Hintergrund wird in Reihen hin- und hergehäkelt, die Farben dabei dem Diagramm entsprechend gewechselt (*Abb. 1*). Reihen auf der VS im Muster von rechts nach links lesen und Reihen auf der RS von links nach rechts.

Um die Farbe zu wechseln, die letzte M der alten Farbe bis zum letzten U häkeln. Zum Fertigstellen der M Umschlag mit der neuen Farbe und das Garn durch alle Schlingen auf der Nadel durchziehen. Mit der neuen Farbe fortfahren. Die alte Farbe nicht befestigen. Beim Häkeln der M in der neuen Farbe über den Faden der alten Farbe häkeln.

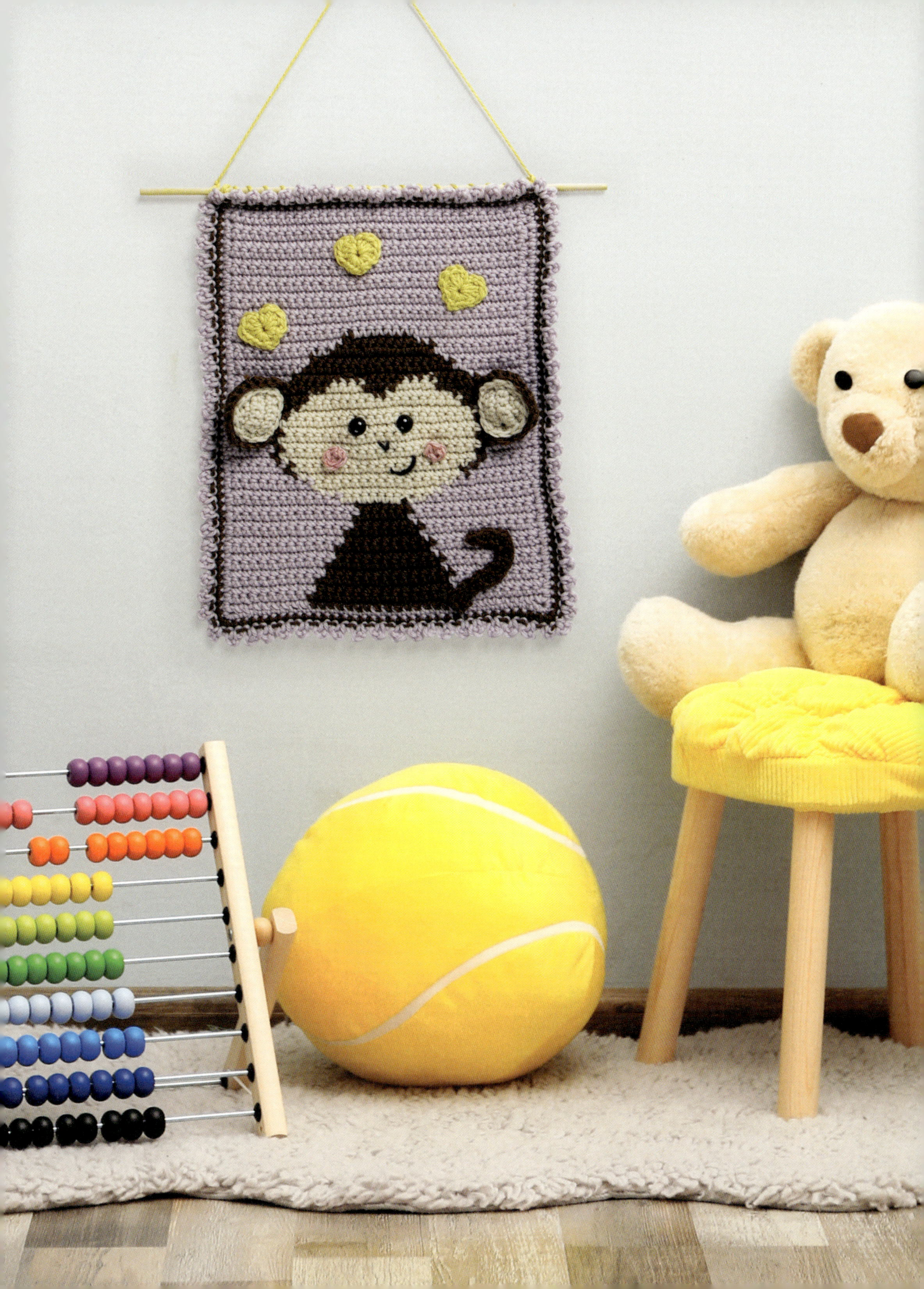

Abb. 1: Häkeldiagramm

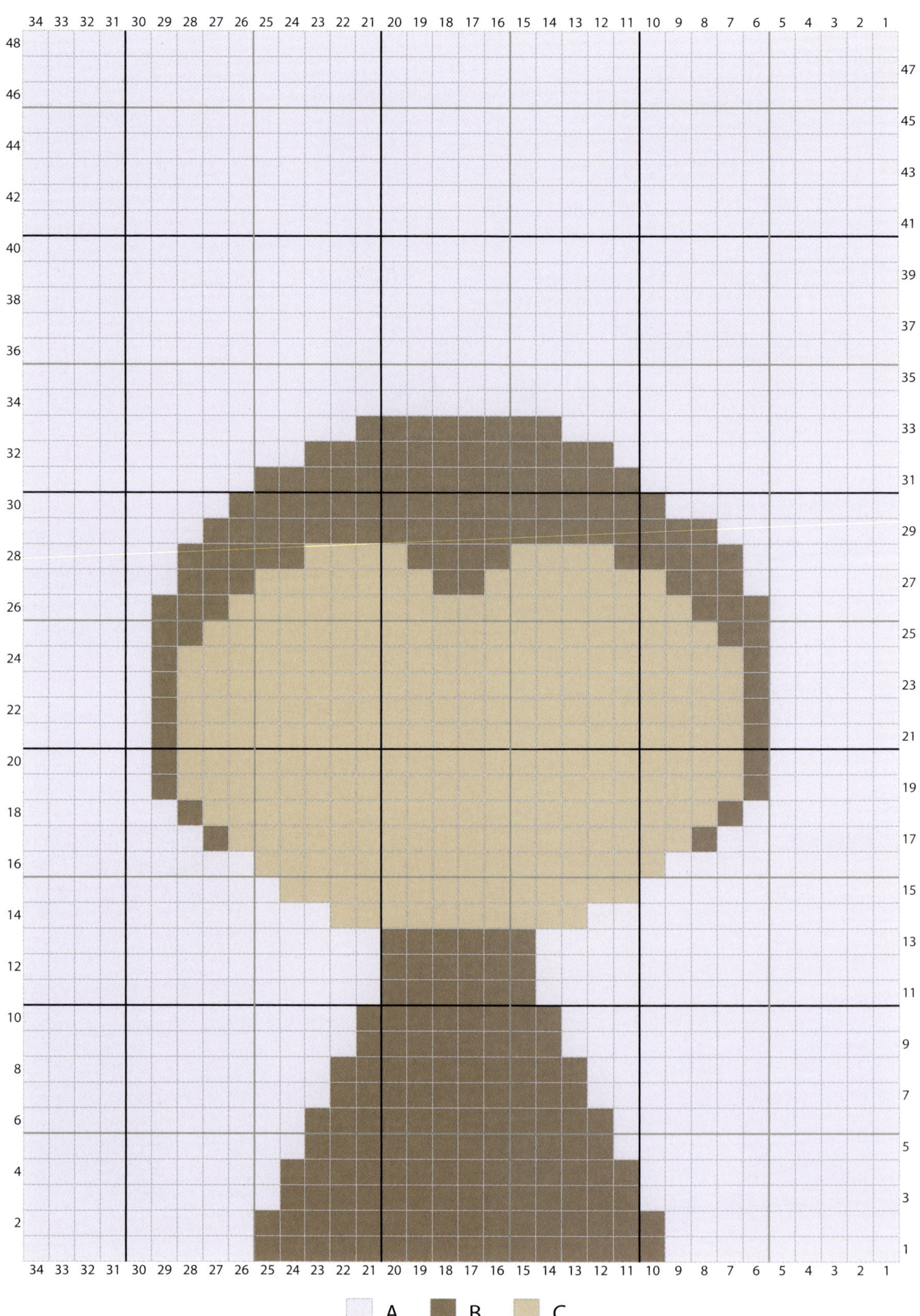

HINTERGRUND

Mit Garn in Farbe A 35 Lm häkeln.

Reihe 1 (VS): Je 1 fM in die 2. Lm von der Nd und in jd Lm bis zum Ende der R und die Farbe entsprechend R 1 des Häkeldiagramms wechseln. (34 fM in dieser Reihe).

Reihe 2–48: 1 Lm, wenden, je 1 fM in jd M bis zum Ende der R und die Farbe dem Häkeldiagramm folgend wechseln.

Das Garn befestigen.

BORTE

Runde 1 (VS): Mit Garn A 1 Lm häkeln, wenden, 2 fM in die 1. M, je 1 fM in jd M bis zur letzten M, 3 fM in die letzte M, 48 fM gleichmäßig entlang des seitlichen Randes häkeln, auf der anderen Seite der Aufbaureihe arb, 3 fM in die Lm unten an der 1. fM von R 1 häkeln, je 1 fM in jd Lm bis zur Lm unten an der letzten fM, 3 fM in die letzte Lm; 48 fM gleichmäßig entlang des nächsten seitlichen Randes häkeln, 1 fM in die 1. M; die Rd mit 1 Km in die 1. fM beenden. (170 fM) Das Garn befestigen.

Runde 2: Mit Garn B 1 Lm, 2 fM in dieselbe M wie die Verbindungs-Km, je 1 fM in jd M rundherum mit je 3 fM in jd Ecke, 1 fM in die 1. M; die Rd mit 1 Km in die 1. fM beenden. (184 fM) Das Garn befestigen.

Runde 3: Mit der VS nach oben, Garn A in der Ecke einhäkeln, 3 Lm, 1 Km in dieselbe M, 1 Km in die nächste M, * 1 Km in die nächste M, 3 Lm, 1 Km in dieselbe M, 1 Km in die nächste M; rundherum wdh ab *; die Rd mit 1 Km in die 1. M beenden. Das Garn befestigen.

Auf die richtigen Maße spannen.

OHREN (2-mal häkeln)

ÄUSSERES OHR

Mit Garn in Farbe B 3 Lm häkeln.

Reihe 1: 2 fM in die 2. Lm von der Nd, 2 fM in die nächste M. (4 fM)

Reihe 2: 1 Lm, wenden, 2 fM in die 1. M, je 1 fM in die nächsten 2 M, 2 fM in die nächste M. (6 fM)

Reihe 3: 1 Lm, wenden, 2 fM in die 1. M, je 1 fM in die nächsten 4 M, 2 fM in die nächste M. (8 fM)

Reihe 4–6: 1 Lm, wenden, je 1 fM in jd M bis zum Ende der R. Die Umrandung anhäkeln.

UMRANDUNG

Runde 1: 1 Lm, 2 fM zus häkeln, je 1 fM in die nächsten 4 M, 2 fM zus häkeln, 1 Lm, fM gleichmäßig entlang der Reihenenden häkeln, je 1 fM in jd M bis zum Ende von R 1, fM gleichmäßig an den Enden der R häkeln und die Rd mit 1 Km in die 1. fM beenden.

Das Garn befestigen und einen langen Faden zum Annähen stehenlassen.

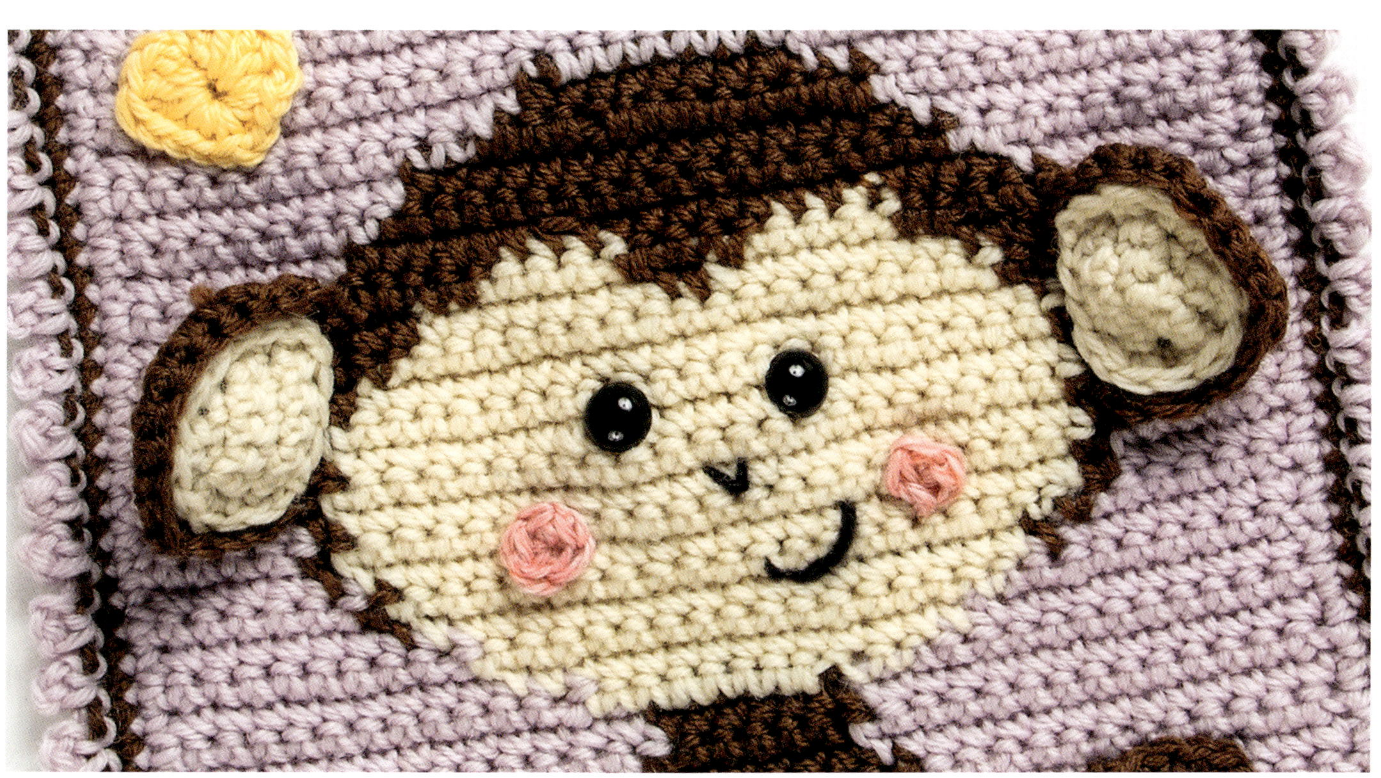

INNERES OHR

Mit Garn in Farbe C 3 Lm häkeln.

Reihe 1: 2 fM in die 2. Lm von der Nd, 2 fM in die nächste M. (4 fM)

Reihe 2: 1 Lm, wenden, 2 fM in die 1. M, je 1 fM in die nächsten 2 M, 2 fM in die nächste M. (6 fM)

Reihe 3–4: 1 Lm, wenden, je 1 fM in jd M bis zum Ende der R. Umrandung häkeln.

UMRANDUNG

Runde 1: 1 Lm, 2 fM zus häkeln, je 1 fM in die nächsten 2 M, 2 fM zus häkeln, 1 Lm, fM gleichmäßig entlang der Reihenenden häkeln, je 1 fM in jd M bis zum Ende von Reihe 1, fM gleichmäßig entlang der Reihenenden häkeln, 1 Lm, die Rd mit 1 Km in die 1. fM beenden.

Das Garn befestigen und einen langen Faden zum Annähen stehenlassen. Das innere Ohr auf das äußere annähen, um das Ohr fertigzustellen.

SCHWANZ

Mit Garn in Farbe B 17 Lm häkeln.

Reihe 1: Je 1 fM in die 2. Lm von der Nd und in jd Lm bis zum Ende der R, 3 Lm, wenden, 1 Km in die letzte M. (16 fM, 3 Lm)

Das Garn befestigen und einen langen Faden zum Annähen stehenlassen.

HERZCHEN (3-mal häkeln)

Mit Garn in Farbe D einen Fadenring machen.

Runde 1: 2 Lm, 3 Stb, 1 hStb, 3 fM, 1 Lm, 3 fM, 1 hStb, 3 Stb, 2 Lm, 1 Km in den Fadenring.

Vorsichtig am Faden ziehen, um die Mitte zu schließen. Das Garn befestigen und einen langen Faden zum Annähen stehenlassen.

WANGEN (2-mal häkeln)

Mit Garn in Farbe E 2 Lm häkeln.

Runde 1: 4 fM in die 2. Lm von der Nd; die Rd mit 1 Km in die 1. fM beenden.

Das Garn befestigen und einen langen Faden zum Annähen stehenlassen.

FERTIGSTELLUNG

Orientieren Sie sich am Foto und nähen Sie Herzen, Wangen, Ohren und Schwanz auf den Hintergrund auf (*Abb. 2–4*). Die Sicherheitsaugen anbringen. Garn F in die Nähnadel einfädeln und Nase und Mund aufsticken. Die Enden vernähen.

AM RUNDHOLZ BEFESTIGEN

Ein langes Garnstück in einer beliebigen Farbe zuschneiden. Ein Garnende an eine der oberen Ecken des Wandbehangs binden. Das andere Ende in die stumpfe Nadel einfädeln. Den Stab oben an den Wandbehang halten. * Das Garn um den Stab schlingen, 1 M an der Oberkante des Wandbehangs auslassen, die Nadel durch die nächste M stechen, das Garn durchziehen; wdh ab * bis zum Ende der Reihe. Das Fadenende an die obere Ecke des Wandbehangs knoten.

AUFHÄNGUNG

Ein langes Garnstück in einer beliebigen Farbe zuschneiden. Die Garnenden um die Enden des Rundholzes binden.

Abb. 2

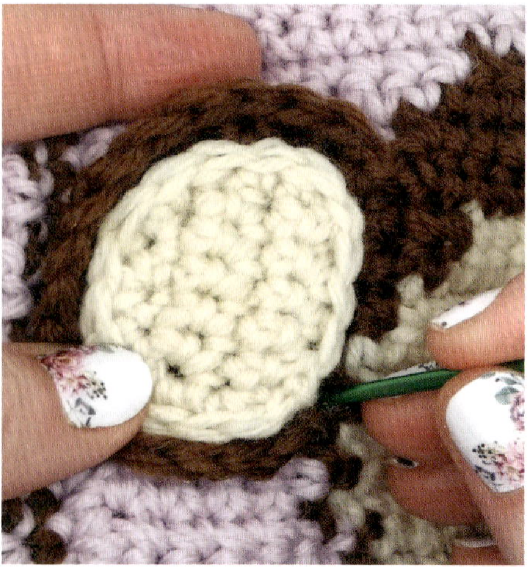

Abb. 3

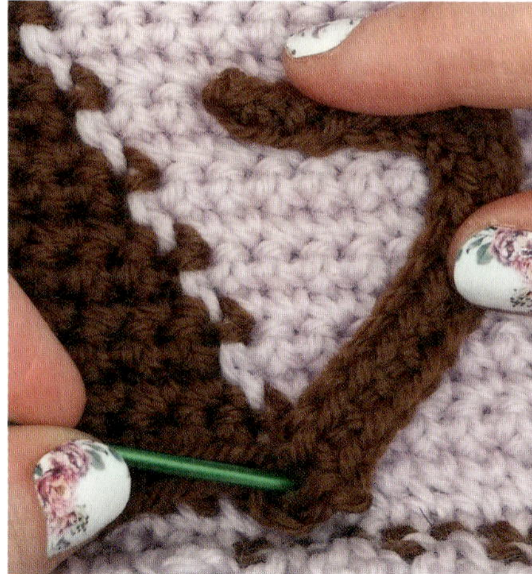

Abb. 4

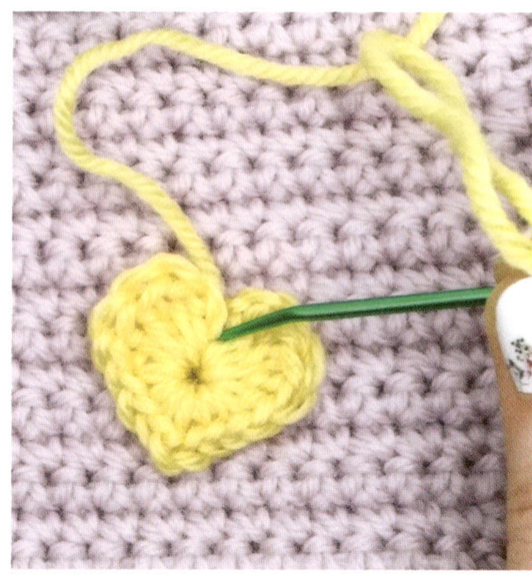

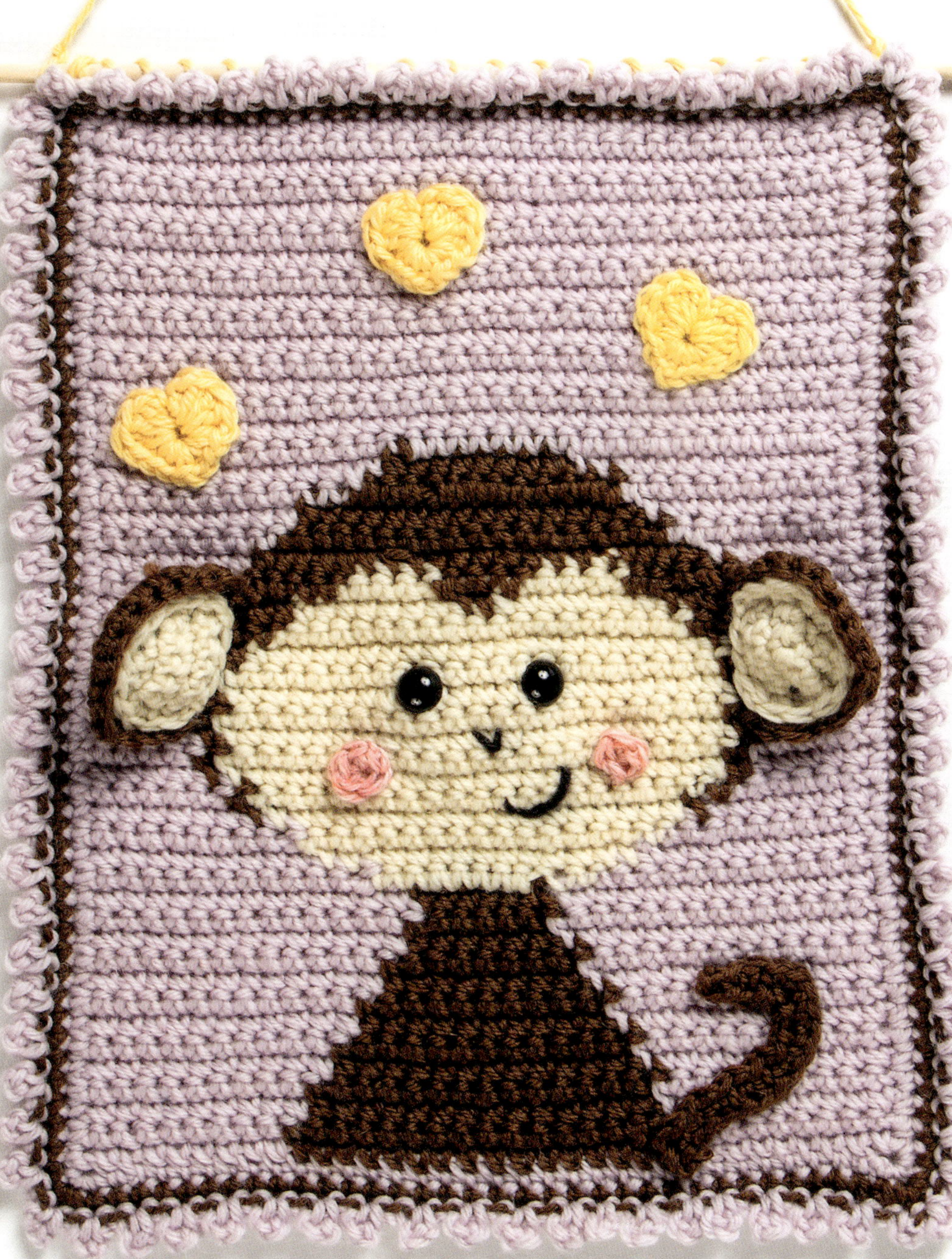

KESSI, DAS ZEBRA

Dieses kecke Zebra teilt ein verschmitztes Lächeln und nur ein paar Pop-Up-Details mit uns: Ohren, Schopf und Streifen. Das V-Muster wird auf das fertige Häkelbanner gestickt – ein einfaches Detail, das in jeder Farbe ergänzt werden kann.

   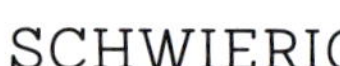 SCHWIERIGKEITSGRAD: LEICHT

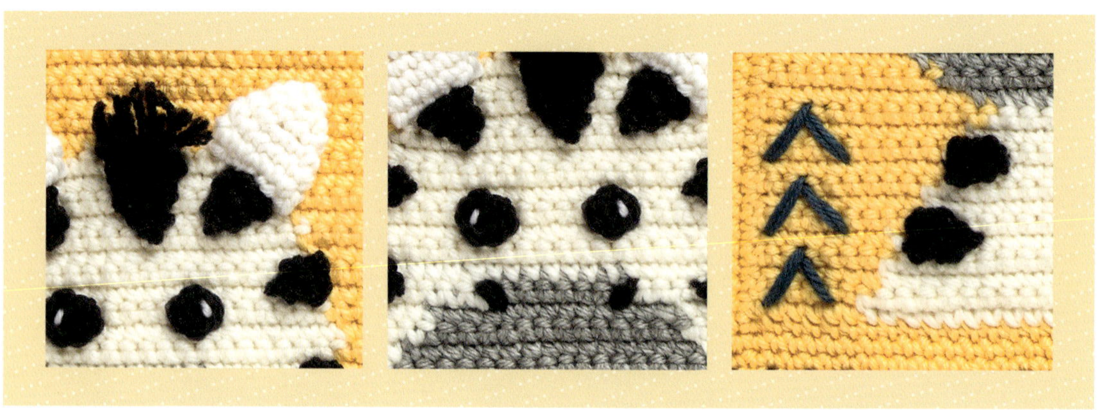

GARN
Aran-Garn (#4 mittel)

Hier gezeigt: Cascade Yarns 220 Superwash Aran (100 % Superwash-Merinowolle; 137,5 m/100 g): 821 Daffodil (A), 871 White (B), 1946 Silver Grey (C), 815 Black (D), 813 Blue Velvet (E), je 1 Knäuel

HÄKELNADEL
Nadelstärke 4 mm

Die Nadelstärke nötigenfalls für die korrekte Spannung anpassen.

BENÖTIGTE MATERIALIEN
Nähnadel
Rundholz (30 cm)

MASSE
28 x 23 cm

SPANNUNG
18 fM und 20 Reihen = 10 cm

ANMERKUNGEN
Der Hintergrund wird in Reihen hin- und hergehäkelt, die Farben dabei dem Diagramm entsprechend gewechselt (*Abb. 1*). Reihen auf der VS im Muster von rechts nach links lesen und Reihen auf der RS von links nach rechts.

Um die Farbe zu wechseln, die letzte M der alten Farbe bis zum letzten U häkeln. Zum Fertigstellen der M Umschlag mit der neuen Farbe und das Garn durch alle Schlingen auf der Nadel durchziehen. Mit der neuen Farbe fortfahren.
Die alte Farbe nicht befestigen. Beim Häkeln der M in der neuen Farbe über den Faden der alten Farbe häkeln.

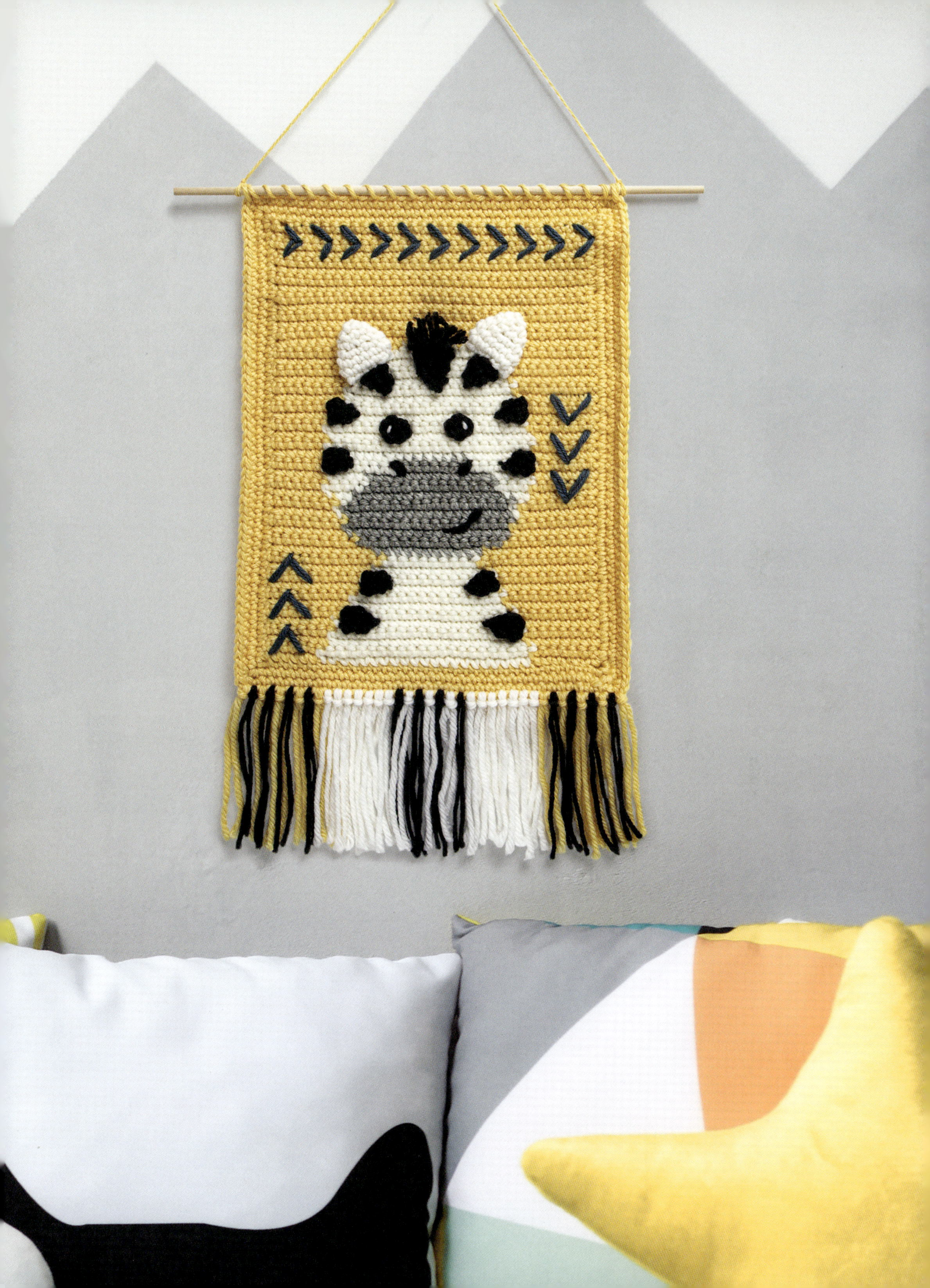

Abb. 1: Häkeldiagramm

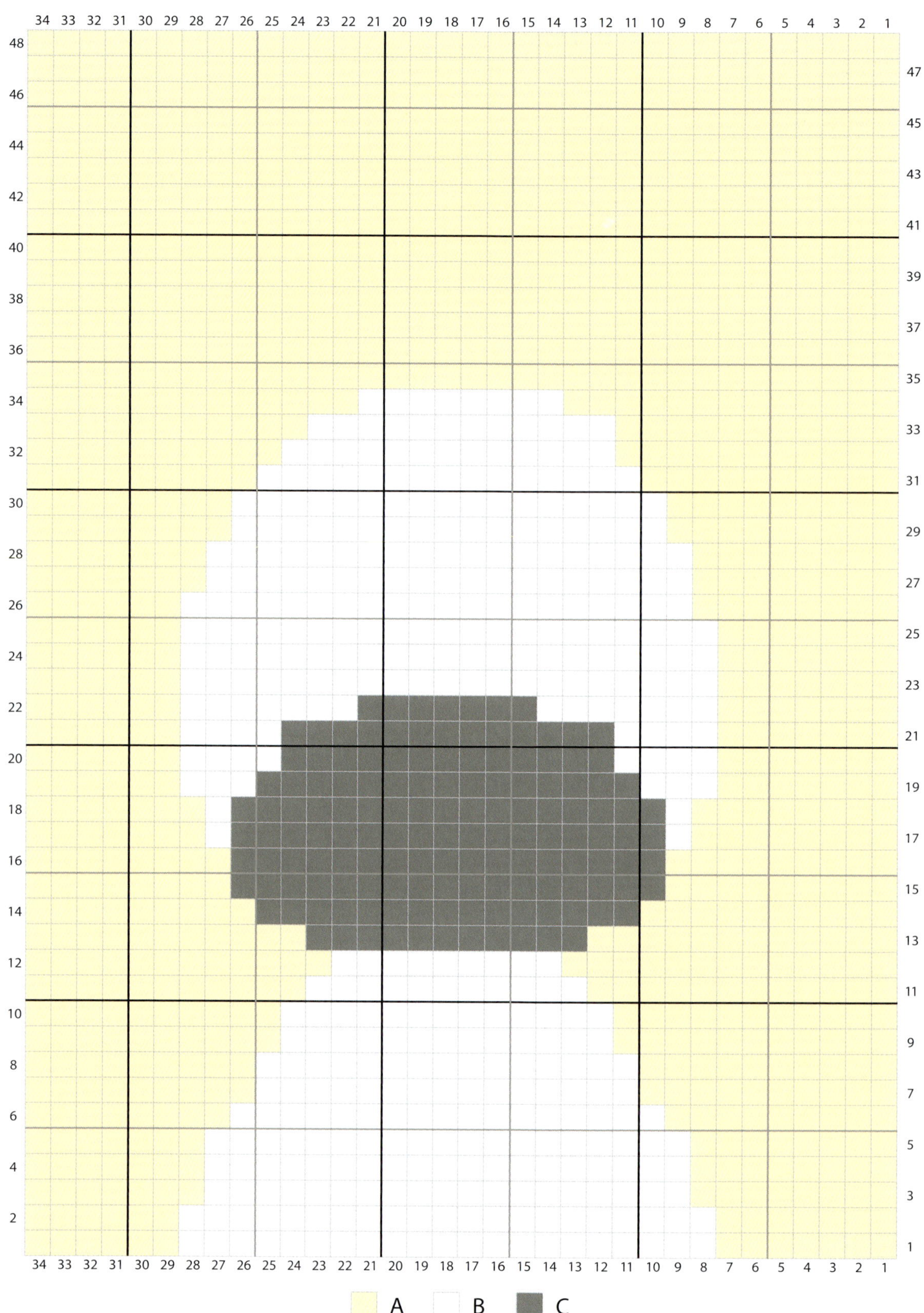

HINTERGRUND

Mit Garn in Farbe A 35 Lm häkeln.

Reihe 1 (VS): Je 1 fM in die 2. Lm von der Nd und in jd Lm bis zum Ende der R und die Farbe entsprechend R 1 des Diagramms wechseln. (34 fM in dieser Reihe)

Reihe 2–48: 1 Lm, wenden, je 1 fM in jd M bis zum Ende der R und die Farbe dem Häkeldiagramm folgend wechseln.

Das Garn nicht befestigen.

BORTE

Runde 1 (RS): Mit Garn A weiterarbeiten, 1 Lm, wenden, 2 fM in die 1. M, je 1 fM in jd M bis zur letzten M, 3 fM in die letzte M, 48 fM gleichmäßig entlang des seitlichen Randes häkeln, auf der anderen Seite der Aufbaureihe arb, 3 fM in die Lm unten an der 1. fM von R 1 häkeln, je 1 fM in jd Lm bis zur Lm unten an der letzten fM, 3 fM in die letzte Lm; 48 fM gleichmäßig entlang des nächsten seitlichen Randes häkeln, 1 fM in die 1. M; die Rd mit 1 Km in die 1. fM beenden. (170 fM)

Runde 2–3: 1 Lm, 2 fM in dieselbe M wie die Verbindungs-Km, je 1 fM in jd M rundherum mit je 3 fM in jd Ecke, 1 fM in die 1. M; die Rd mit 1 Km in die 1. fM beenden. (184 fM)

Das Garn befestigen.

Auf die richtigen Maße spannen.

KLEINE STREIFEN (6-mal häkeln)

Mit Garn in Farbe D 2 Lm häkeln.

Runde 1: 1 fM in die 2. Lm von der Nd. (1 fM)

Runde 2: 1 Lm, wenden, 2 fM in die M. (2 fM)

Runde 3: 1 Lm, wenden, je 1 fM in jd M bis zum Ende der R.

Das Garn befestigen und einen langen Faden zum Annähen stehenlassen.

MITTLERE STREIFEN (4-mal häkeln)

Mit Garn in Farbe D 2 Lm häkeln.

Runde 1: 1 fM in die 2. Lm von der Nd. (1 fM)

Runde 2: 1 Lm, wenden, 2 fM in die M. (2 fM)

Runde 3–4: 1 Lm, wenden, je 1 fM in jd M bis zum Ende der R.

Das Garn befestigen und einen langen Faden zum Annähen stehenlassen.

GROSSE STREIFEN (1-mal häkeln)

Mit Garn in Farbe D 2 Lm häkeln.

Runde 1: 1 fM in die 2. Lm von der Nadel. (1 fM)

Runde 2: 1 Lm, wenden, 2 fM in die M. (2 fM)

Runde 3–5: 1 Lm, wenden, je 1 fM in jd M bis zum Ende der R.

Das Garn befestigen und einen langen Faden zum Annähen stehenlassen.

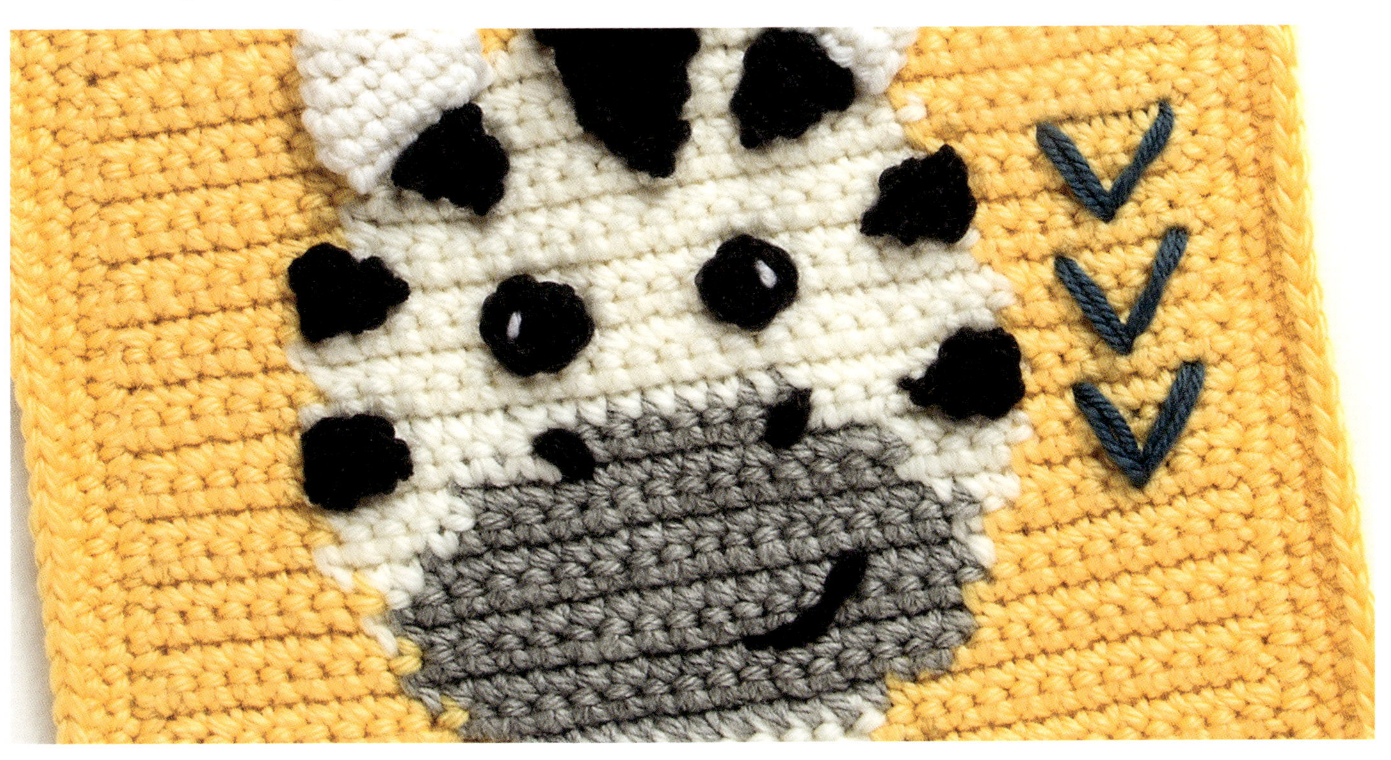

AUGEN (2-mal häkeln)

Mit Garn in Farbe D einen Fadenring machen.

Runde 1: 4 fM in den Ring; die Rd mit 1 Km in die 1. fM beenden.

Das Garn befestigen und einen langen Faden zum Annähen stehenlassen. Garn B in die Nähnadel einfädeln und die Linsenreflexion aufsticken.

OHREN (2-mal häkeln)

Mit Garn in Farbe B 2 Lm häkeln.

Runde 1: 4 fM in die 2. Lm von der Nadel; die Rd nicht verbinden.

Runde 2: Je 2 fM in jd M. (8 M)

Runde 3: Je 1 fM in jd M rundherum.

Runde 4: * 1 fM in die nächste M, 2 fM in die nächste M; rundherum wdh ab *. (12 fM)

Runde 5–6: Je 1 fM in jd M rundherum.

Das Garn befestigen und einen langen Faden zum Annähen stehenlassen.

HAARE

Acht Längen zu je 10 cm aus Garn D zuschneiden. Diese Fäden in der Hälfte falten, die Mitte durch die Maschen durchschieben und die Fadenenden durch diese Schlinge durchziehen und festziehen. Gleichmäßig über die Kopfmitte hinweg wiederholen und sauber zuschneiden.

FERTIGSTELLUNG

Das Foto zu Hilfe nehmen und Augen, Ohren und Streifen annähen (*Abb. 2–4*). Garn D in die Nähnadel einfädeln und Nase und Mund aufsticken. Garn E in die Nähnadel einfädeln und das Foto zur Orientierung nutzen, um die Pfeile hinzuzufügen. Ich habe oben 11 und rechts und links je 3 aufgestickt. Die Enden vernähen.

FRANSEN

Für jede Franse 40 cm lange Fäden zuschneiden. 10 Stück aus Garn A, 17 Stück aus Garn B und 12 Stück aus Garn D zuschneiden. Die Fäden in der Mitte falten, diese Mitte durch die Masche durchschieben, die Fadenenden durch diese Schlinge stecken und festziehen. Gleichmäßig entlang der Unterkante des Hintergrundes wiederholen. Die Farben wie auf den Fotos gezeigt anordnen oder so arrangieren, wie Sie es mögen, und die Fäden geradeschneiden.

AM RUNDHOLZ BEFESTIGEN

Ein langes Garnstück in einer beliebigen Farbe zuschneiden. Ein Garnende an eine der oberen Ecken des Wandbehangs binden. Das andere Ende in die stumpfe Nadel einfädeln. Den Stab oben an den Wandbehang halten. * Das Garn um den Stab schlingen, 1 M an der Oberkante des Wandbehangs auslassen, die Nadel durch die nächste M stechen, das Garn durchziehen; wdh ab * bis zum Ende der Reihe. Das Fadenende an die obere Ecke des Wandbehangs knoten.

AUFHÄNGUNG

Ein langes Garnstück in einer beliebigen Farbe zuschneiden. Die Garnenden um die Enden des Rundholzes binden.

Abb. 2

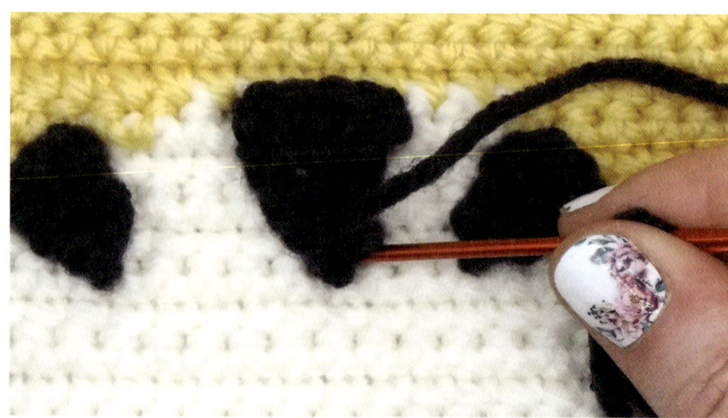

Abb. 3

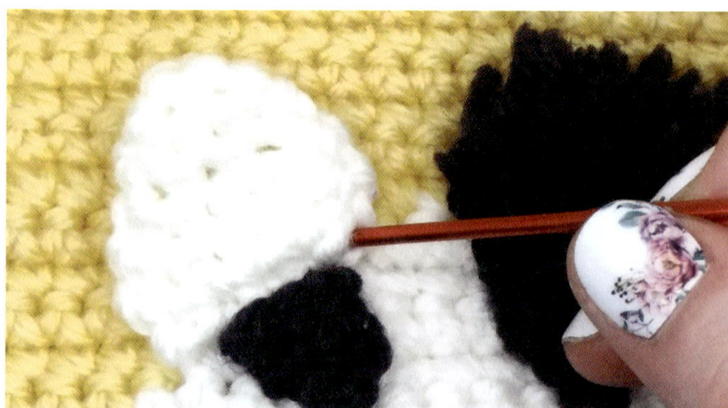

Abb. 4

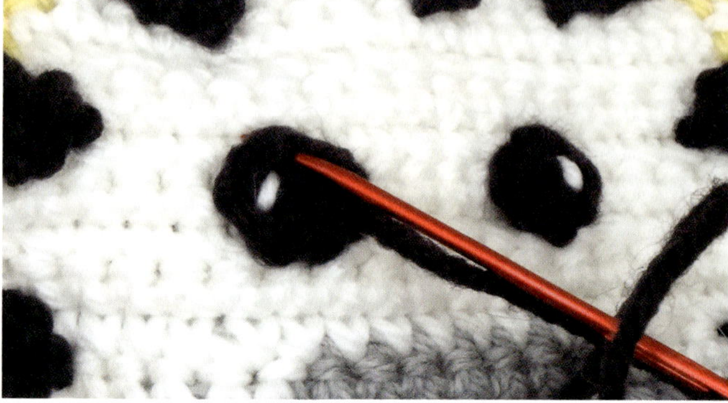

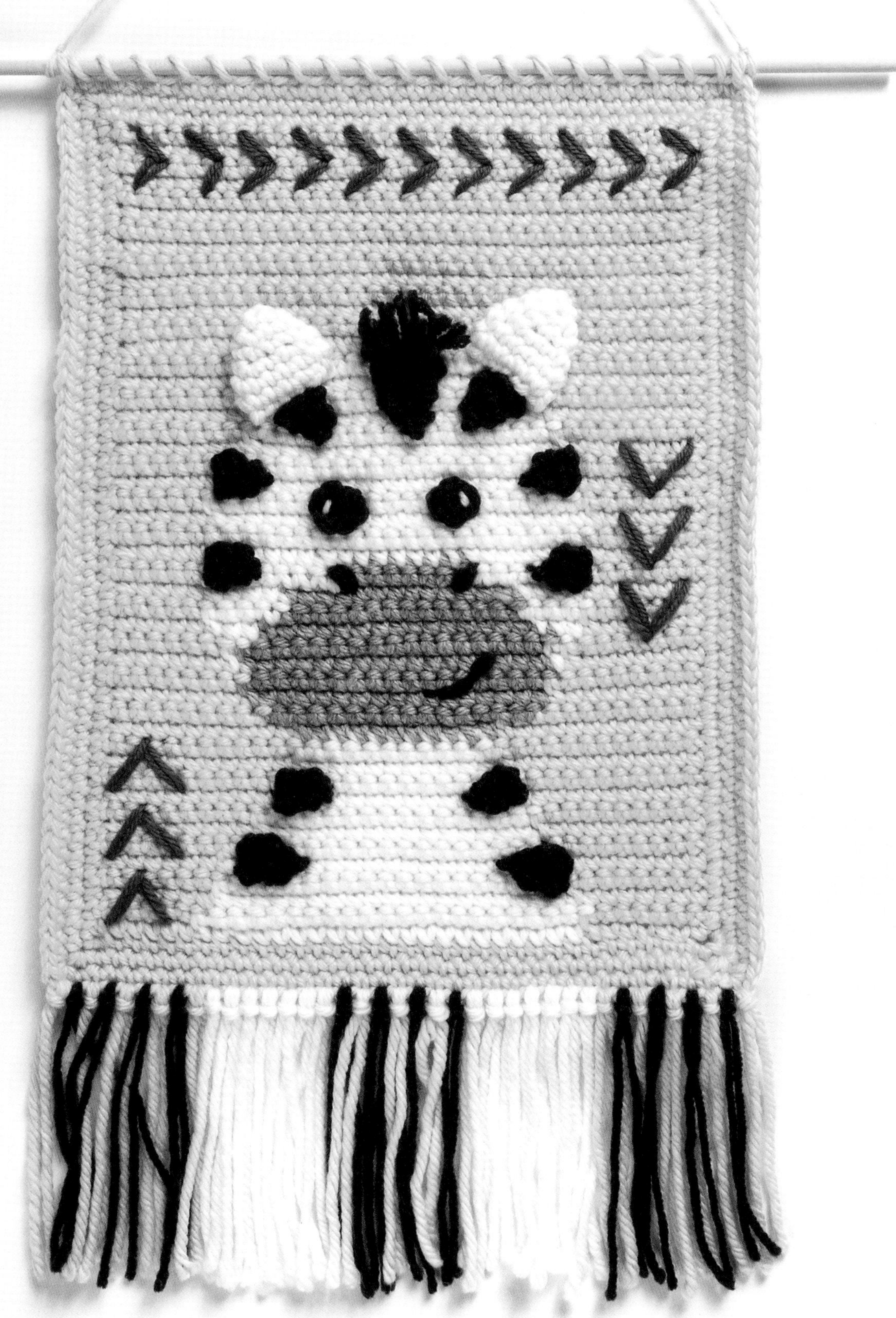

FLITZER, DAS FAULTIER

Wie man es von Faultieren kennt, hängt auch dieses hier gemütlich ab. Es sieht aus, als hätte es gerade ein köstliches Mahl aus den grünen Blättern genossen, die das Design so plastisch wirken lassen. Sie werden auch unter die Fransen gemischt, um dem Wandbehang ein lustiges Detail mehr hinzuzufügen.

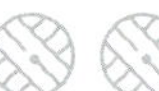 SCHWIERIGKEITSGRAD: LEICHT

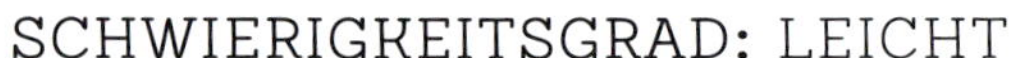

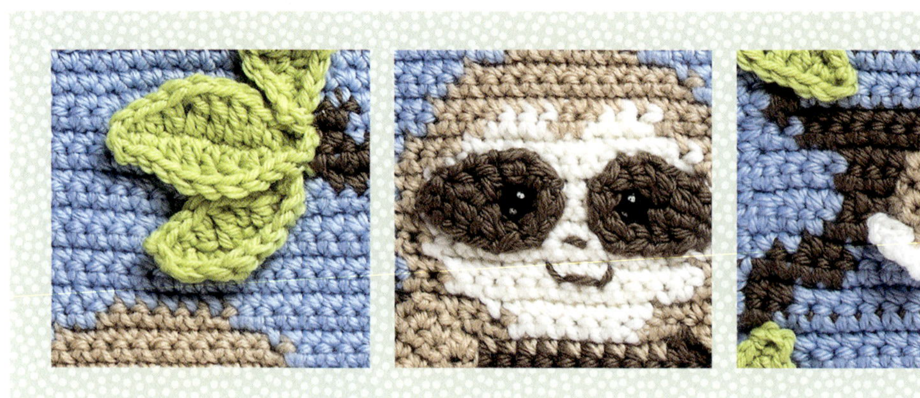

GARN
Aran-Garn (#4 mittel)

Hier gezeigt: Cascade Yarns 220 Superwash Aran (100 % Superwash-Merinowolle; 137,5 m/100 g): 897 Baby Denim (A), 201 Sesame (B), 273 Carafe (C), 817 Ecru (D), 317 Dark Moss (E), je 1 Knäuel

HÄKELNADEL
Nadelstärke 4 mm

Die Nadelstärke nötigenfalls für die korrekte Spannung anpassen.

BENÖTIGTE MATERIALIEN
Nähnadel
2 Sicherheitsaugen (10 mm)
Rundholz (30 cm)

MASSE
28 x 23 cm

SPANNUNG
18 fM und 20 Reihen = 10 cm

ANMERKUNGEN
Der Hintergrund wird in Reihen hin- und hergehäkelt, die Farben dabei dem Diagramm entsprechend gewechselt (*Abb. 1*). Reihen auf der VS im Muster von rechts nach links lesen und Reihen auf der RS von links nach rechts.

Um die Farbe zu wechseln, die letzte M der alten Farbe bis zum letzten U häkeln. Zum Fertigstellen der M Umschlag mit der neuen Farbe und das Garn durch alle Schlingen auf der Nadel durchziehen. Mit der neuen Farbe fortfahren.
Die alte Farbe nicht befestigen. Beim Häkeln der M in der neuen Farbe über den Faden der alten Farbe häkeln.

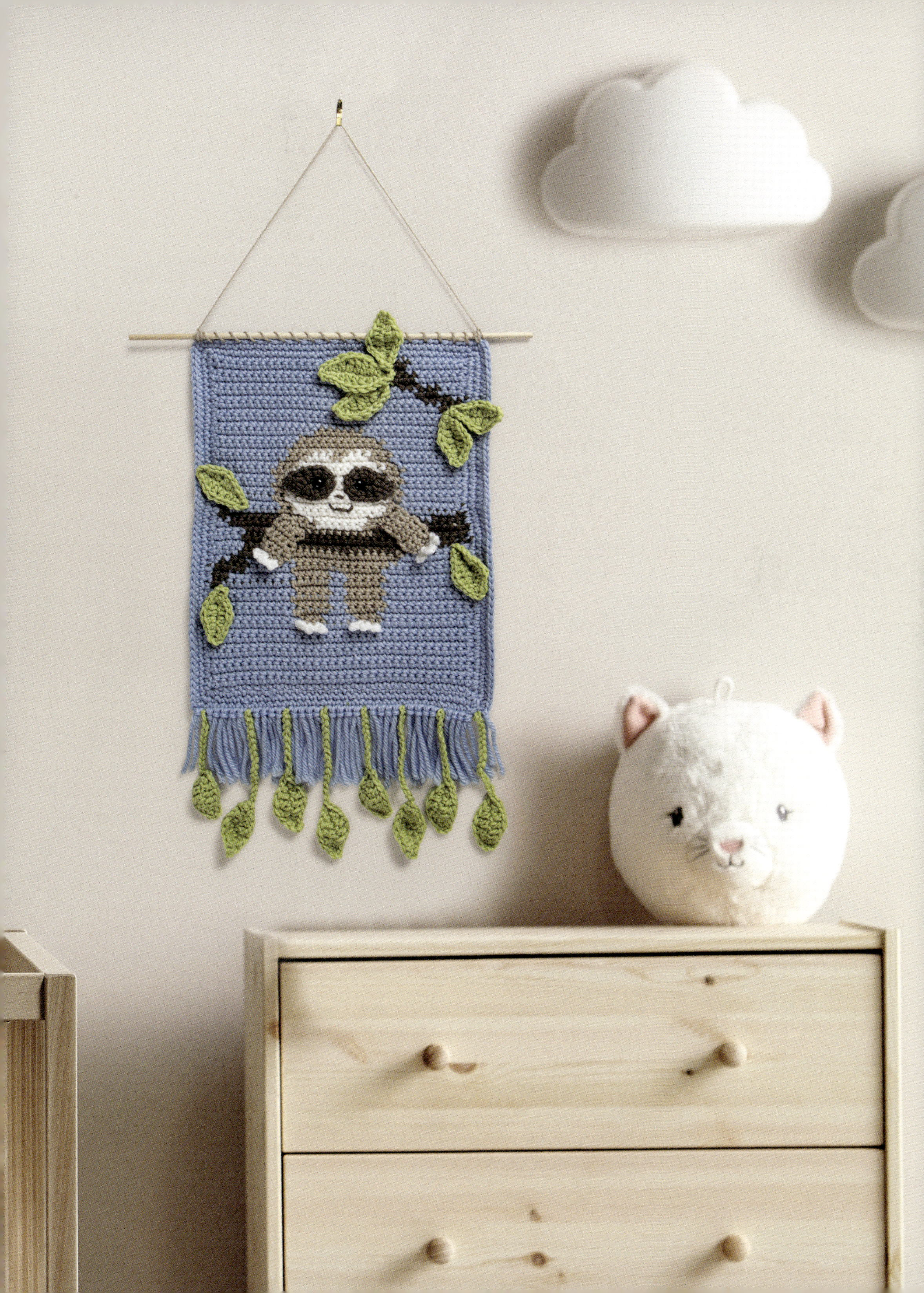

Abb. 1: Häkeldiagramm

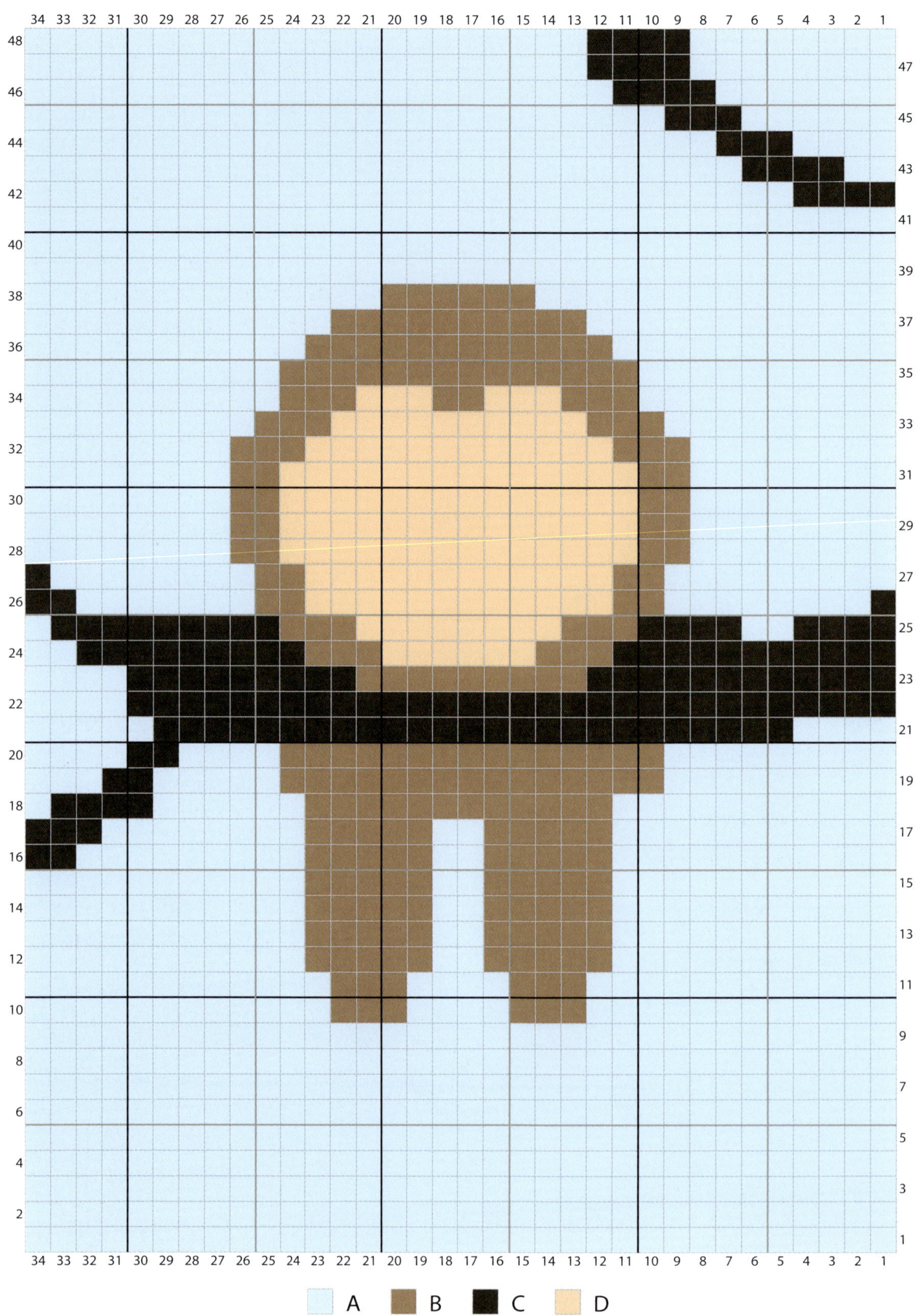

HINTERGRUND

Mit Garn in Farbe A 35 Lm häkeln.

Reihe 1 (VS): Je 1 fM in die 2. Lm von der Nd und in jd Lm bis zum Ende der R und die Farbe entsprechend R 1 des Häkeldiagramms wechseln. (34 fM in dieser Reihe)

Reihe 2–48: 1 Lm, wenden, je 1 fM in jd M bis zum Ende der R und die Farbe dem Häkeldiagramm folgend wechseln.

Das Garn befestigen.

BORTE

Runde 1 (RS): Mit Garn A 1 Lm häkeln, wenden, 2 fM in die 1. M, je 1 fM in jd M bis zur letzten M, 3 fM in die letzte M, 48 fM gleichmäßig entlang des seitlichen Randes häkeln, auf der anderen Seite der Aufbaureihe arb, 3 fM in die Lm unten an der 1. fM von R 1 häkeln, je 1 fM in jd Lm bis zur Lm unten an der letzten fM, 3 fM in die letzte Lm; 48 fM gleichmäßig entlang des nächsten seitlichen Randes häkeln, 1 fM in die 1. M; die Rd mit 1 Km in die 1. fM beenden. (170 fM)

Runde 2–3: 1 Lm, 2 fM in dieselbe M wie die Verbindungs-Km, je 1 fM in jd M rundherum mit je 3 fM in jd Ecke, 1 fM in die 1. M; die Rd mit 1 Km in die 1. fM beenden. (184 fM) Das Garn befestigen.

Auf die richtigen Maße spannen.

BLÄTTER (8-mal häkeln)

Mit Garn in Farbe E 8 Lm häkeln.

Runde 1: 1 fM in die 2. Lm von der Nd, * 1 hStb in die nächste Lm, 1 Stb in die nächste Lm, 1DStb in die nächste Lm, 1 Stb in die nächste Lm, 1 hStb in die nächste Lm, 1 fM in die letzte Lm, 3 Lm, auf der anderen Seite der Aufbaureihe arb, 1 fM in die nächste Lm; rundherum wdh ab *; die Rd mit 1 Km in die 1. fM beenden. (14 M, 2 x 3 Lm)

Das Garn befestigen und einen langen Faden zum Annähen stehenlassen.

FLECK AM AUGE (2-mal häkeln)

Mit Garn in Farbe C 5 Lm häkeln.

Runde 1: 1 fM in die 2. Lm von der Nd, 1 hStb in die nächste Lm, 1 Stb in die nächste Lm, 5 Stb in die letzte Lm, auf der anderen Seite der Aufbaureihe arb, 1 Stb in die nächste Lm, 1 hStb in die nächste Lm, 1 Km in die nächste Lm; die Rd mit 1 Km in die 1. fM beenden. (11 M)

Das Garn befestigen und einen langen Faden zum Annähen stehenlassen.

ARME (2-mal häkeln)

Mit Garn in Farbe B 3 Lm häkeln.

Runde 1: 1 fM in die 2. Lm von der Nd, 1 fM in die nächste M. (4 M)

Runde 2–7: 1 Lm, wenden, je 1 fM in jd M bis zum Ende der R.

Das Garn befestigen und einen langen Faden zum Annähen stehenlassen.

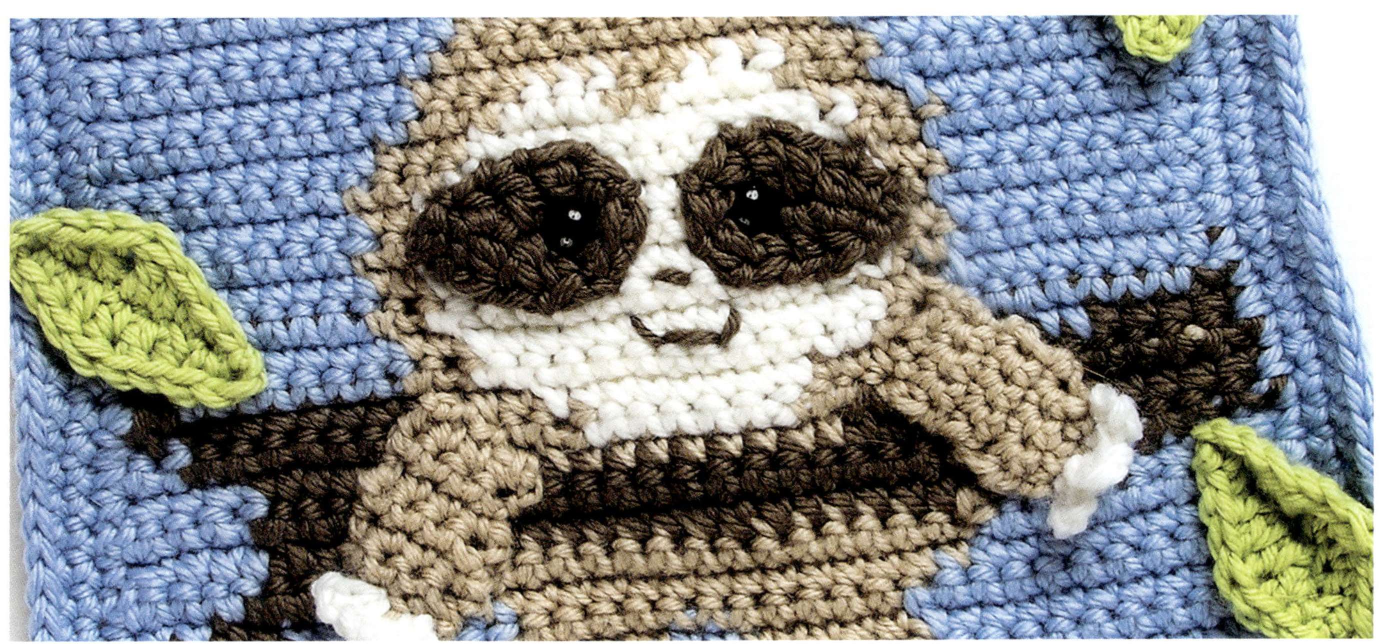

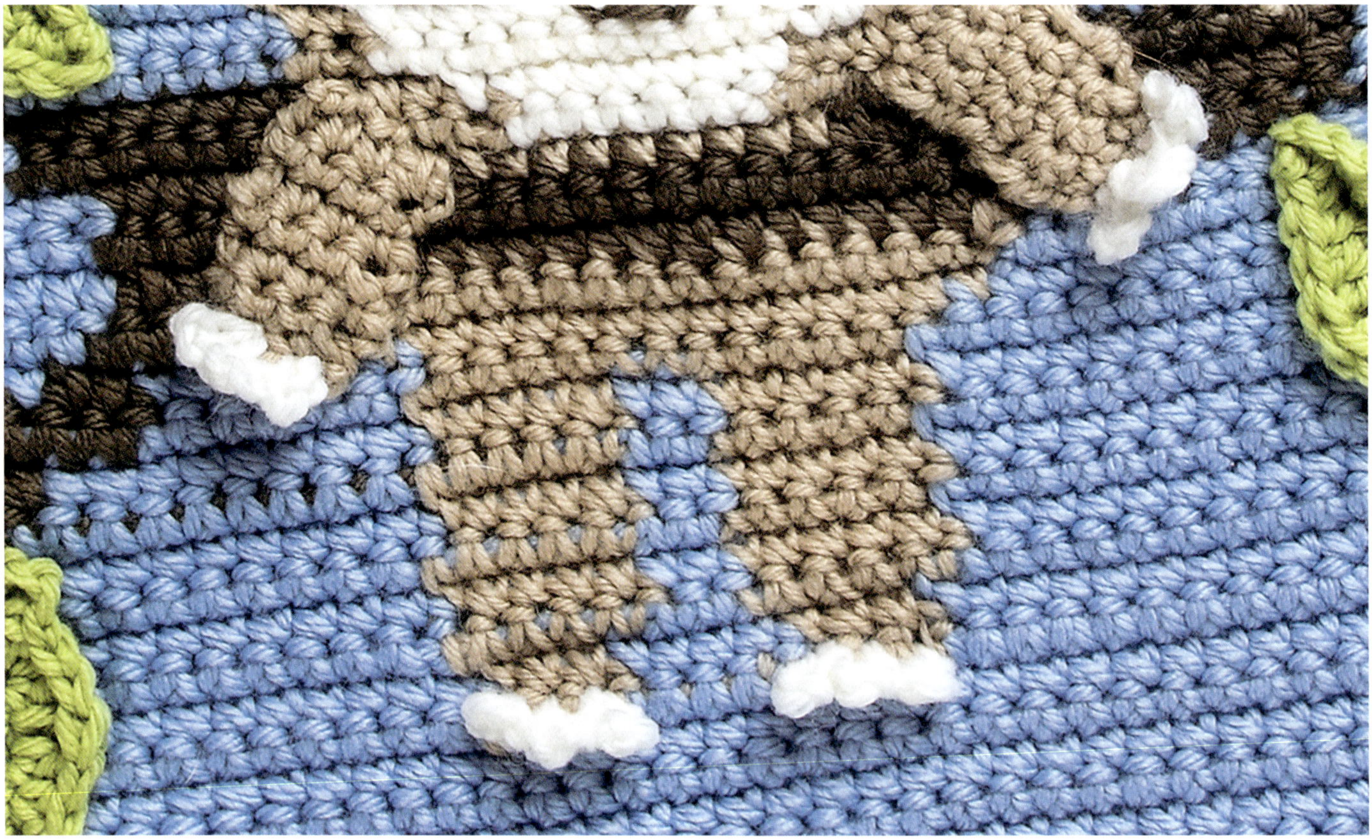

KRALLEN

AN DEN ARMEN (2-mal häkeln)

Reihe 1: Mit der VS nach oben Garn D in die Aufbaureihe aus Lm am Arm einhäkeln, 6 Lm, 1 Km in dieselbe Lm, 6 Lm, 1 Km in die nächste Lm, 6 Lm, 1 Km in dieselbe Lm.

Das Garn befestigen.

AN DEN BEINEN (2-mal häkeln)

Reihe 1: Mit der VS des Wandbehangs nach oben Garn D im MK am Ende des Beins auf dem Hintergrund einhäkeln, 6 Lm, 1 Km in denselben MK, 6 Lm, 1 Km in den nächsten MK, 6 Lm, 1 Km in denselben MK.

Das Garn befestigen.

FERTIGSTELLUNG

Mit dem Foto als Orientierung die Flecken an den Augen, die Arme und Blätter am Hintergrund annähen (*Abb. 2–4*). Die Sicherheitsaugen an den Flecken für die Augen anbringen. Garn C in die Nähnadel einfädeln und Nase und Mund aufsticken (*Abb. 5*).

Die Enden vernähen.

Abb. 2

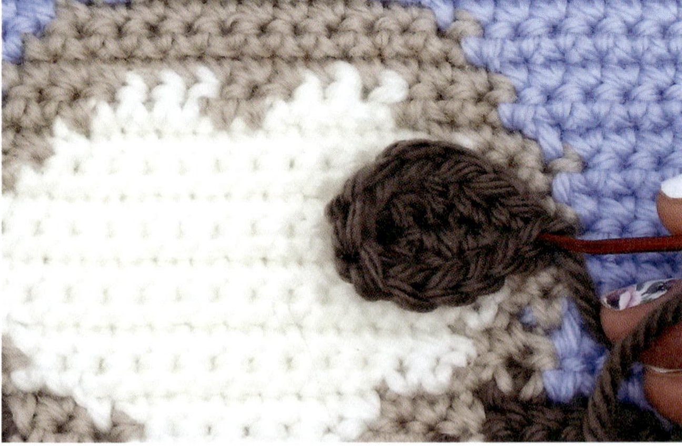

Abb. 3

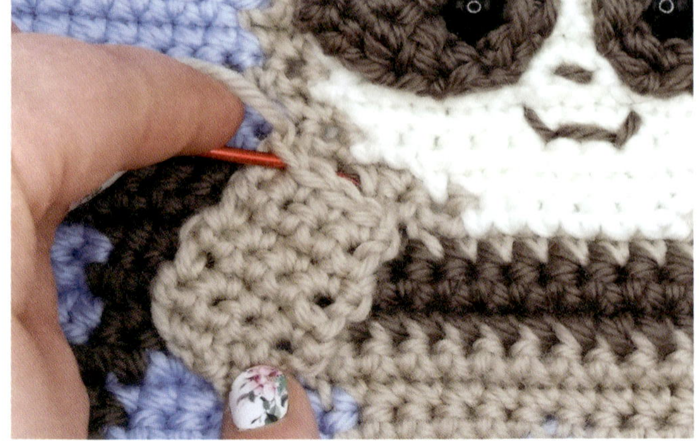

Abb. 4

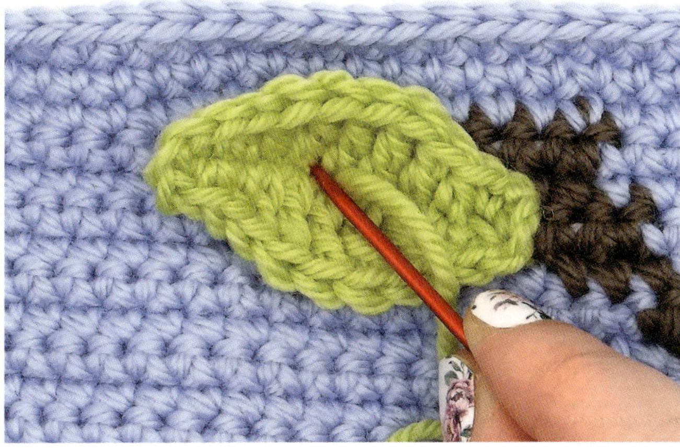

Abb. 5

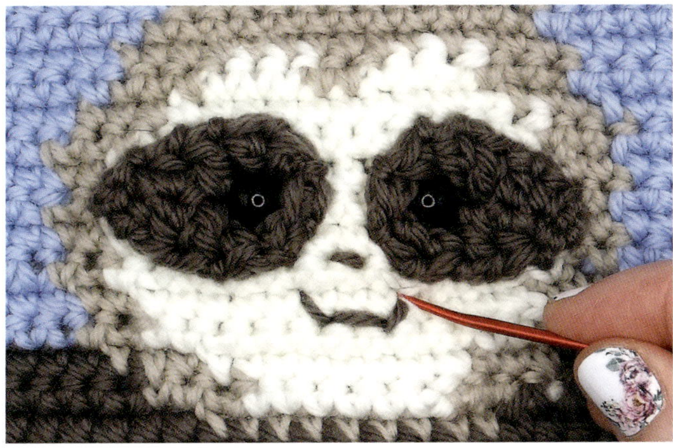

Abb. 6

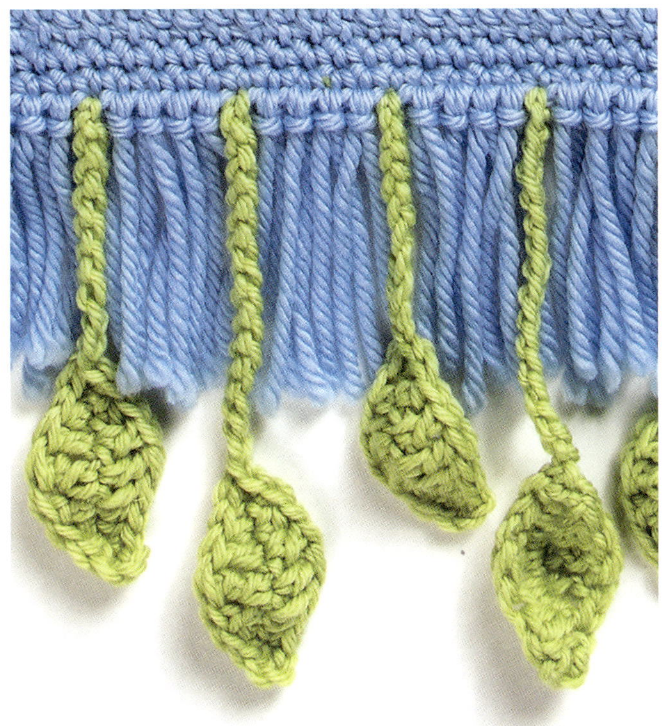

BLÄTTER AN ZWEIGLEIN
(je 4 kurze und 4 lange häkeln)

***Anmerkung**: Die Lm für die langen Zweiglein stehen in Klammern.*

Mit Garn in Farbe E 8 Lm häkeln.

Runde 1: 1 fM in die 2. Lm von der Nd, * 1 hStb in die nächste Lm, 1 Stb in die nächste Lm, 1 DStb in die nächste Lm, 1 Stb in die nächste Lm, 1 hStb in die nächste Lm, 1 fM in die letzte Lm, 3 Lm, auf der anderen Seite der Aufbaureihe arb, 1 fM in die nächste Lm, 1 hStb in die nächste Lm, 1 Stb in die nächste Lm, 1 DStb in die nächste Lm, 1 Stb in die nächste Lm, 1 hStb in die nächste Lm, 1 fM in die letzte Lm, 1 Km in die 1. M, 10 Lm (15), 1 Km an das Ende des Hintergrunds. (14 M, 3 Lm).

Das Garn befestigen und einen langen Faden stehenlassen (*Abb. 6*). Kurze und lange Zweige mit Lm alle 5 M abwechselnd entlang der Unterkante des Hintergrunds anbringen.

FRANSEN
Fäden zu je 10 cm aus Garn A für jd M zwischen den Blättern an den Fransen zuschneiden. Die Fäden in der Mitte falten und die gefaltete Seite durch das Ende des Hintergrunds durchziehen, sodass eine Schlinge entsteht. Die Fransenenden durch diese Schlinge durchschieben und festziehen. Die Fransen gerade schneiden.

AM RUNDHOLZ BEFESTIGEN
Ein langes Garnstück in einer beliebigen Farbe zuschneiden. Ein Garnende an eine der oberen Ecken des Wandbehangs binden. Das andere Ende in die stumpfe Nadel einfädeln. Den Stab oben an den Wandbehang halten. * Das Garn um den Stab schlingen, 1 M an der Oberkante des Wandbehangs auslassen, die Nadel durch die nächste M stechen, das Garn durchziehen; wdh ab * bis zum Ende der Reihe. Das Fadenende an die obere Ecke des Wandbehangs knoten.

AUFHÄNGUNG
Ein langes Garnstück in einer beliebigen Farbe zuschneiden. Die Garnenden um die Enden des Rundholzes binden.

SCHUHU, DIE EULE

Auch wenn diese Eule babyblau ist, kann Ihre jede Farbe Ihrer Wahl haben. Mit 3D-Flügeln und -Blättern sowie plastischen Details für Schnabel, Füße und mit den kreisrunden Augen ist die Menge an Besonderheiten in diesem Design genau richtig für Einsteigerinnen.

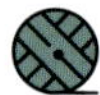 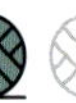 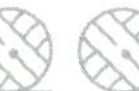 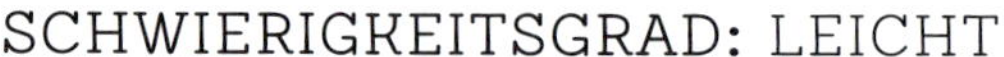

SCHWIERIGKEITSGRAD: LEICHT

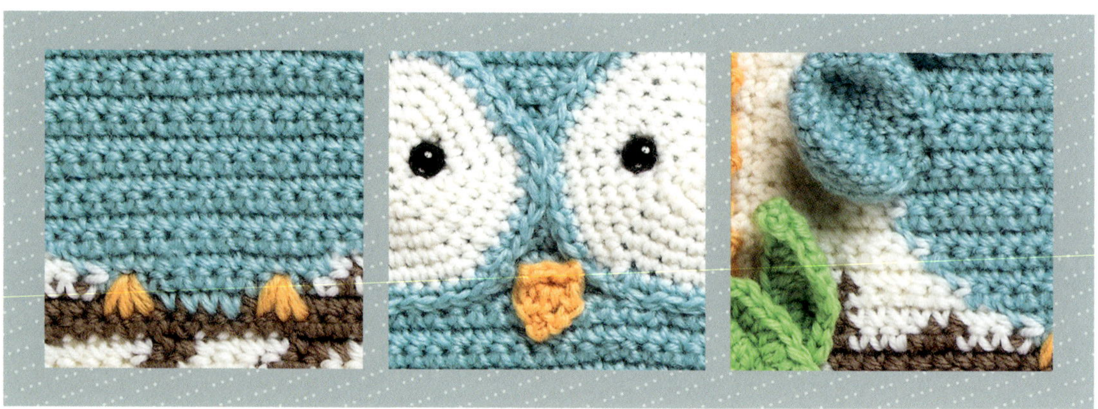

GARN
Worsted-Garn (#4 mittel)

Hier gezeigt: Willow Yarns Daily Worsted (100 % Superwash-Merinowolle; 200 m/100 g): 7322470028 Ice (A), 7322470027 Coffee (B), 7322470017 Blue Sky (C), 7322470113 Sweet Peaches (D), 7322470080 Kiwi (E), je 1 Knäuel

HÄKELNADEL
Nadelstärke 4 mm

Die Nadelstärke nötigenfalls für die korrekte Spannung anpassen.

BENÖTIGTE MATERIALIEN
Nähnadel
2 Sicherheitsaugen (10 mm)
Rundholz (30 cm)

MASSE
28 x 23 cm

SPANNUNG
18 fM und 20 Reihen = 10 cm

ANMERKUNGEN
Der Hintergrund wird in Reihen hin- und hergehäkelt, die Farben dabei dem Diagramm entsprechend gewechselt (*Abb. 1*). Reihen auf der VS im Muster von rechts nach links lesen und Reihen auf der RS von links nach rechts.

Um die Farbe zu wechseln, die letzte M der alten Farbe bis zum letzten U häkeln. Zum Fertigstellen der M Umschlag mit der neuen Farbe und das Garn durch alle Schlingen auf der Nadel durchziehen. Mit der neuen Farbe fortfahren. Die alte Farbe nicht befestigen. Beim Häkeln der M in der neuen Farbe über den Faden der alten Farbe häkeln.

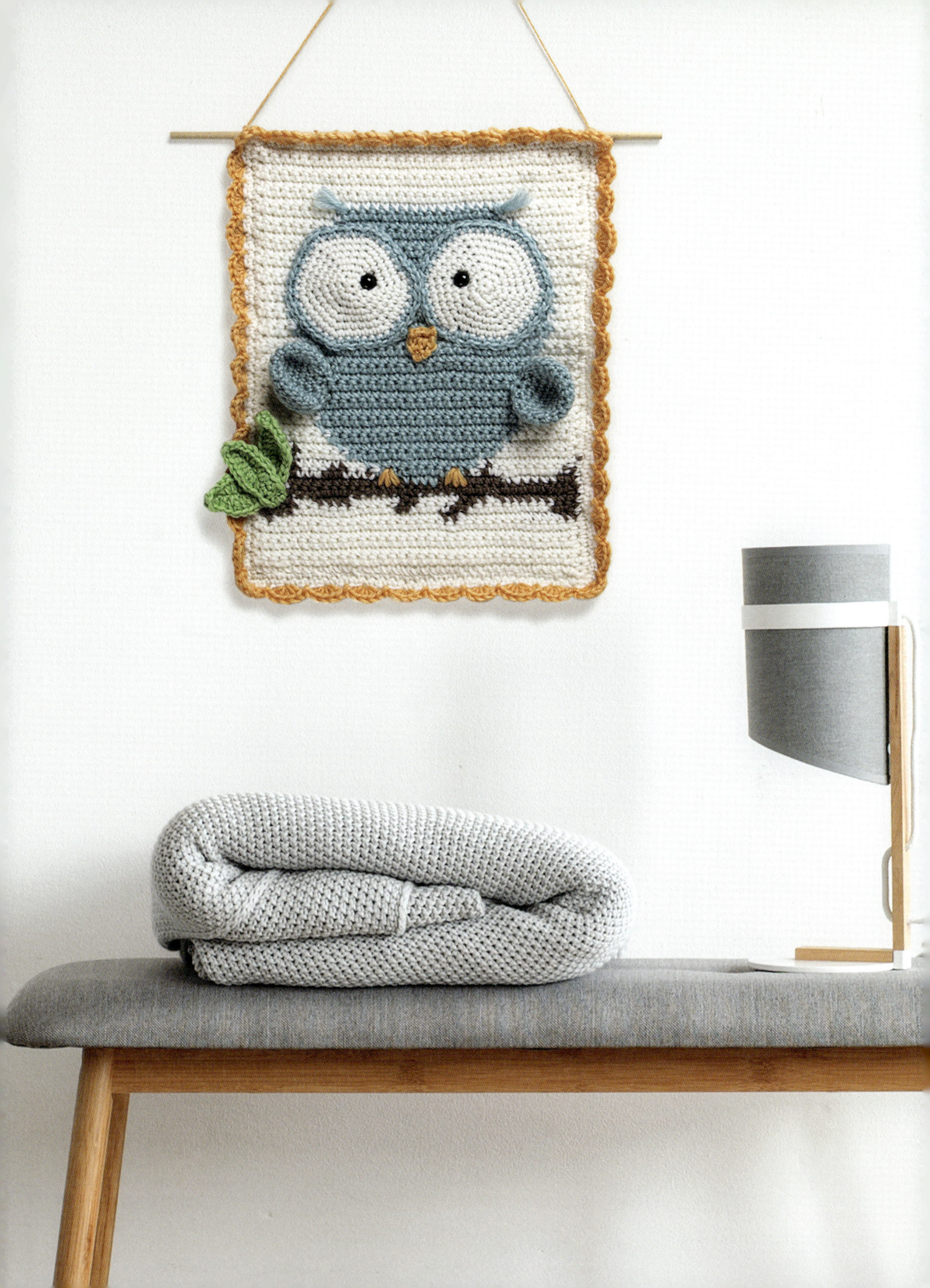

Abb. 1: Häkeldiagramm

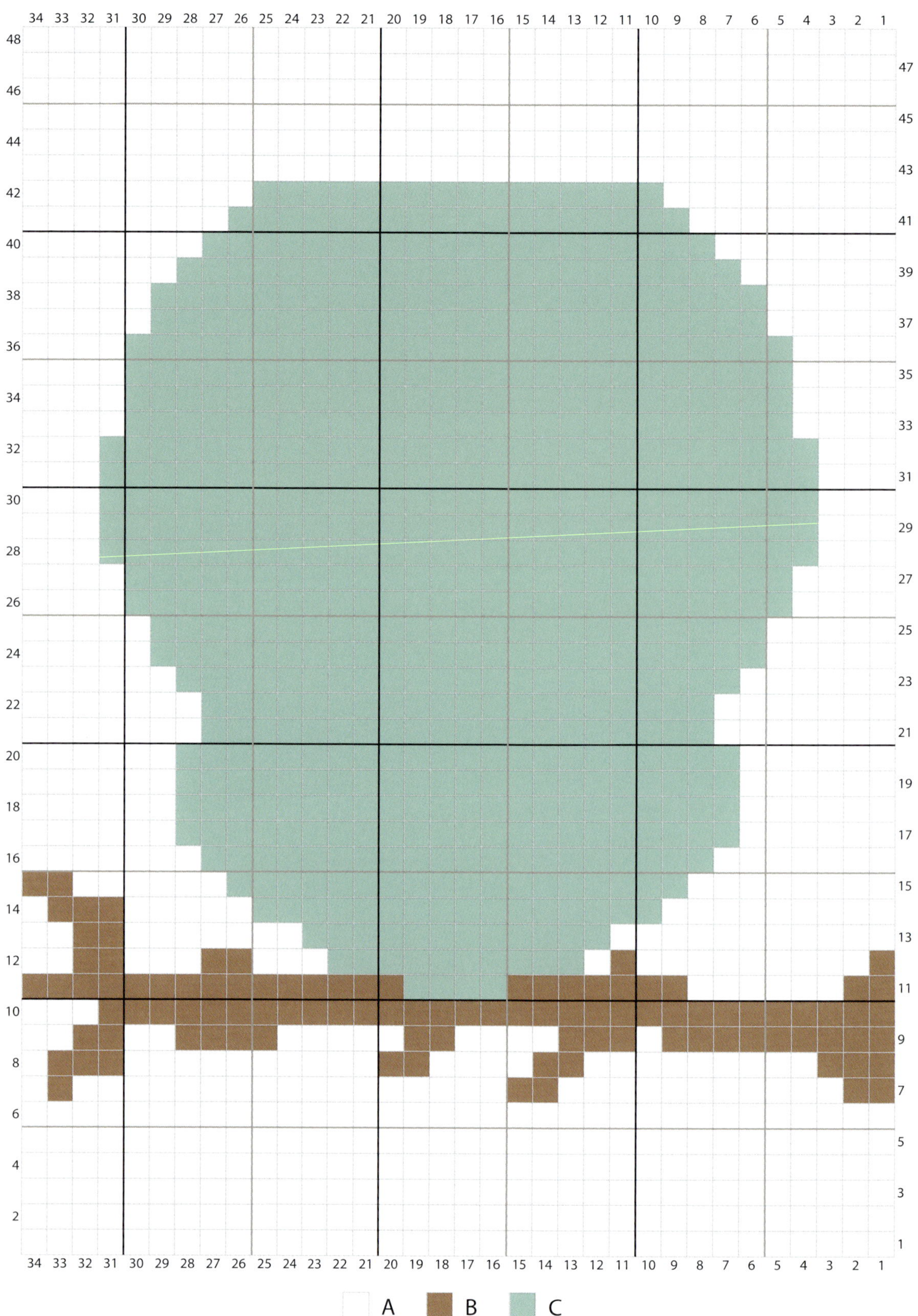

HINTERGRUND

Mit Garn in Farbe A 35 Lm häkeln.

Reihe 1 (RS): Je 1 fM in die 2. Lm von der Nd und in jd Lm bis zum Ende der R. (34 fM in dieser Reihe)

Reihe 2–48: 1 Lm, wenden, je 1 fM in jd M bis zum Ende der R und die Farbe dem Häkeldiagramm folgend wechseln.

Das Garn nicht befestigen.

BORTE

Runde 1 (VS): Mit Garn A weiterarbeiten, 1 Lm, wenden, 2 fM in die 1. M, je 1 fM in jd M bis zur letzten M, 3 fM in die letzte M, 48 fM gleichmäßig entlang des seitlichen Randes häkeln, auf der anderen Seite der Aufbaureihe arb, 3 fM in die Lm unten an der 1. fM von R 1 häkeln, je 1 fM in jd Lm bis zur Lm unten an der letzten fM, 3 fM in die letzte Lm; 48 fM gleichmäßig entlang des nächsten seitlichen Randes häkeln, 1 fM in die 1. M; die Rd mit 1 Km in die 1. fM beenden. (170 fM)

Runde 2: 1 Lm, 2 fM in dieselbe M wie die Verbindungs-Km, je 1 fM in jd M rundherum mit je 3 fM in jd Ecke, 1 fM in die 1. M; die Rd mit 1 Km in die 1. fM beenden. (184 fM)

Das Garn befestigen.

Runde 3: Garn D in der oberen rechten Ecke einhäkeln, 3 Lm, 4 Stb in dieselbe M, 2 M ausl, 1 Km in die nächste M, * 1 M ausl, 5 Stb in die nächste M, 1 M ausl; rundherum wdh ab *; die Rd mit 1 Km in die Lm vom Beg beenden.

Das Garn befestigen. Auf die richtigen Maße spannen.

AUGEN (2-mal häkeln)

Mit Garn in Farbe A einen Fadenring machen.

Runde 1: 6 fM in den Fadenring; die Rd nicht verbinden, durchgehende Rd häkeln. (6 fM)

Runde 2: 2 fM in jd M rundherum. (12 fM)

Runde 3: * 1 fM in die nächste M, 2 fM in die nächste M; rundherum wdh ab *. (18 fM)

Runde 4: * Je 1 fM in die nächsten 2 M, 2 fM in die nächste M; rundherum wdh ab *. (24 fM)

Runde 5: * Je 1 fM in die nächsten 3 M, 2 fM in die nächste M; rundherum wdh ab *. (30 fM)

Runde 6: * Je 1 fM in die nächsten 4 M, 2 fM in die nächste M; rundherum wdh ab *. (36 fM)

Runde 7: * Je 1 fM in die nächsten 5 M, 2 fM in die nächste M; rundherum wdh ab *. (42 fM) Das Garn befestigen.

Runde 8: Mit Garn C * je 1 fM in die nächsten 6 M, 2 fM in die nächste M; rundherum wdh ab *. (48 fM)

Das Garn befestigen und einen langen Faden zum Annähen stehenlassen (*Abb. 2*).

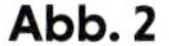

Abb. 2

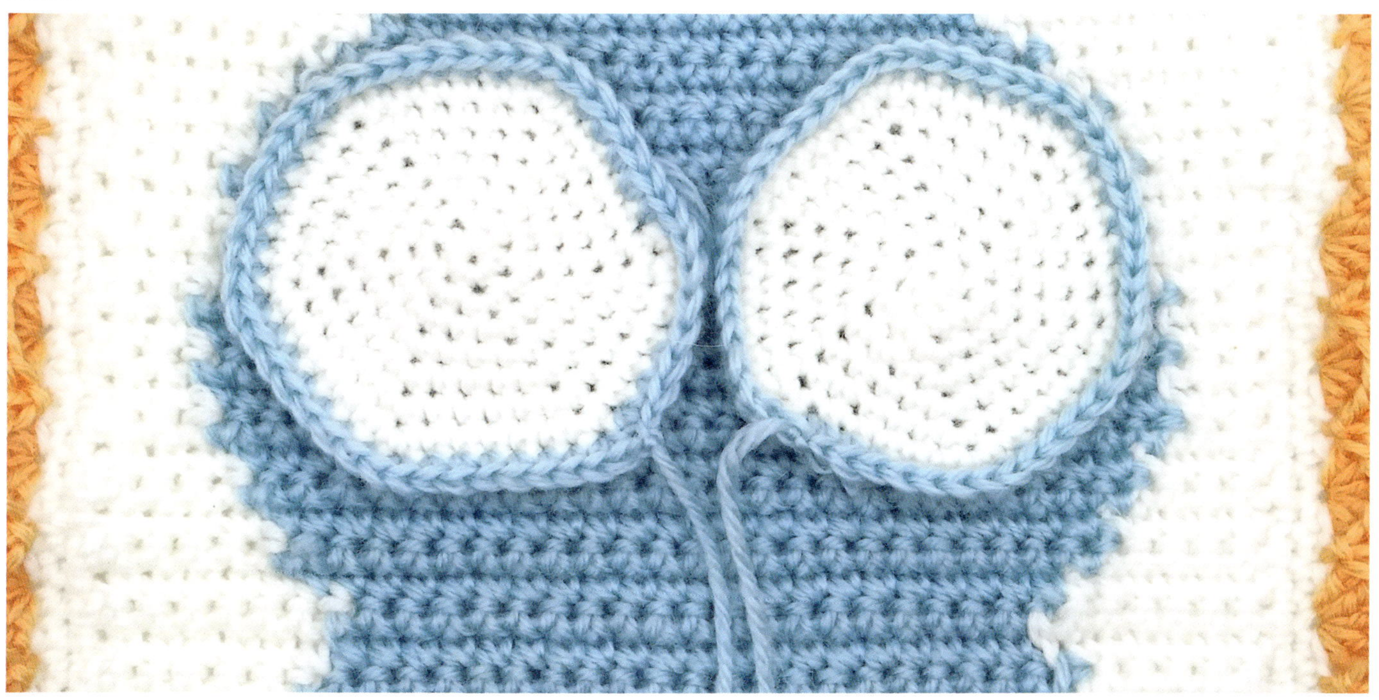

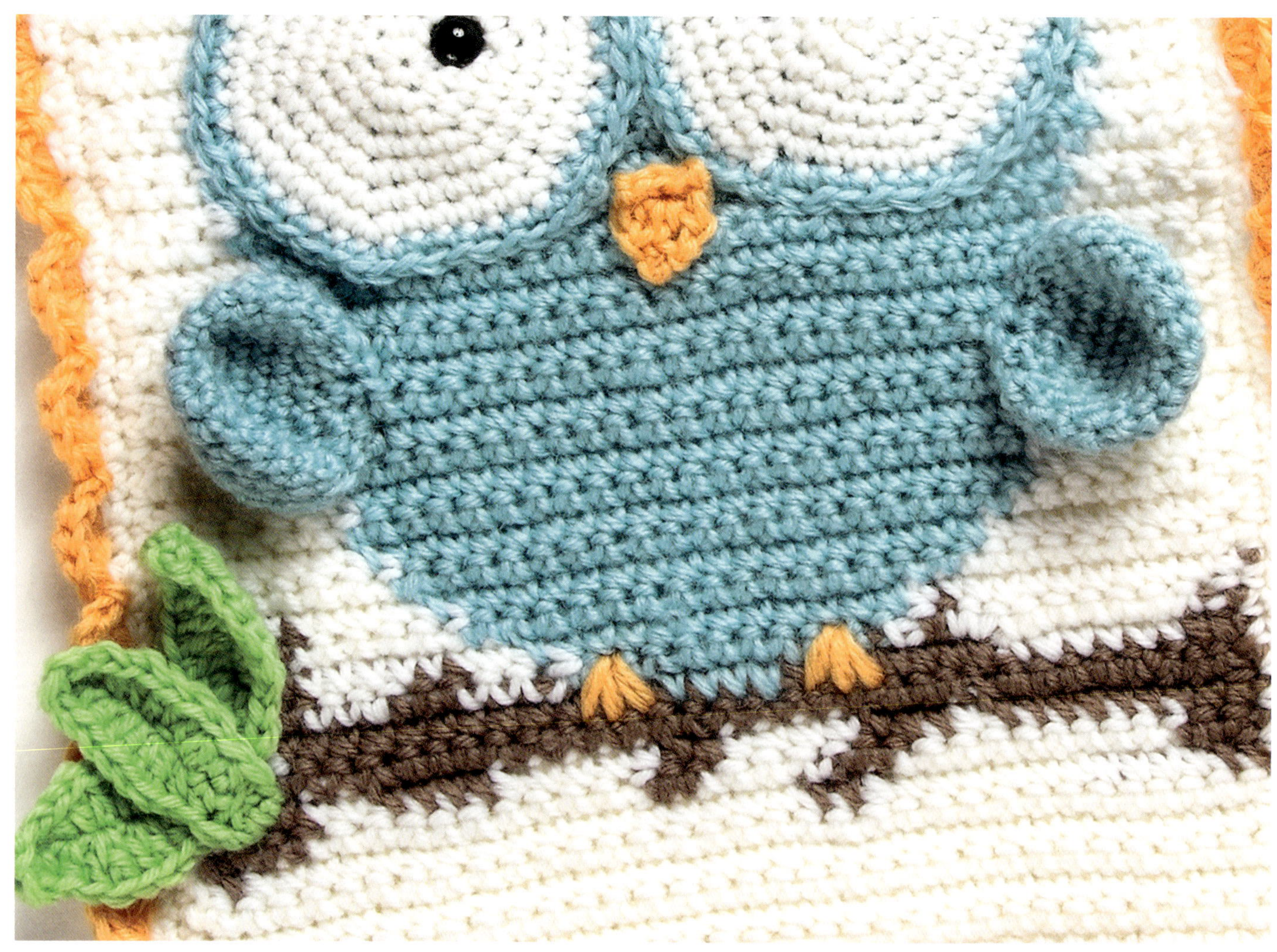

FLÜGEL (2-mal häkeln)

Mit Garn in Farbe C einen Fadenring machen.

Runde 1: 6 fM in den Fadenring; die Rd nicht verbinden, durchgehende Rd häkeln. (6 fM)

Runde 2: 2 fM in jd M rundherum. (12 fM)

Runde 3: * 1 fM in die nächste M, 2 fM in die nächste M; rundherum wdh ab *. (18 fM)

Runde 4: * Je 1 fM in die nächsten 2 M, 2 fM in die nächste M; rundherum wdh ab *. (24 fM)

Runde 5–7: Je 1 fM in jd M rundherum.

Runde 8: * Je 1 fM in die nächsten 2 M, 2 fM zus häkeln; rundherum wdh ab *. (18 fM)

Runde 9: * 1 fM in die nächste M, 2 fM zus häkeln; rundherum wdh ab *. (12 fM)

Das Garn befestigen und einen langen Faden zum Annähen stehenlassen.

SCHNABEL

Mit Garn in Farbe D 4 Lm häkeln.

Reihe 1: Je 1 fM in die 2. Lm von der Nd und in die nächsten 2 Lm, wenden. (3 fM)

Reihe 2: 2 Lm, 2 Stb zus häkeln. Das Garn befestigen und einen langen Faden zum Annähen stehenlassen.

BLÄTTER (3-mal häkeln)

Mit Garn in Farbe E Lm 9 häkeln.

Runde 1: 1 fM in die 2. Lm von der Nd, je 1 hStb in die nächsten 2 Lm, je 1 Stb in die nächsten 2 Lm, je 1 hStb in die nächsten 2 Lm, (1 fM, 1 Lm, 1 fM) in die letzte Lm, auf der anderen Seite der Aufbaureihe arb, je 1 hStb in die nächsten 2 Lm, je 1 Stb in die nächsten 2 Lm, je 1 hStb in die nächsten 2 Lm, je 1 fM in die letzte Lm, 1 Lm; die Rd mit 1 Km in die 1. M beenden.

Das Garn befestigen und einen langen Faden zum Annähen stehenlassen.

FERTIGSTELLUNG

Die Fotos zu Hilfe nehmen und Augen, Schnabel, Flügel und Blätter annähen (*Abb. 3, 4*). Garn D in die Nähnadel einfädeln und die Füße aufsticken (*Abb. 5*). Die Sicherheitsaugen anbringen und die Enden vernähen.

Abb. 3

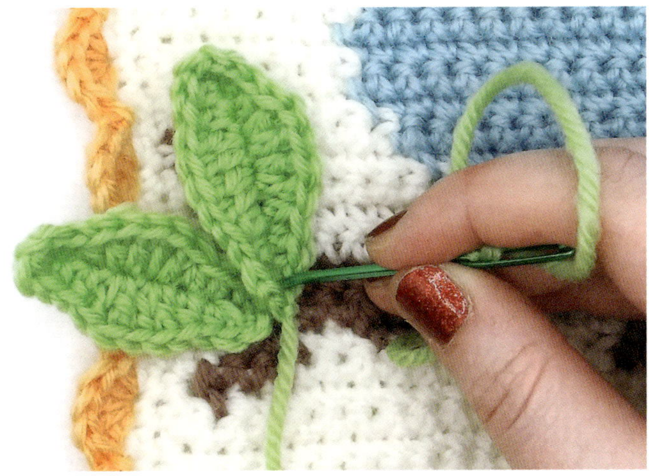

Abb. 4

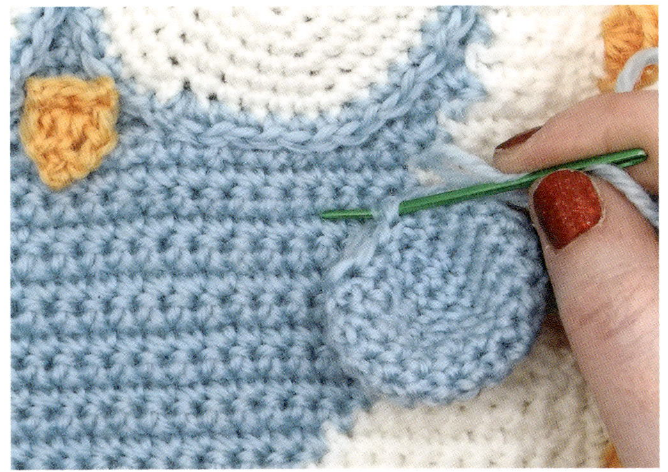

Abb. 5

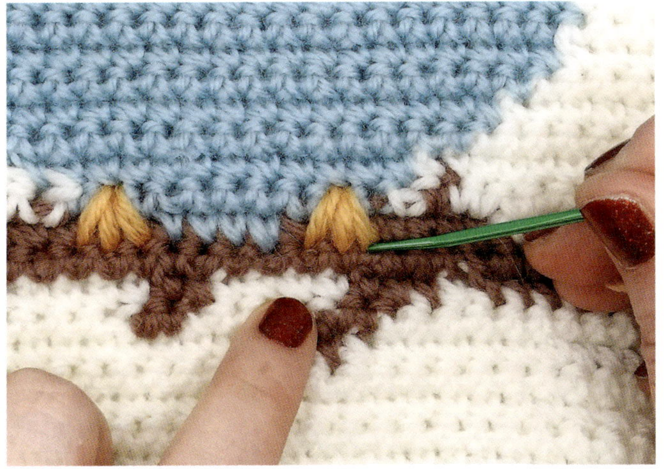

Abb. 6

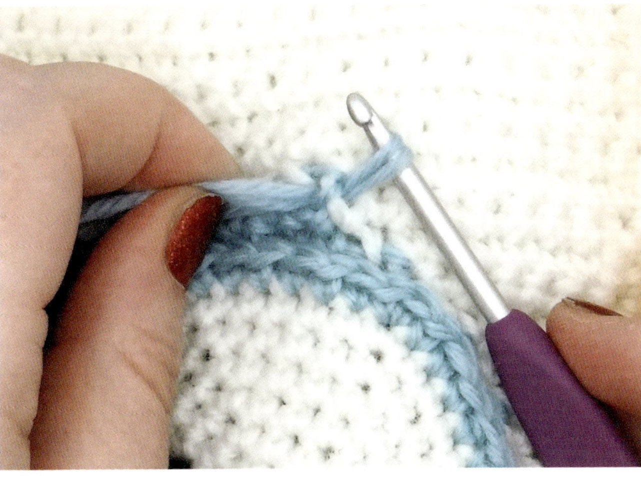

HAAR

Zwei 2,5 cm lange Fäden in Farbe C zuschneiden. Den Faden in der Mitte falten, die Mitte durch die Masche oben am Kopf durchziehen, die Enden durch die Schlinge stecken und festziehen. (*Abb. 6*). Gerade zuschneiden.

AM RUNDHOLZ BEFESTIGEN

Ein langes Garnstück in einer beliebigen Farbe zuschneiden. Ein Garnende an eine der oberen Ecken des Wandbehangs binden. Das andere Ende in die stumpfe Nadel einfädeln. Den Stab oben an den Wandbehang halten. * Das Garn um den Stab schlingen, 1 M an der Oberkante des Wandbehangs auslassen, die Nadel durch die nächste M stechen, das Garn durchziehen; wdh ab * bis zum Ende der Reihe. Das Fadenende an die obere Ecke des Wandbehangs knoten.

AUFHÄNGUNG

Ein langes Garnstück in einer beliebigen Farbe zuschneiden. Die Garnenden um die Enden des Rundholzes binden.

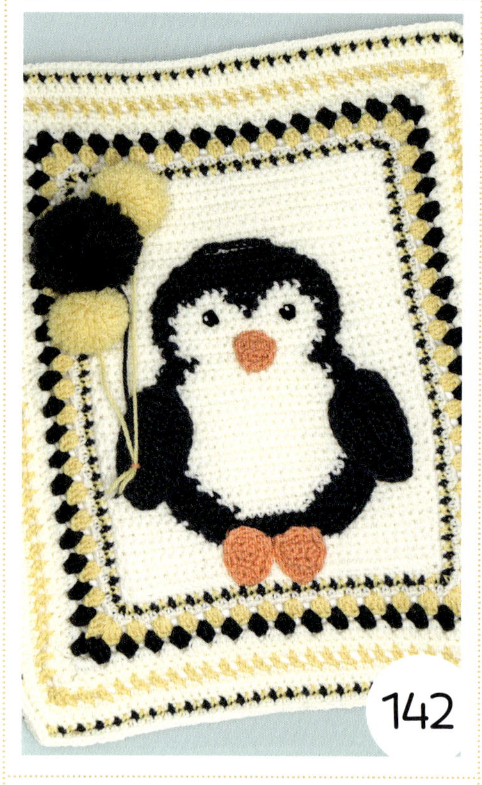
142

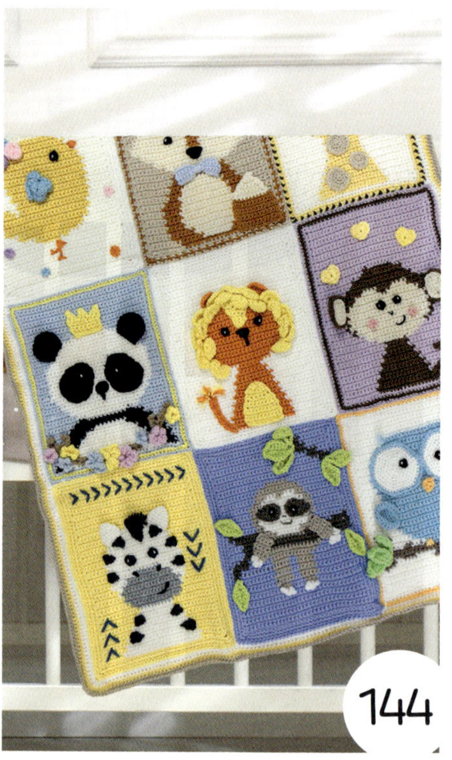
144

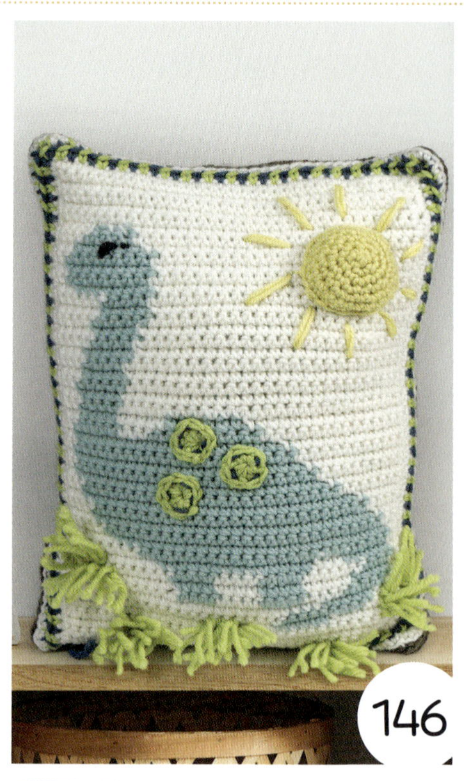
146

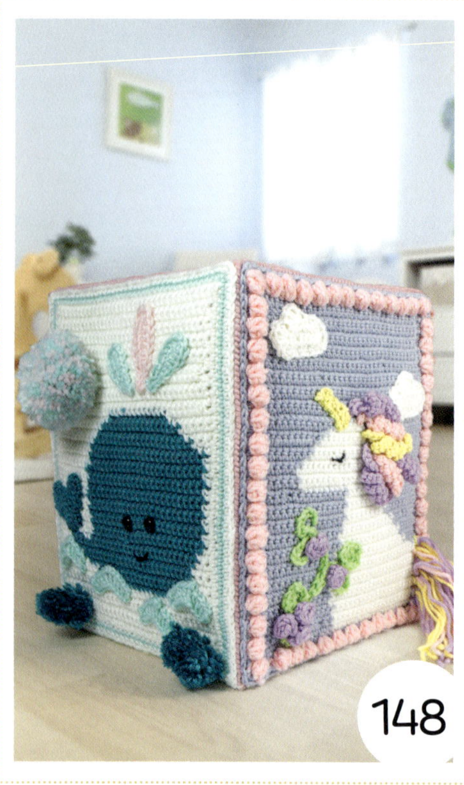
148

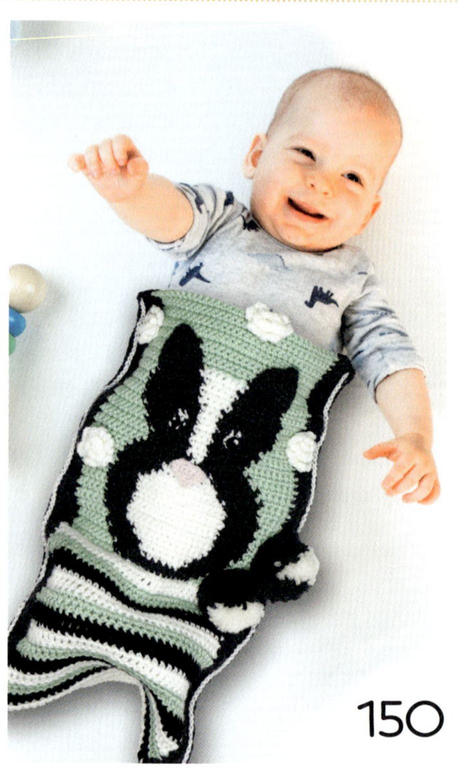
150

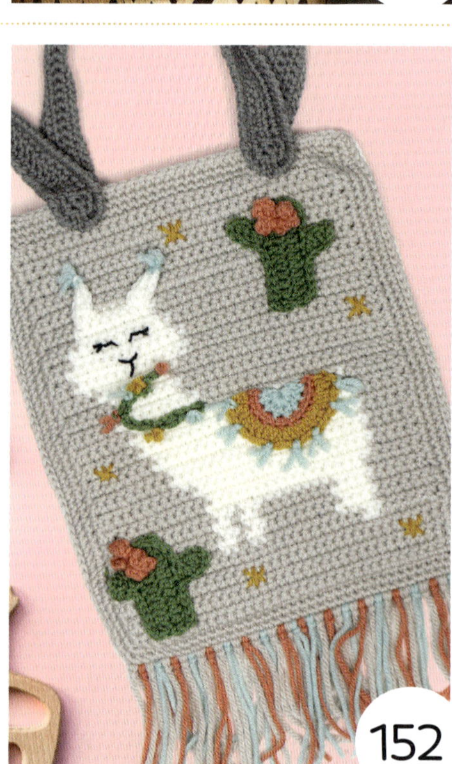
152

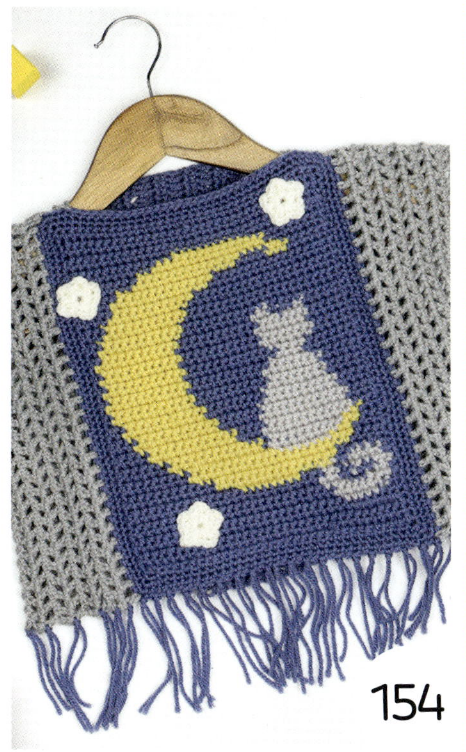

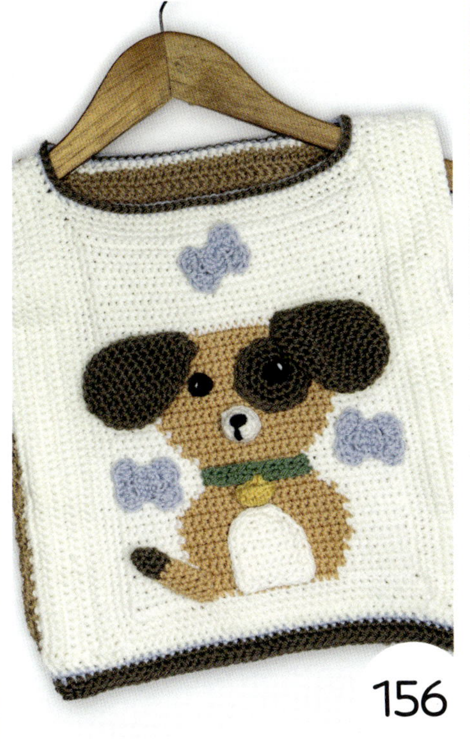

PROJEKTE

Da diese Tierwandbehänge im Grunde „Granny-Rechtecke" sind, sind sie bestens für eine Vielzahl an Häkelprojekten geeignet. Das Rundholz oder die Verzierung an der Unterseite, die den Wandbehang komplettiert, müssen Sie ja nicht anbringen; stattdessen beenden Sie die Arbeit, wenn das rechteckige Design fertiggestellt ist, und setzen hier an. Folgen Sie diesen zusätzlichen Häkelanleitungen, um etwas Kuscheliges, Kleidung, Decken, Kissen oder auch einen Babyschlafsack zu häkeln. Suchen Sie sich das Motiv aus, das Ihnen am besten gefällt, und verbinden Sie es mit dem Projekt Ihrer Wahl!

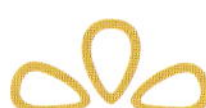

KINDERWAGENDECKE

Suchen Sie sich ein Design für das Paneel, häkeln Sie dekorative Borten an alle vier Seiten und voilà! Schon haben Sie eine Decke mit Pop-up-Details kreiert, die das Baby beschäftigt halten, wo auch immer Sie unterwegs sind.

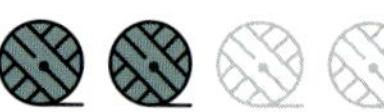 SCHWIERIGKEITSGRAD: LEICHT

GARN
Worsted-Garn (#4 mittel)

Hier gezeigt: Knit Picks Wool of the Andes Worsted (100 % Superwash-Merinowolle; 100 m/50 g): 26329 Semolina (A), 26326 White (C), je 2 Knäuel; 23879 Black (B), 1 Knäuel

Die Farben an die Häkelfliese Ihrer Wahl anpassen. Für Poppy den Pinguin wurden 4 Farben verwendet, aber nur A, B und D finden sich in der Borte wieder. Benennen Sie die gewählten Farben für dieses Muster um in Farbe A, B und C.

HÄKELNADEL
Nadelstärke 4 mm

Die Nadelstärke nötigenfalls für die korrekte Spannung anpassen.

BENÖTIGTE MATERIALIEN
Nähnadel

MASSE
37 x 43 cm

SPANNUNG
18 fM und 20 Reihen = 10 cm

RECHTECK

Die Häkelfliese nach Muster häkeln. Keine Fransen oder Details unten am Hintergrund anbringen. Hier gezeigt: Poppy, der Pinguin

AUGEN

***Anmerkung**: Gegebenenfalls die Sicherheitsaugen gegen aufgestickte Augen ersetzen.*

Mit Garn B einen Fadenring machen.

Runde 1: 6 fM in den Ring, die Rd mit 1 Km verbinden.

Das Garn befestigen und einen langen Faden zum Annähen stehenlassen. Garn C in die Nähnadel einfädeln und eine Linsenreflexion aufsticken.

DECKE (Borte des Projekts weiterhäkeln)

***Anmerkung**: Nutzt die Borte des gewählten Rechtecks keine fM in der 3. Rd, (z. B. Max, der Affe und Schuhu, die Eule), mit der Anleitung ab Rd 3 beg. Ist dies nicht der Fall, ab Rd 4 beg.*

Runde 3: 1 Lm, je 1 fM in jd M rundherum mit je 3 fM in jd Ecke; die Rd mit 1 Km in die 1. fM verbinden. Das Garn befestigen.

Runde 4: Garn A in einer beliebigen Ecke einhäkeln, 3 Lm (zählen als 1 Stb), (2 Stb, 3 Lm, 3 Stb) in dieselbe M, 2 M ausl, * 3 Stb in die nächste M, 2 M ausl; rundherum wdh ab *, je (3 Stb, 3 Lm, 3 Stb) in jd Ecke häkeln; die Rd mit 1 Km in die 1. Lm beenden. Das Garn befestigen.

Runde 5: Garn B in einem beliebigen Lm-Bg in der Ecke einhäkeln, (3 Lm, 2 Stb, 3 Lm, 3 Stb) in dieselbe M, je 3 Stb in jd Zwr zw den Sätzen aus 3 Stb und je (3 Stb, 3 Lm, 3 Stb) in jd Lm-Bg in der Ecke; die Rd mit 1 Km in die Lm vom Beg verbinden. Das Garn befestigen.

Runde 6: Garn C einhäkeln. Runde 5 wdh. Das Garn nicht befestigen.

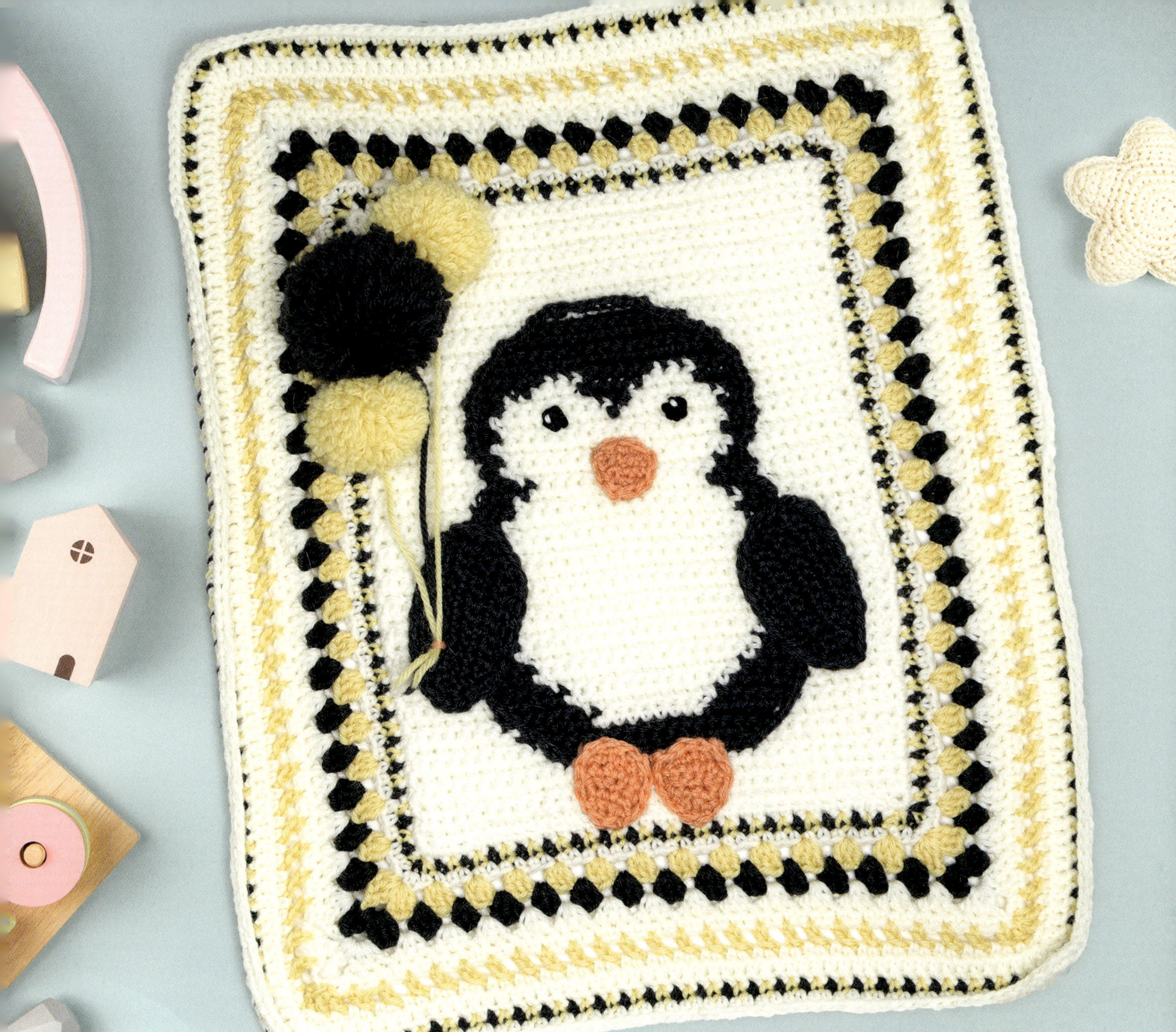

Diese Decke kann im Kinderwagen, auf dem Boden oder sogar als großer Wandbehang verwendet werden.

Runde 7: 1 Lm, je 1 fM in jd M rundherum, dabei je 3 fM in jd Lm-Bg; die Rd mit 1 Km in die 1. fM verbinden. Das Garn befestigen.

Runde 8: Garn A in die untere rechte Ecke einhäkeln, 3 Lm, 2 Stb in dieselbe M, * 1 Lm, 1 M ausl, 1 Stb in die nächste M; rundherum wdh ab * und je 3 Stb in jd Ecke; die Rd mit 1 Km in die Lm vom Beg verbinden. Das Garn befestigen.

Runde 9: Garn C in der Ecke einhäkeln, 1 Lm, je 1 fM in jd M rundherum, je 3 fM in jd Ecke; die Rd mit 1 Km in die 1. M beenden. Das Garn nicht befestigen.

Runde 10: 3 Lm, je 1 Stb in jd M rundherum, dabei je 3 Stb in jd Ecke; die Rd mit 1 Km in die Lm vom Beg beenden. Das Garn befestigen.

Runde 11: Garn A und B in einer beliebigen Ecke einhäkeln, 1 Lm, die Farben mit jd M abwechseln, je 1 fM in jd M rundherum, je 3 fM in jd Ecke; die Rd mit 1 Km in die 1. fM verbinden. Garn A und B befestigen.

Runde 12: Garn C in einer beliebigen Ecke einhäkeln, 1 Lm, je 1 hStb in jd M rundherum, je 3 hStb in jd Ecke; die Rd mit 1 Km in das 1. hStb verbinden. Das Garn befestigen.

FERTIGSTELLUNG

Die Enden vernähen.

SCHMUSEDECKE

Diese „Granny-Rechteck"-Decke ist eine Auswahl an kreativer Freude! Kombinieren Sie neun unterschiedliche Häkelfliesen, um eine einzigartige Decke zu gestalten, die das Kinderzimmer schmückt. Für die Borte passen Sie die Garnfarben einer jeden Einheit an oder folgen Sie diesem Design. Mit 20 Häkelfliesen, aus denen Sie wählen können, scheinen die Kombinationsmöglichkeiten endlos.

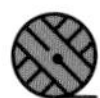  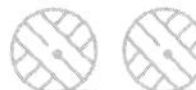 SCHWIERIGKEITSGRAD: LEICHT

GARN
Worsted-Garn (#4 mittel)

Hier gezeigt: Knit Picks Wool of the Andes Worsted (100 % Superwash-Merinowolle; 100 m/50 g): 26326 White (A), 26329 Semolina (B), 24649 Oyster Heather (C), 23879 Black (D), je 1 Knäuel

Die Farben den Flächen Ihrer Wahl anpassen. Die für dieses Muster gewählten Farben als Farbe A, B und C betrachten.

HÄKELNADEL
Nadelstärke 4 mm

Die Nadelstärke nötigenfalls für die korrekte Spannung anpassen.

BENÖTIGTE MATERIALIEN
Nähnadel

MASSE
Jedes Rechteck misst 28 x 23 cm.

Die Decke misst 91,5 x 76 cm.

SPANNUNG
18 fM und 20 Reihen = 10 cm

HÄKELFLIESEN

Jede Häkelfliese dem Muster entsprechend häkeln. Keine Fransen oder Details unten am Hintergrund anbringen. Hier gezeigte Muster: Pünktchen, das Hühnchen, Herr Fuchs, Schorsch, die Giraffe, Polly, der Panda, Larry, der Löwe, Max, der Affe, Kessi, das Zebra, Flitzer, das Faultier und Schuhu, die Eule.

BORTE (fortgesetzt an der Borte des Einzelprojekts)
Anmerkung: *Werden in der 3. Rd der Borte der gewählten Häkelfliese keine fM gehäkelt (z. B. bei Max, dem Affen und Schuhu, der Eule), ersetzen Sie die Anleitungen für Rd 3 wie folgt:*

Runde 3: 1 Lm, je 1 fM in jd M rundherum mit je 3 fM in jd Ecke; die Rd mit 1 Km in die 1. fM verbinden. Das Garn befestigen.

AUGEN
Anmerkung: *Gegebenenfalls die Sicherheitsaugen gegen aufgehäkelte Augen ersetzen.*

Mit Garn D einen Fadenring machen.

Runde 1: 6 fM in den Ring, die Rd mit 1 Km verbinden.

Das Garn befestigen und einen langen Faden zum Annähen stehenlassen. Garn A in die Nähnadel einfädeln und eine Linsenreflexion aufsticken.

DECKE

Die Häkelfliesen in der gewünschten Anordnung auflegen. Garn in die Nadel einfädeln und mit einer unsichtbaren Naht nur ins hMg zusammennähen. So liegen die Fliesen glatt nebeneinander, ohne dass man die Verbindungsfarbe sieht.

Anmerkung: *Sie können Ihre Lieblingsmethode zum Zusammennähen verwenden; hier wird eine unsichtbare Naht gezeigt.*

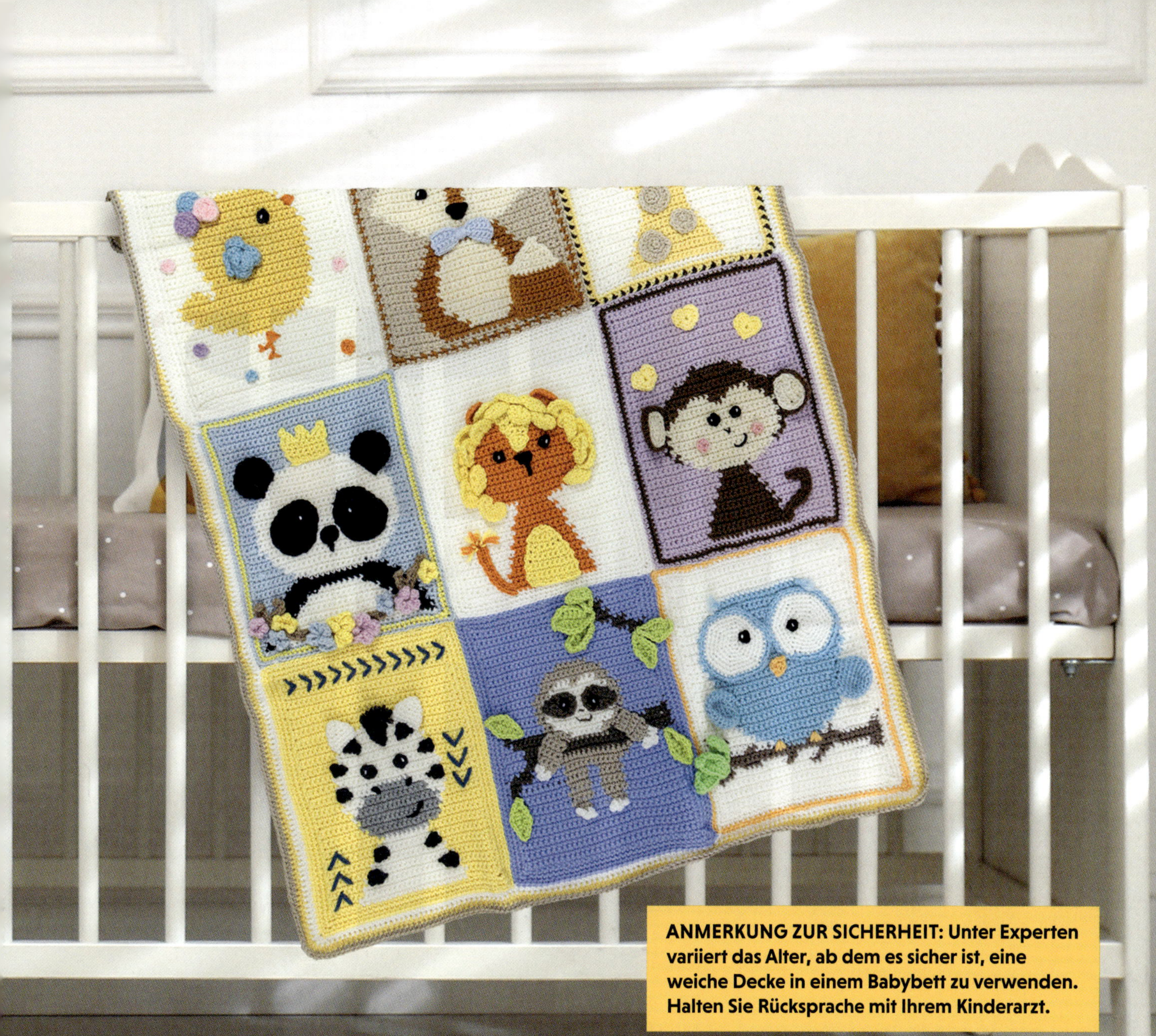

ANMERKUNG ZUR SICHERHEIT: Unter Experten variiert das Alter, ab dem es sicher ist, eine weiche Decke in einem Babybett zu verwenden. Halten Sie Rücksprache mit Ihrem Kinderarzt.

BORTE

Runde 1: Garn A ins hMg einer beliebigen Ecke einhäkeln, 2 Lm (keine M), 3 hStb in dieselbe M, ins hMg häkeln, je 1 hStb in jd M rundherum, je 3 hStb in jd Ecke; mit 1 Km in die 1. M enden. Das Garn befestigen.

Runde 2: Garn B in einer beliebigen Ecke einhäkeln, 3 Lm (zählen als 1 Stb), 2 Stb in dieselbe M, je 1 Stb in jd M rundherum und je 3 Stb in jd Ecke; die Rd mit 1 Km in die Lm vom Beg verbinden. Das Garn befestigen.

Runde 3: Garn C in einer beliebigen Ecke einhäkeln, 2 Lm, 3 hStb in dieselbe M, je 1 hStb in jd M rundherum und je 3 hStb in jd Ecke; die Rd mit 1 Km ins 1. hStb verbinden. Das Garn befestigen.

FERTIGSTELLUNG

Die Enden vernähen.

KISSEN

Suchen Sie sich zwei Motive für dieses Kissen aus. Es wurde hier mit zwei Seiten entworfen, damit Ihre Lieblingsfigur immer nach oben schaut, ganz gleich, wie Sie es werfen.

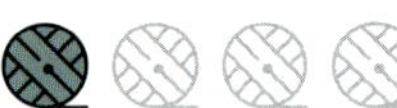

SCHWIERIGKEITSGRAD: NEULING

GARN
Aran-Garn (#4 mittel)

Hier gezeigt: Cascade Yarns 220 Superwash Aran (100 % Superwash-Merinowolle; 137,5 m/100 g): 200 Cafe Au Lait (A), 815 Black (B), 1 Knäuel

Die Farbe an das vordere Motiv Ihrer Wahl anpassen und die Farbe der Wahl als Farbe A betrachten.

HÄKELNADEL
Nadelstärke 4 mm

Die Nadelstärke nötigenfalls für die korrekte Spannung anpassen.

BENÖTIGTE MATERIALIEN
Nähnadel
Vorgefertigtes Kissen (28 x 23 cm)

MASSE
28 x 23 cm

SPANNUNG
18 fM und 20 Reihen = 10 cm

HÄKELFLIESEN

Jede Fliese dem Muster entsprechend häkeln. Keine Fransen oder Details unten am Hintergrund anbringen. Hier gezeigte Fliesen: Hippie, der Igel und Rory, das Dinomädchen.

AUGEN (optional)
***Anmerkung**: Wenn gewünscht, die Sicherheitsaugen gegen mit Garn B aufgehäkelte Augen ersetzen.*

Mit Garn B einen Fadenring machen.

Runde 1: 6 fM in den Ring, die Rd mit 1 Km verbinden.

Das Garn befestigen und einen langen Faden zum Annähen stehenlassen. Weißes Garn in die Nähnadel einfädeln und eine Linsenreflexion aufsticken.

KISSEN

Die beiden Fliesen mit den RS aufeinanderlegen. Garn A in einer beliebigen Ecke einhäkeln und durch beide Teile je 1 Km in jd M rundherum häkeln und das Kissen füllen, bevor Sie die letzte Seite schließen. Das Garn befestigen und die Enden vernähen.

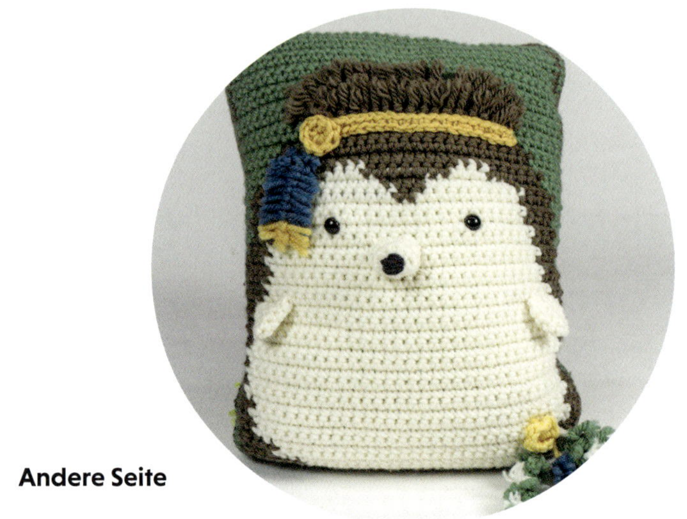

Andere Seite

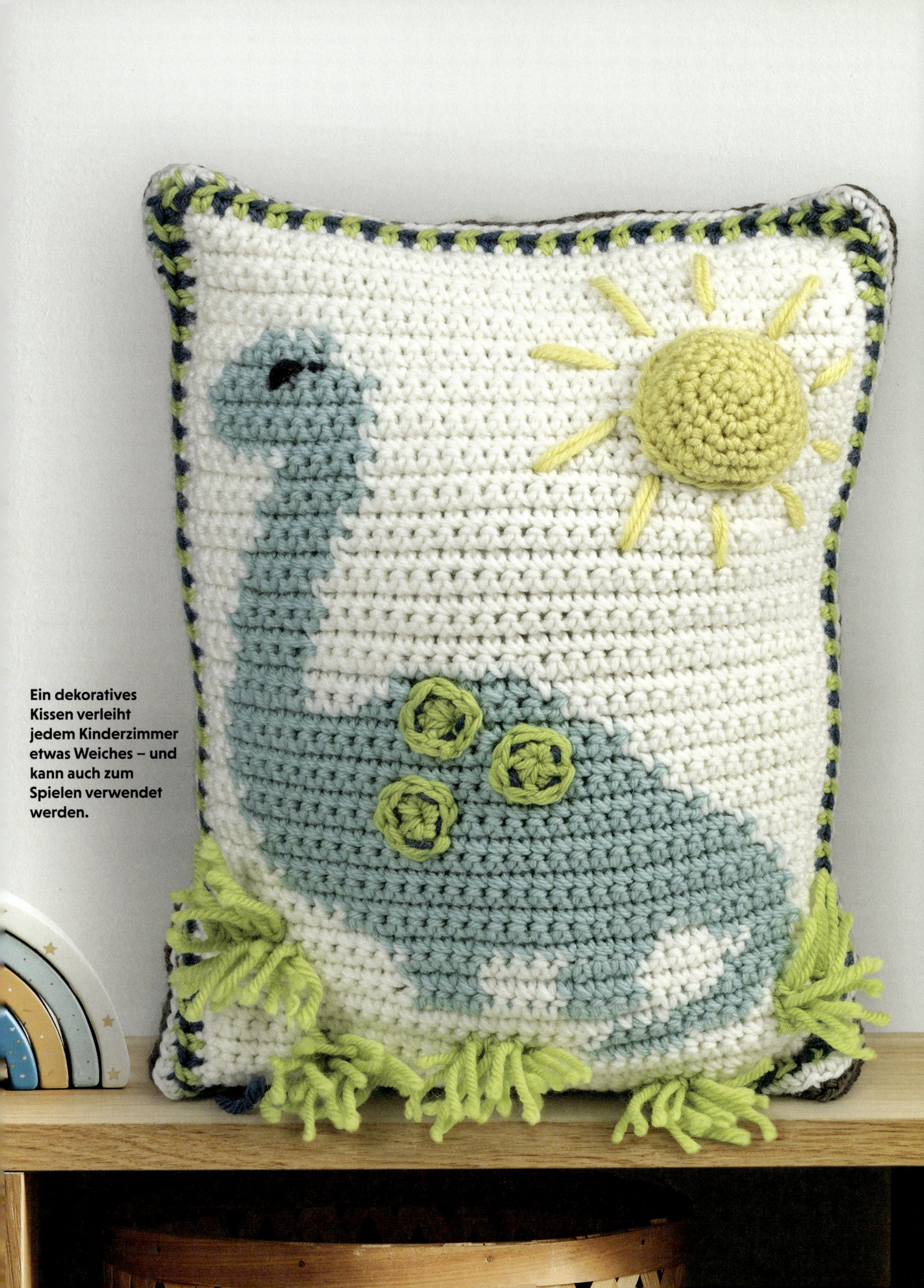

Ein dekoratives Kissen verleiht jedem Kinderzimmer etwas Weiches – und kann auch zum Spielen verwendet werden.

FÜHLWÜRFEL

Suchen Sie sich vier verschiedene Tiermuster aus, um einen Fühlwürfel zu gestalten, den Ihr Kleines keine Sekunde aus der Hand geben wird. Die plastischen Elemente lassen kleine Fingerchen Farben, Formen und Texturen erforschen.

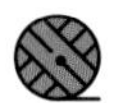 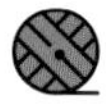 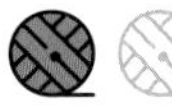 SCHWIERIGKEITSGRAD: MITTELSCHWER

GARN
Worsted-Garn (#4 mittel)

Hier gezeigt: Willow Yarns, Daily Worsted (100 % Superwash-Merinowolle; 200 m/100 g):
7322470034 Natural (A),
7322470022 Blossom (B),
7322470035 Night (C), je 1 Knäuel

Die Farben für die gewählten Häkelfliesen anpassen. Die Farben für dieses Muster als Garn A, B und C führen.

HÄKELNADEL
Nadelstärke 4 mm

Die Nadelstärke nötigenfalls für die korrekte Spannung anpassen.

BENÖTIGTE MATERIALIEN
Nähnadel
4 Kunststoff-Netzgewebestücke zu je 28 x 23 cm
2 Kunststoff-Netzgewebestücke zu je 23 x 23 cm
Stofftierfüllung aus Polyester

MASSE
28 x 23 x 23 cm

SPANNUNG
18 fM und 20 Reihen = 10 cm

HÄKELFLIESEN

Die Häkelfliesen dem Muster entsprechend anfertigen. Keine Fransen oder Details unten am Hintergrund anbringen. Hier gezeigte Fliesen: Fiona, der Flamingo, Jess, die Qualle, Watson, der Wal und Glitzi, das Einhorn.

Die Fliesen mit der Nähnadel an die vier 28 x 23 cm großen Kunststoffstücke nähen.

Sind für ein Muster Sicherheitsaugen vorgesehen, diese mit Garn in Farbe der Augen ersetzen (siehe unten) oder das Kunststoffgewebe aufschneiden, um das Sicherheitsauge durchzustecken. Die Augen an der RS mit Superkleber befestigen.

AUGEN

Anmerkung: *Gegebenenfalls die Sicherheitsaugen gegen aufgehäkelte Augen aus Garn in der Augenfarbe ersetzen.*

Mit Garn in Farbe C einen Fadenring machen.

Runde 1: 6 fM in den Ring, die Rd mit 1 Km verbinden.

Das Garn befestigen und einen langen Faden zum Annähen stehenlassen. Garn A in die Nähnadel einfädeln und eine Linsenreflexion aufsticken.

OBERE HÄKELFLIESE

Mit Garn in Farbe B 36 Lm häkeln.

Reihe 1: Je 1 Stb in die 4. Lm von der Nd und in jd Lm bis zum Ende der R, wenden. (33 Stb).

Reihe 2–19: 3 Lm (zählen als 1 Stb), je 1 Stb in jd M bis zum Ende der R, wenden. Umrandung anhäkeln.

Umrandung

Runde 1: 1 Lm, 3 fM in die 1. M, je 1 fM in jd M bis zum Ende der R, 3 fM in die letzte M, entlang der Kante arb, je 2 fM ins Ende jd R, 3 fM in die 1. M der Aufbau-Lm, je 1 fM in jd Lm bis zum Ende der R, 3 fM in die letzte Lm, 2 fM in das Ende jd R; die Rd mit 1 Km in die 1. M beenden. Das Garn befestigen.

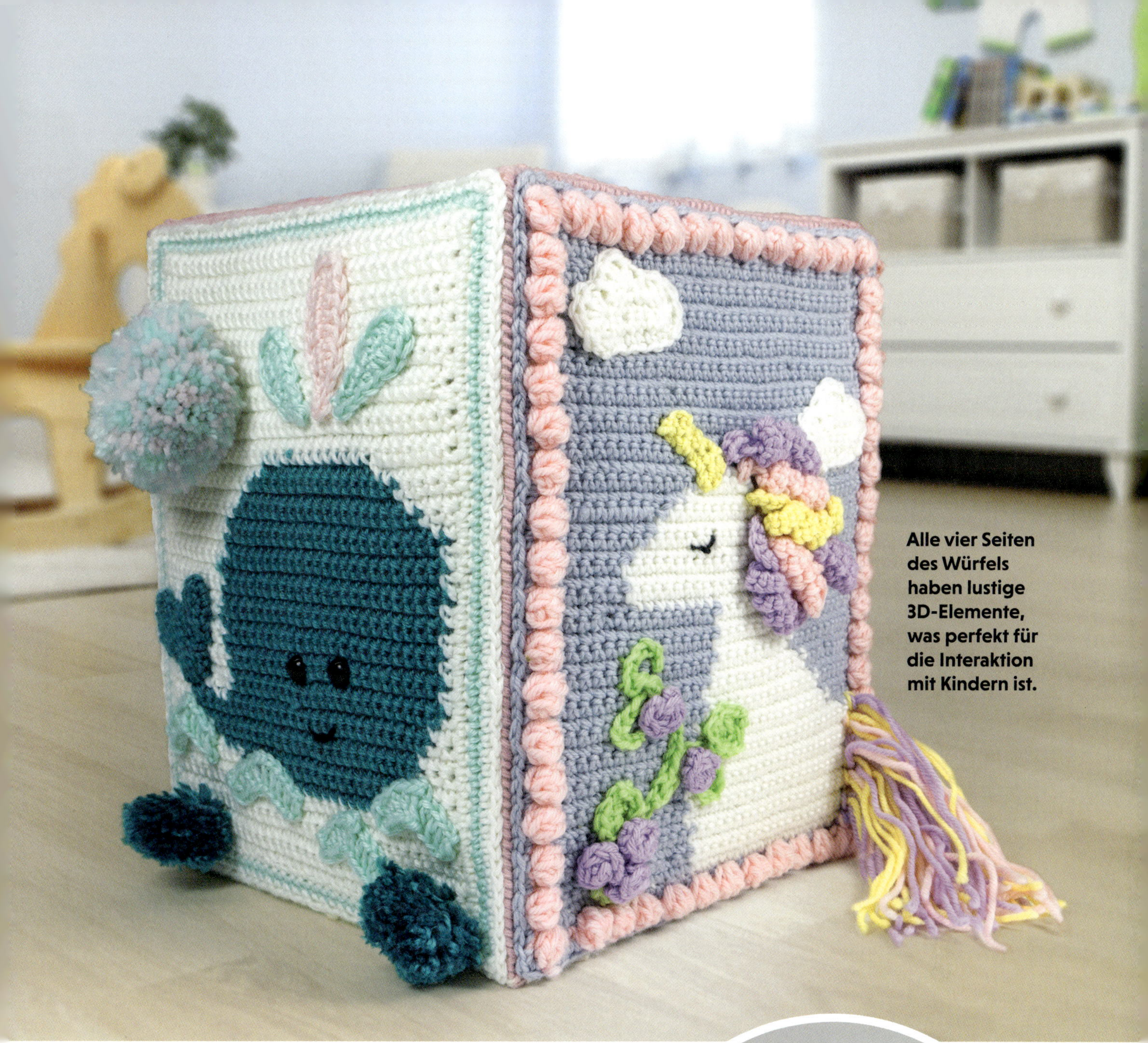

Alle vier Seiten des Würfels haben lustige 3D-Elemente, was perfekt für die Interaktion mit Kindern ist.

UNTERE HÄKELFLIESE

Mit Garn in Farbe A die Anweisungen für die obere Häkelfliese wdh.

FERTIGSTELLUNG

Die obere und die untere Fliese an die zwei 23 x 23 cm großen Kunststoff-Netzgewebestücke nähen. Alle Fliesen zusammennähen und dabei durch die M einer jd Fliese nähen, nicht jedoch durch das Plastik. Gut befüllen, bevor Sie die Oberseite schließen.

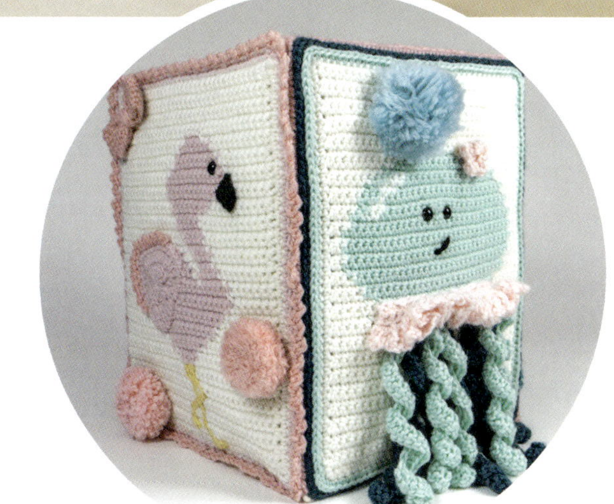

Gegenüberliegende Seite

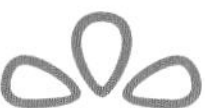

BABYSCHLAFSACK

Lassen Sie Ihr entzückendes Baby in diesem süßen Schlafsack kuscheln. Dieses Stinktiermuster kann gegen jedes Tier im Buch ausgetauscht werden, wie z. B. Fiona, den Flamingo mit Rosa- und Cremetönen oder Jake, den kleinen Welpen mit blauen und erdigen Farben. Viel Spaß beim Kombinieren für Ihr Kind!

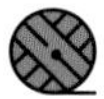 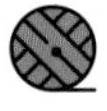 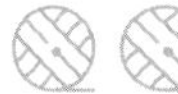 SCHWIERIGKEITSGRAD: LEICHT

GARN
Worsted-Garn (#4 mittel)

Hier gezeigt: Universal Garn Deluxe Worsted Superwash (100 % Superwash-Wolle; 200 m/100 g): 7322470013 Tendril (A), 1 Knäuel; 7322470035 Night (B), 7322470028 Ice (C), je 2 Knäuel

Die Farben für die gewählten Häkelfliesen anpassen.

HÄKELNADEL
Nadelstärke 4 mm

Die Nadelstärke nötigenfalls für die korrekte Spannung anpassen.

BENÖTIGTE MATERIALIEN
Nähnadel

MASSE
28 x 48 cm

SPANNUNG
18 fM und 20 Reihen = 10 cm

HÄKELFLIESEN

Die Häkelfliese nach Muster häkeln, keine Borte, Fransen oder Details unten am Hintergrund anbringen. Hier gezeigte Fliese: Stinker, das Stinktier.

AUGEN

Anmerkung: *Gegebenenfalls die Sicherheitsaugen gegen aufgehäkelte Augen aus Garn in der Augenfarbe ersetzen.*

Mit Garn B einen Fadenring machen.

Runde 1: 6 fM in den Ring, die Rd mit 1 Km verbinden.

Das Garn befestigen und einen langen Faden zum Annähen stehenlassen. Weißes Garn in die Nähnadel einfädeln und eine Linsenreflexion aufsticken.

SCHLAFSACK

Reihe 1: Mit der VS nach oben Garn C in die M in der Ecke der Aufbaureihe (unten an der Häkelfliese) einhäkeln, 3 Lm, je 1 Stb in jd M bis zur nächsten Ecke, wenden.

Reihe 2: 1 Lm, je 1 fM in jd M bis zum Ende der R, wenden.

Reihe 3: 3 Lm, je 1 Stb in jd M bis zum Ende der R, wenden.

Reihe 4: 1 Lm, je 1 fM in jd M bis zum Ende der R, wenden.

Reihe 3–4 mit Garn A wdh, dann Garn B zum Fertigstellen einer Streifenserie verwenden. Streifen in Garn C, A und B noch 3-mal wdh. Das Garn befestigen. Mit Garn C R 3–4 wdh, bis der Schlafsack 100 cm lang ist. Das Garn befestigen.

BORTE

Anmerkung: *Für die gewünschte Breite Reihe 2–3 auf jd Seite wdh, wie benötigt.*

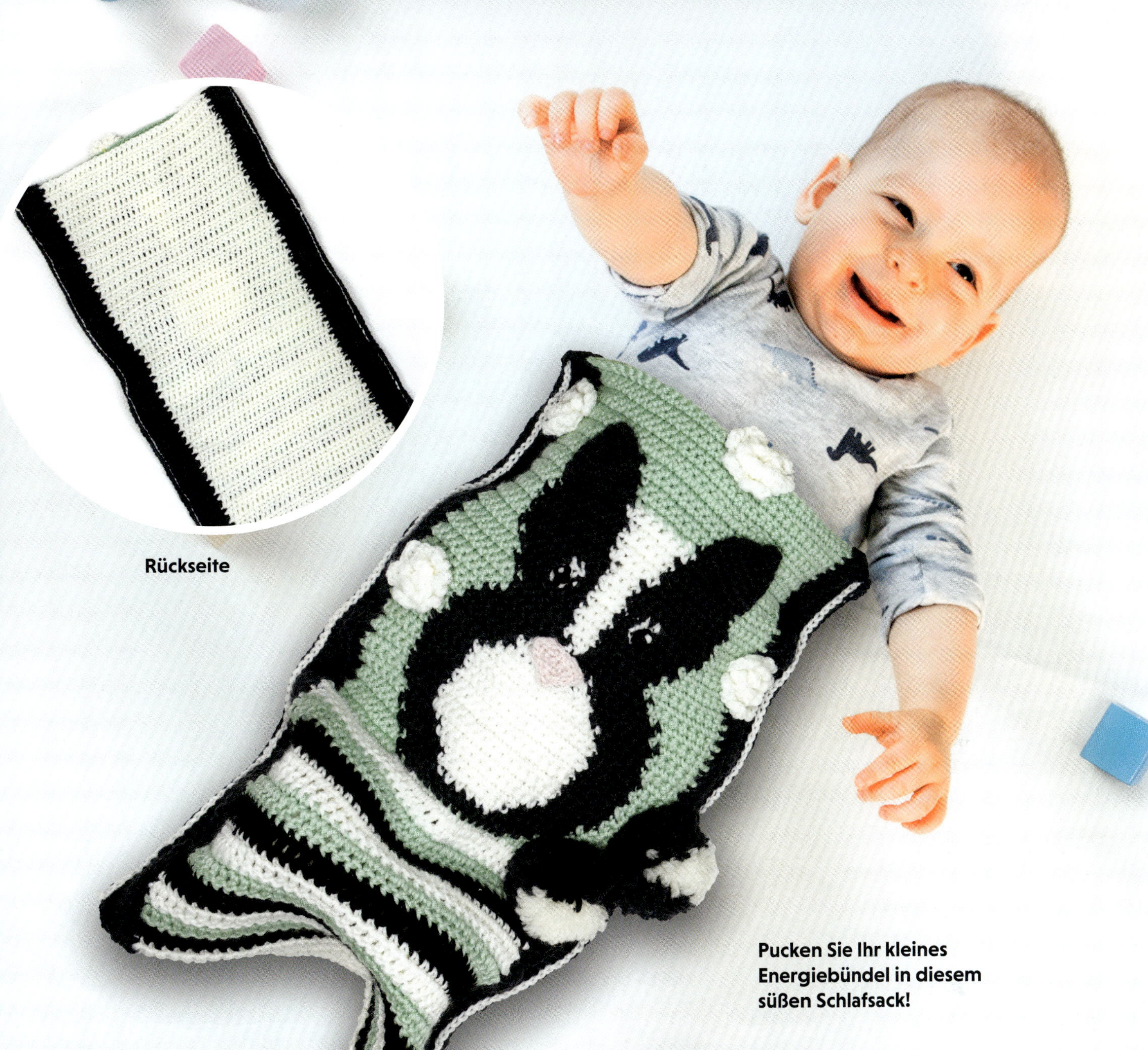

Rückseite

Pucken Sie Ihr kleines Energiebündel in diesem süßen Schlafsack!

LINKS

Reihe 1: Garn B in die obere linke Ecke einhäkeln, fM entlang der Reihenenden häkeln und je 1 fM in jd Ende von fM-Reihen und je 2 fM in jd Ende der Stb-Reihe, wenden.

Reihe 2: 1 Lm, je 1 fM in jd M bis zum Ende der R, wenden.

Reihe 3: 3 Lm, je 1 Stb in jd M bis zum Ende der R, wenden.

Das Garn befestigen.

RECHTS

Garn B in die untere rechte Ecke einhäkeln; R 1–3 wdh, gleich wie für die linke Seite.

Das Garn befestigen.

FERTIGSTELLUNG

VERBINDUNG LINKS

Das Schlafsackmuster in der Mitte falten und mit Garn C oben verbinden. Durch die M an VS und RS gleichzeitig arb und mit Km an den Seiten verbinden. Das Garn befestigen.

VERBINDUNG RECHTS

Garn in Farbe C an der Falte einhäkeln. Durch die M an VS und RS gleichzeitig arb und mit Km an den Seiten verbinden. Das Garn befestigen und die Enden vernähen.

TRAGETASCHE

Häkeln Sie ein Paar Griffe und eine einfache rechteckige Rückseite und schon haben Sie alles, was Sie brauchen, für eine unfassbar süße Tragetasche. Dieses Projekt nutzt das Lama-Design, aber bei 20 unterschiedlichen Designs, die zur Auswahl stehen, können Sie jedem Seelentier entsprechen.

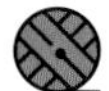 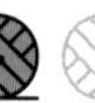 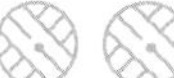 SCHWIERIGKEITSGRAD: LEICHT

GARN
Worsted-Garn (#4 mittel)

Hier gezeigt: Valley Yarns Valley Superwash (100 % Superwash-Merinowolle; 87 m/50 g): 301 Whisper (A), 260 White (B), je 2 Knäuel; 303 Daquiri Ice (C), 307 Coral (D), je 1 Knäuel

Die Farben für die gewählte Häkelfliese anpassen. Die Farben für dieses Muster als Garn A, B, C und D führen.

HÄKELNADEL
Nadelstärke 4 mm

Die Nadelstärke nötigenfalls für die korrekte Spannung anpassen.

BENÖTIGTE MATERIALIEN
Nähnadel
Maschenmarkierer

MASSE
28 x 23 cm

SPANNUNG
18 fM und 20 Reihen = 10 cm

TRAGETASCHE

VORDERSEITE

Die Häkelfliese nach Muster häkeln und keine Fransen oder Details unten am Hintergrund anbringen. Hier gezeigt: Lucy, das Lama

RÜCKSEITE

Mit Garn in Farbe B 36 Lm häkeln.

Reihe 1: Je 1 Stb in die 4. Lm von der Nd und in jd Lm bis zum Ende der R, wenden. (33 Stb)

Reihe 2: 1 Lm, je 1 fM in jd M bis zum Ende der R, wenden.

Reihe 3: 3 Lm (zählen als 1 Stb), je 1 Stb in jd M bis zum Ende der R, wenden. Das Garn befestigen.

Reihe 4: Mit Garn C 1 Lm (zählt nicht als M) häkeln, je 1 hStb in jd M bis zum Ende der R, wenden. Das Garn befestigen.

Reihe 5: Mit Garn D 3 Lm häkeln, je 1 Stb in jd M bis zum Ende der R, wenden.

Reihe 6: 1 Lm, je 1 fM in jd M bis zum Ende der R, wenden.

Reihe 7: 3 Lm, je 1 Stb in jd M bis zum Ende der R, wenden. Das Garn befestigen.

Reihe 8: Mit Garn C 1 Lm, je 1 hStb in jd M bis zum Ende der R, wenden. Das Garn befestigen.

Reihe 9–11: Mit Garn B R 5–7 wdh. Das Garn befestigen.

Reihe 12–16: R 4–8 wdh. Das Garn befestigen.

Reihe 17: Mit Garn B 3 Lm häkeln, je 1 Stb in jd M bis zum Ende der R, wenden.

Reihe 18: 1 Lm, je 1 fM in jd M bis zum Ende der R, wenden.

Reihe 19–48: Nur mit Garn B R 1–18 wdh.

BORTE

Runde 1 (VS): Mit Garn B weiterarb, 1 Lm häkeln, wenden, 2 fM in die 1. M, je 1 fM in jd M bis zur letzten M, 3 fM in die letzte M, 48 fM gleichmäßig entlang des seitlichen Randes häkeln, auf der anderen Seite der Aufbaureihe arb, 3 fM in die Lm unten an der

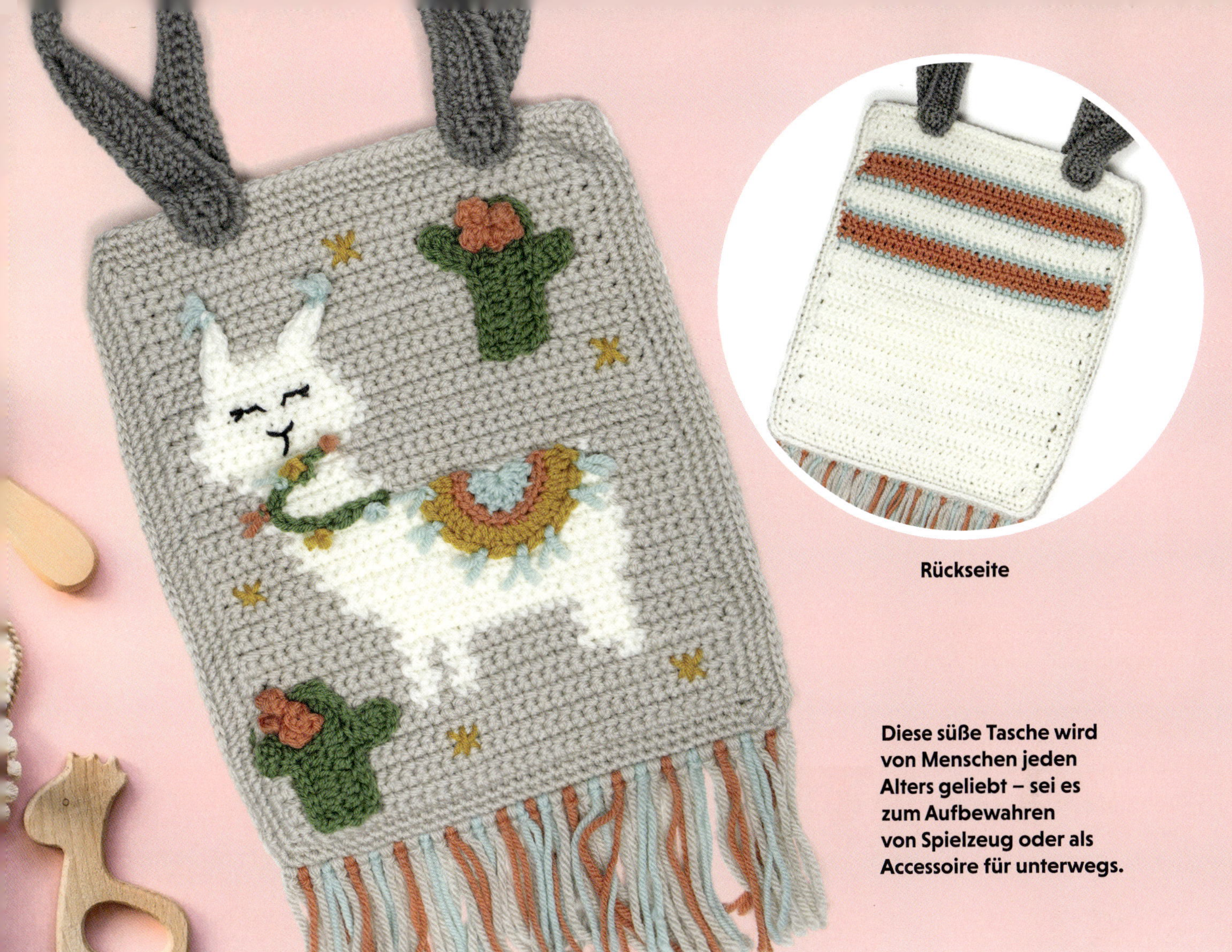

Rückseite

Diese süße Tasche wird von Menschen jeden Alters geliebt – sei es zum Aufbewahren von Spielzeug oder als Accessoire für unterwegs.

1. fM von R 1 häkeln, je 1 fM in jd Lm bis zur Lm unten an der letzten fM, 3 fM in die letzte Lm; 48 fM gleichmäßig entlang des nächsten seitlichen Randes häkeln, 1 fM in die 1. M; die Rd mit 1 Km in die 1. fM beenden. (170 fM)

Das Garn befestigen.

GRIFFE (2-mal häkeln)

Mit Garn in Farbe B 75 Lm häkeln.

Reihe 1: 2 fM in die 2. Lm von der Nd, je 1 fM in jd M bis zur letzten M (MM setzen), 4 fM in die letzte M, je 1 fM in jd Lm der Aufbaureihe bis zum Ende der R bis zur letzten M, 2 fM in die letzte M; die Rd mit 1 Km in die 1. fM beenden.

Reihe 2: 1 Lm, 2 fM in die nächsten 2 M, je 1 fM in jd M bis zum MM, 2 fM in die nächsten 4 M, je 1 fM in jd M bis zu den letzten 2 M, je 2 fM in die nächsten 2 M; die Rd mit 1 Km in die 1. fM beenden.

Reihe 3: 1 Lm, je 1 Krebsmasche in jd M rundherum; die Rd mit 1 Km in die 1. fM beenden.

Das Garn befestigen und einen langen Faden zum Annähen stehenlassen.

FERTIGSTELLUNG

Die RS der Fliesen zusammenlegen, sodass die Vorderseite nach oben schaut. Garn A in der oberen linken Ecke einhäkeln, Km entlang der Seite, unten und der gegenüberliegenden Seite häkeln. Das Garn befestigen. Die Griffe mit 10 cm Abstand annähen und die Enden vernähen.

FRANSEN

Für jede Franse Fäden auf eine Länge von 30 cm in A, C und D zuschneiden. Die Fäden zusammennehmen und in der Mitte falten. Das gefaltete Ende durch den Rand der Tasche durchziehen, sodass eine Schlinge entsteht. Die Fransenenden durch diese Schlinge durchschieben. Festziehen und bis zum Ende der R wdh. Die Farben wie auf den Fotos oder im gewünschten Muster anordnen. Gerade zuschneiden.

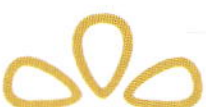

PONCHO

Selbstgemachte Kleidungsstücke, insbesondere gehäkelte, erfreuen sich immer größerer Beliebtheit und dieser niedliche Poncho zum Hineinschlüpfen ist supersüß – mit Details sowohl auf der Vorder- als auch auf der Rückseite. Die spitzenartige Häkelarbeit macht ihn leicht und bequem. Dieses Projekt bedient sich der Katze auf der Vorderseite und passenden 3D-Blumen auf der Rückseite. Nutzen Sie denselben Ansatz für jedes Design, das Sie wünschen – einfach leichte, dazupassende Elemente an der Rückseite anbringen.

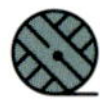 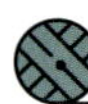 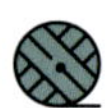 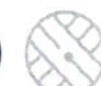 SCHWIERIGKEITSGRAD: MITTELSCHWER

GARN
Worsted-Garn (#4 mittel)

Hier gezeigt: Universal Garn Deluxe Worsted Superwash (100 % Superwash-Wolle; 200 m/100 g): 760 Indigo (A), 732 Icy Grey (B), 728 Pulp (C), je 1 Knäuel

Die Farben für die gewählte Häkelfliese anpassen. Die Farben für dieses Muster als Garn A, B und C führen.

HÄKELNADEL
Nadelstärke 4 mm

Die Nadelstärke nötigenfalls für die korrekte Spannung anpassen.

BENÖTIGTE MATERIALIEN
Nähnadel

MASSE
38 x 30 cm

SPANNUNG
18 fM und 20 Reihen = 10 cm

PONCHO

HÄKELFLIESE IN DER MITTE

Die Häkelfliese nach Muster häkeln, keine Fransen oder Details unten am Hintergrund anbringen. Hier gezeigt: Cara, die Katze.

LINKE SEITE VORNE

Reihe 1: Auf der linken Seite der Häkelfliese arbeiten und Garn B in die obere linke Ecke einhäkeln, 4 Lm (zählen als 1 Stb und 1 Lm), 1 M ausl, 1 Stb in die nächste M, * 1 Lm, 1 M ausl, 1 Stb in die nächste M; wdh ab * bis zur nächsten Ecke, wenden.

Reihe 2: 3 Lm (zählen als 1 Stb), 1 Stb in die nächste Lm, * 1 Lm, 1 M ausl, 1 Stb in die nächste Lm; wdh ab * bis zur letzten Lm, 1 Stb in die letzte M, wenden.

Reihe 3: 4 Lm, 1 M ausl, 1 Stb in die nächste Lm, * 1 Lm, 1 M ausl, 1 Stb in die nächste M; wdh ab * bis zum Ende der R, wenden.

Reihe 4–9: Reihe 2–3 wdh.

Das Garn befestigen.

RECHTE SEITE VORNE

Auf der rechten Seite der Häkelfliese arbeiten und Garn B in die untere rechte Ecke einhäkeln. R 1–9 gleich wie für die linke Seite vorne häkeln. Das Garn befestigen.

HÄKELFLIESE AUF DER RÜCKSEITE

Mit Garn in Farbe B 56 Lm häkeln.

Reihe 1: Je 1 fM in die 2. Lm von der Nd und in jd Lm bis zum Ende der R, wenden. (55 fM)

Reihe 2: 4 Lm (zählen als 1 Stb und 1 Lm), 1 M ausl, 1 Stb in die nächste M, * 1 Lm, 1 M ausl, 1 Stb in die nächste M; wdh ab * bis zur nächsten Ecke, wenden.

Reihe 3: 3 Lm (zählen als 1 Stb), 1 Stb in die nächste Lm, * 1 Lm, 1 M ausl, 1 Stb in die nächste Lm; wdh ab * bis zur letzten Lm, 1 Stb in die letzte M, wenden.

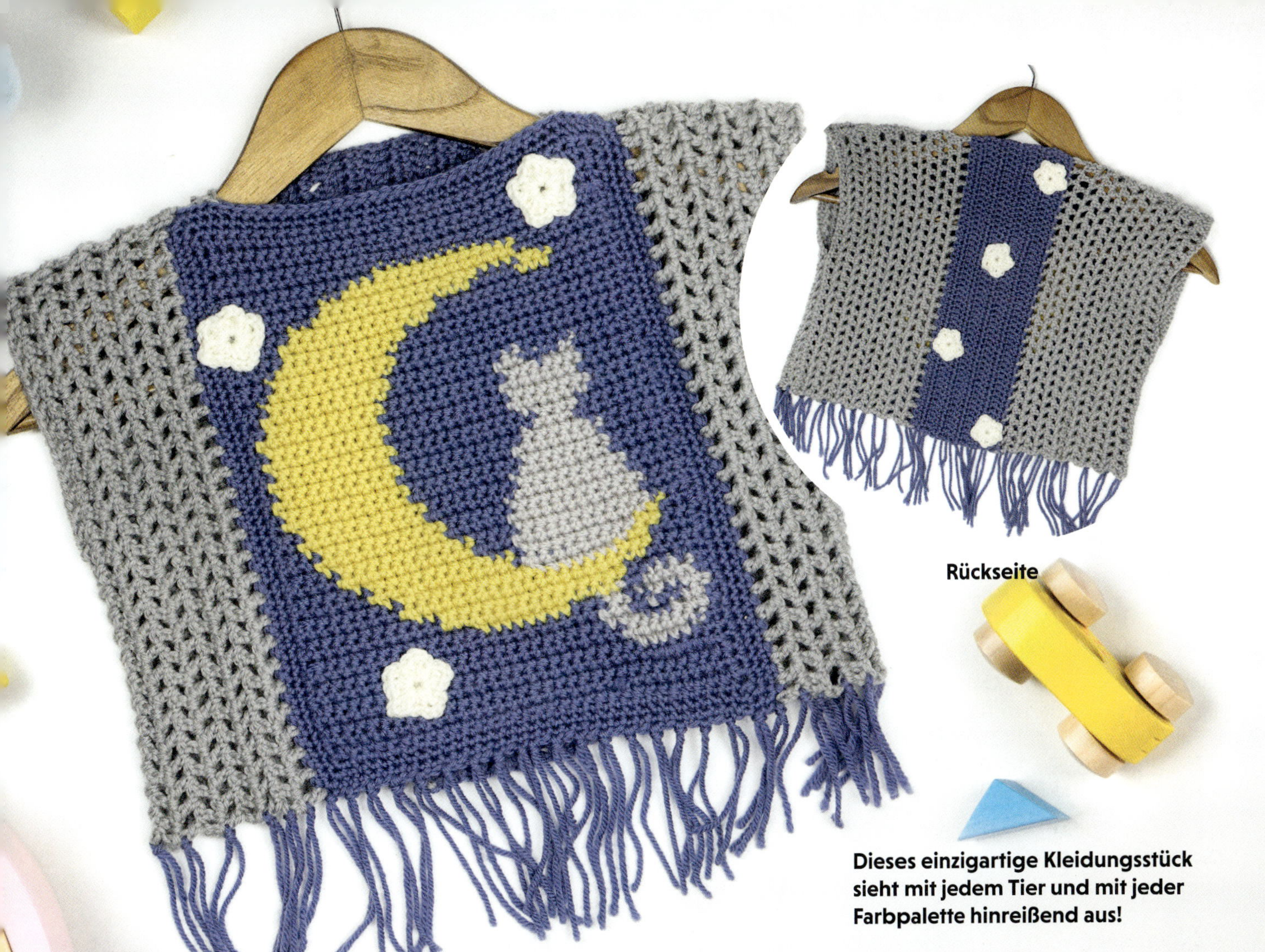

Dieses einzigartige Kleidungsstück sieht mit jedem Tier und mit jeder Farbpalette hinreißend aus!

Reihe 4: 4 Lm, 1 M ausl, 1 Stb in die nächste Lm, * 1 Lm, 1 M ausl, 1 Stb in die nächste M; wdh ab * bis zum Ende der R, wenden.

Reihe 5–14: R 3–4 wdh. Das Garn befestigen.

Reihe 15: Garn A einhäkeln, 3 Lm, je 1 Stb in jd M und Lm bis zum Ende der R, wenden.

Reihe 16–25: 3 Lm, je 1 Stb in jd M bis zum Ende der R, wenden. Das Garn befestigen.

Reihe 26–38: Mit Garn B Reihe 2–14 wdh.

Das Garn befestigen.

STERNE (4-mal häkeln)

Mit Garn in Farbe C einen Fadenring machen.

Runde 1: (1 fM, 1 Stb, 2 Lm, 1 Stb) 5-mal in den Fadenring; die Rd mit 1 Km in die 1. fM beenden. (5 Spitzen).

Das Garn befestigen und einen langen Faden zum Annähen stehenlassen.

FERTIGSTELLUNG

Die vier Sterne auf den mit Garn A gehäkelten Teil des Hintergrunds aufnähen. Die RS der Fliesen mit der Vorderseite nach oben aufeinanderlegen. Garn B in die Nähnadel einfädeln und die Schultern von außen entlang der Kante über 5 M (oder 14 cm) in die Mitte hinein zusammennähen. Auf der gegenüberliegenden Seite wdh.

Mit Garn B die seitlichen Kanten miteinander verbinden und 9,5 cm von der Unterkante aus zusammennähen, dabei eine Öffnung für das Armloch offenlassen. Auf der anderen Seite wdh. Das Garn befestigen.

FRANSEN

Für jede Franse Längen aus Garn A zu je 30 cm zuschneiden. In der Mitte falten und an jeder zweiten Masche an der Unterseite durch die Masche durchziehen, sodass eine Schlinge entsteht. Die Fransenenden durch diese Schlinge durchschieben. Festziehen und die Fransen gerade zuschneiden.

PULLUNDER

Häkeln Sie einen originellen Pullunder, den Ihr Kleines mit Stolz tragen wird! Suchen Sie nach der Wahl der rechteckigen Fliese eine passende Garnfarbe für einen einfarbigen Rücken aus und bauen Sie Seiten, Hals- und Schulterbereich mit einer Auswahl einfach gehäkelter, texturgebender Maschen auf.

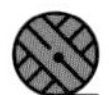 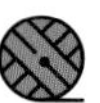 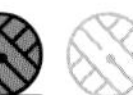 SCHWIERIGKEITSGRAD: MITTELSCHWER

GARN
Aran-Garn (#4 mittel)

Hier gezeigt: Cascade Yarns 220 Superwash Aran (100 % Superwash-Merinowolle; 137,5 m/100 g): 871 White (A), 201 Sesame (B), je 2 Knäuel; 200 Cafe Au Lait (C), 335 Blue Whisper (D), je 1 Knäuel

Die Farben an das gewählte Motiv anpassen und diese als Farbe A, B, C, und D in diesem Muster führen.

HÄKELNADEL
Nadelstärke 4 mm

Die Nadelstärke nötigenfalls für die korrekte Spannung anpassen.

BENÖTIGTE MATERIALIEN
Nähnadel

MASSE
30 x 35,5 cm

SPANNUNG
18 fM und 20 Reihen = 10 cm

PULLUNDER

HÄKELFLIESE IN DER MITTE DES PULLUNDERS

Die Häkelfliese nach Muster häkeln. Keine Fransen oder Details unten am Hintergrund anbringen. Hier gezeigt: Jake, der kleine Welpe.

LINKE SEITE VORNE

Reihe 1: Mit Garn A 6 Lm häkeln und mit der M in der Ecke oben links mit der Häkelfliese verbinden; je 1 fM in jd M bis zur mittleren M in der Ecke, wenden.

Reihe 2: 1 Lm, je 1 fM in jd M bis zum Ende der R und in die nächsten 6 Lm, wenden.

Reihe 3–10: 1 Lm, je 1 fM in jd M bis zum Ende der R, wenden.

Das Garn befestigen.

RECHTE SEITE VORNE

Reihe 1: Garn A in der unteren rechten Ecke der Häkelfliese einhäkeln, 1 Lm, je 1 fM in jd M bis zur mittleren M in der Ecke, 7 Lm, wenden.

Reihe 2: Je 1 fM in die 2. Lm von der Nd und in die nächsten 5 Lm, je 1 fM in jd M bis zum Ende der R, wenden.

Reihe 3–10: 1 Lm, je 1 fM in jd M bis zum Ende der R, wenden.

Das Garn befestigen.

RÜCKSEITE

Mit Garn in Farbe B 53 Lm häkeln.

Reihe 1: Je 1 fM in die 2. Lm von der Nd und in jd Lm bis zum Ende der R, wenden. (52 fM)

Reihe 2–30: 3 Lm (zählen als 1 Stb), je 1 Stb in jd M bis zum Ende der R, wenden.

Das Garn befestigen. VS und RS mit der VS nach oben zusammenlegen. Garn B in die Nähnadel einfädeln und die Schultern zusammennähen. An der unteren Kante beginnen und 23,5 cm nach oben nähen, dabei eine Öffnung für das Armloch offenlassen. Auf der anderen Seite wdh.

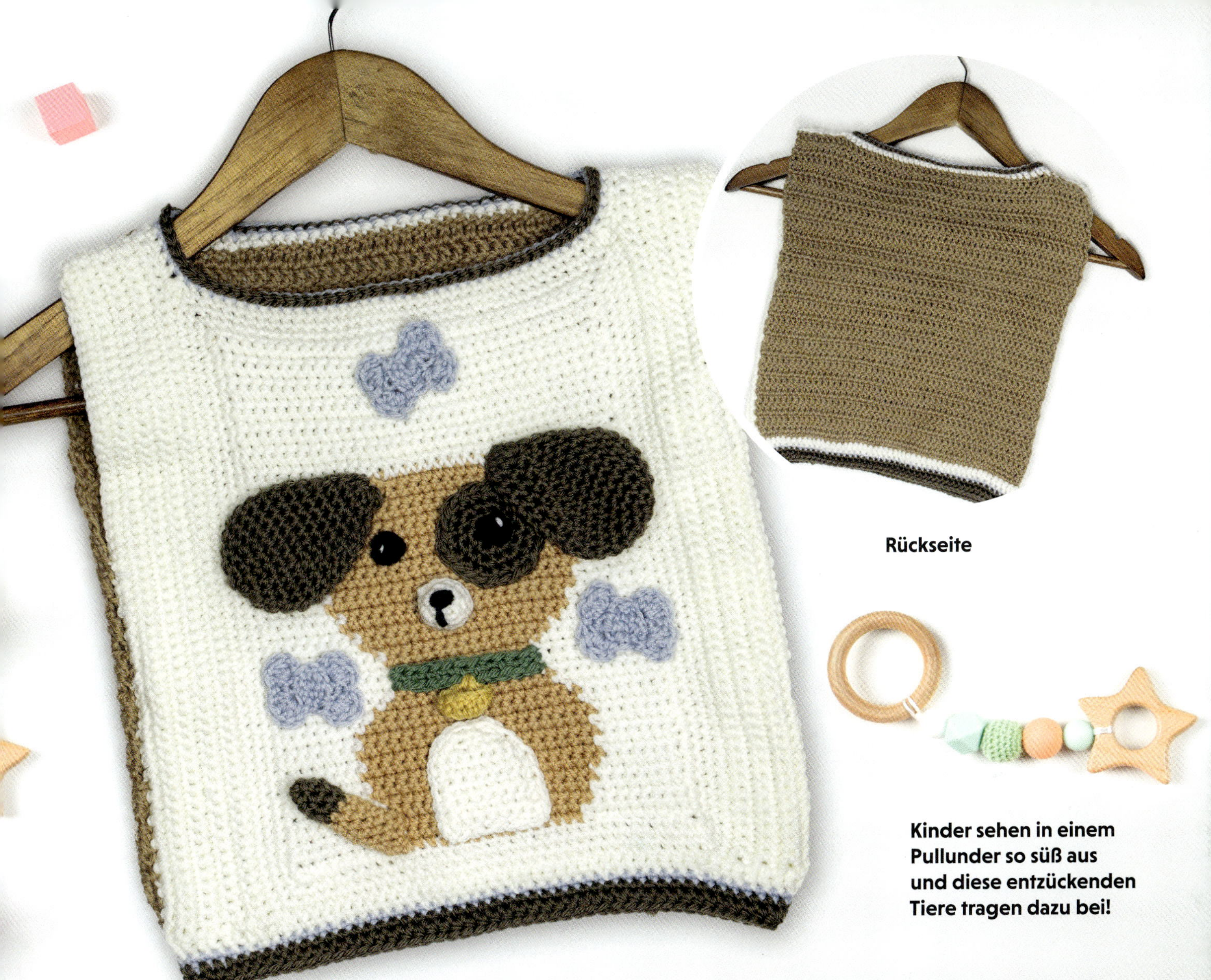

Rückseite

Kinder sehen in einem Pullunder so süß aus und diese entzückenden Tiere tragen dazu bei!

UMRANDUNG

UNTERKANTE

Runde 1: Garn A in die Naht einhäkeln, 3 Lm, je 1 Stb in jd M rundherum; die Rd mit 1 Km in die Lm vom Beg beenden. Das Garn befestigen.

Runde 2: Garn D einhäkeln, 1 Lm, je 1 fM in jd M rundherum, die Rd mit 1 Km in die 1. fM beenden. Das Garn befestigen.

Runde 3: Garn C einhäkeln, * je 1 fM in die nächsten 6 M, 2 fM zus häkeln; rundherum wdh ab *; die Rd mit 1 Km in die 1. fM beenden.

Runde 4: 1 Lm, je 1 Stb in jd M rundherum; die Rd mit 1 Km in die 1. M beenden.

Das Garn befestigen.

HALS

Runde 1: Garn A am Saum einhäkeln, je 1 fM in jd M rundherum, dabei in den vorderen Ecken 3 fM zus abm; die Rd mit 1 Km in die 1. fM beenden. Das Garn befestigen.

Runde 2: Garn D einhäkeln, 1 Lm, je 1 fM in jd M rundherum; die Rd mit 1 Km in die 1. fM beenden. Das Garn befestigen.

Runde 3: Garn C einhäkeln, 1 Lm, je 1 Km in jd M rundherum; die Rd mit 1 Km in die 1. M beenden. Das Garn befestigen.

FERTIGSTELLUNG

Die Enden vernähen.

HÄKELABKÜRZUNGEN

*	Anleitung ab * wiederholen
( ) oder [ ]	In Klammern angegebene Maschen so oft häkeln wie direkt danach angegeben bzw. alle M in Klammern in die/den angegebene/n M/Zwr häkeln
2 fM zus häkeln	2 feste Maschen zusammen häkeln/abmaschen
2 Stb zus häkeln	2 Stäbchen zusammen häkeln/abmaschen
Abn/abn	Abnahme/abnehmen
ausl	auslassen
Beg/beg	Beginn/beginnen
cm	Zentimeter
DStb	Doppelstäbchen
fM	feste Masche(n)
FR	Fadenring
g	Gramm
hStb	halbes Stäbchen
hMg	ins hintere Maschenglied
hRfM	feste Reliefmasche hinten
hRStb	Reliefstäbchen hinten
jd	jede(r/s)
Km	Kettmasche(n)
Lm	Luftmasche(n)
Lm-Bg	Luftmaschenbogen (zuvor gehäkelte/r Lm/Zwischenraum)
M	Masche(n)
MK	Maschenkörper
mm	Millimeter
Nd	Nadel
R	Reihe(n)
Rd	Runde(n)
restl	restlich/e(n)
RS	Rückseite
Schl	Schlinge(n)
Stb	Stäbchen
U	Umschlag
uns	unsichtbar
vMg	ins vordere Maschenglied
vRfM	feste Reliefmasche vorne
vRStb	Reliefstäbchen vorne
VS	Vorderseite
Wdh/wdh	Wiederholung/wiederholen
Zun/zun	Zunahme/zunehmen
zus	zusammen
Zwr	Zwischenraum

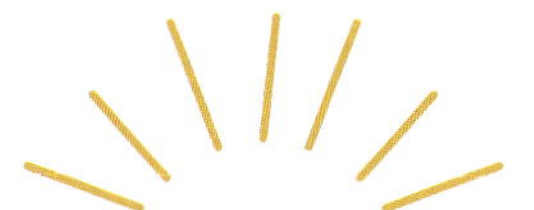

ÜBER DIE AUTORIN

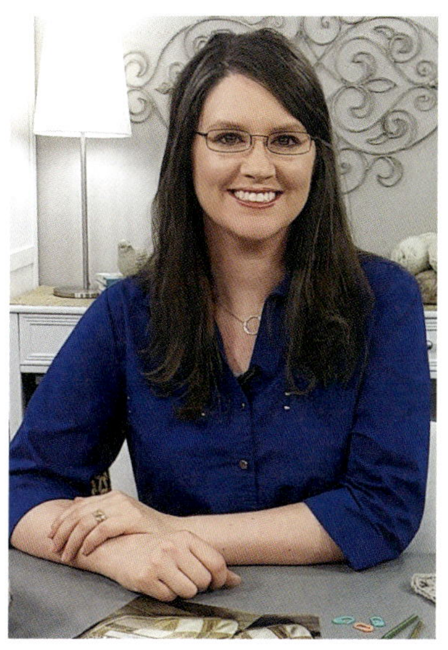

Inspiriert von ihrer Liebe zum Garn, liebt Kristi es, Strick- und Häkelmuster mit einem frischen und modernen Touch zu entwerfen. Durch das kreative Vermischen der Maschen entwirft sie Muster, die großartig für jedes Niveau geeignet sind.

Sie hat mehr als 50 Bücher veröffentlicht, darunter „Anyone Can Crochet Amigurumi Animals" (2021), und mehr sind in Arbeit. Sie designt für mehrere Garnhersteller, tritt als Moderatorin in einigen Video-Tutorials auf und ihre Anleitungen sind in mehreren Magazinen erschienen.

DANKSAGUNGEN

Ich bin dankbar für meinen Mann und seine ungebrochene Unterstützung. Die späten Abende und das viele Gelächter lassen mich weiterhäkeln und kreative Muster gestalten. Unsere Kinder sind immer eine Inspirationsquelle. Ryan, danke, dass du mir dabei geholfen hast, eine lustige Liste aus Tieren zu erstellen! James, Kumpel, dein Blick für Farben ist atemberaubend – danke, dass du mir dabei geholfen hast, Kombinationen auszuwählen und alles zusammenzufügen! Ich liebe es, meine Familie nach ihrer Meinung zu fragen und eine richtige Familienangelegenheit daraus zu machen!

Als Nächstes ergeht Dank an meine Testhäklerinnen und -häkler – ihr seid alle großartig!

Und Danke an das tolle Verlagsteam, wir wissen eure Unterstützung und euer Wirken hinter den Szenen zu schätzen!

STICHWORTVERZEICHNIS